कुसुम संग्रह

कुसुम संग्रह

भारतेन्दु बा. हरिश्चंद्र

GYAN

Published by

Gyan Publishing House
5, Ansari Road
Daryaganj, New Delhi-110002
Phone: 011-47034999, 9811692060
E-mail: books@gyanbooks.com

Distribution Network
gyanbooks.com
India, USA, Canada, UK, Australia

ISBN: 978-93-7169-154-3 (PB)

First Published, 1911

2nd Impression 2025

Printed at: Gyan Press, Delhi.

कुसुम संग्रह

अनुवादकः भारतेन्दु बा. हरिश्चंद्र

कुसुम संग्रह

भारतेन्दु जी

सम्पादकीय भूमिका

आज से ५० वर्ष पहिले हमारी स्थिति बड़ी बेढब हो रही थी। हमारे चिरपोषित साहित्य से हमारा नाता टूटने पर था। हमारे राजनैतिक जीवन से तो हमारी भाषा टोडरमल की कृपा से मुसलमानों ही के समयमें अलग हो चुकी थी। इधर जब अँग्रेजों का प्रकाश हम पर पड़ा और हमें संसार की गति का ज्ञान हुआ तब हम सामयिक प्रवाह की ओर एक विदेशी भाषा के सहारे पर दौड़ पड़े। हमारा साहित्य जहाँ का तहाँ छूटा जाता था, इसी बीच में भातेन्दु बाबू हरिश्चन्द्र ने उसे उठा कर सशक्त किया और हमारे साथ उसे फिर लगा दिया। जिन जिन मार्गों पर हमारे विचार जा रहे थे उनकी ओर हमारे साहित्य को बड़ी सफाई के साथ उन्होंने मोड़ दिया। किसी जाति का साहित्य जब बराबर उसके विचारों और व्यापारों के साथ लगा हुआ चला चलता है तभी जीवित रह सकता है। अतः भारतेन्दु ने हिन्दी को बड़ी बुरा दशा में पड़ने से बचाया। यदि कहीं हमारे साहित्य का हम से वियोग हो जाता, जिसके सब सामान इकट्ठा थे, तो क्या हम सभ्य संसार में अपना मुँह दिखाने लायक रह जाते? सोचिए तो कि हिन्दीभाषा और उत्तरीय क्या राष्ट्रभाषा के नाते सारे भारत पर इनका कितना उपकार

है। आज जो हम लोग नये नये विचारों को मँजी हुई भाषा में प्रकट करते और चारों ओर हिन्दी-पुस्तकों और पत्रों को उमड़ते देखते हैं वह इन्हीं की बदौलत। हिन्दी को उन्नति के आधुनिक मार्ग पर लाकर खड़ा करने वाले यही थे। अब हमें चाहिए कि राजनीति, विज्ञान, दर्शन, कला आदि के जो जो भाव हम अपनी संसार-यात्रा में प्राप्त करते जायँ उन्हें अपनी मातृभाषा हिन्दी को बराबर सौंपते जायँ क्योंकि यही उन्हें हमारी भावी सन्तति के लिए सञ्चित रक्खेगी। साथ ही हमारा यह भी कर्त्तव्य है कि उस महात्मा का जिसका यह उपदेश था:—

"विविध कला शिक्षा अमित, ज्ञान अनेक प्रकार।
सब देशन सों लै करहु, भाषा माँहि प्रचार ॥"

न भूलें और न भर सक किसीको भूलने दें। संसार के समस्त सभ्य देशों में महान् पुरुषों की स्मृति को जागृत रखना सच्चे लोकोपकारी कार्य्यों की उत्तेजना का एक साधन समझा जाता है। महात्माओं के जीवन को तो स्वार्थ स्पर्श कर ही नहीं सकता अतः उनका जो कुछ आदर किया जाता है उससे उनका कोई उपकार नहीं बल्कि समाज का उपकार होता है। उनके जीवनोपरान्त भी यदि उनका स्मरण किया जाता है तो उससे लोक का बहुत कुछ भला हो जाता है। यह बात यूरप वालों के मन में अच्छी तरह बैठ गई है। वे अपने प्रतिभा-सम्पन्न कवियों और ग्रंथकारों का स्मरण कराते रहने के लिये अनेक युक्तियाँ रचा करते हैं। उनकी जयन्तियाँ मनाई जाती हैं, उनके नाम पर क्लब और पुस्तकालय चलते हैं और पुस्तकमालायें निकलती हैं। लज्जा की बात तो है पर कहना ही पड़ता है कि हम भारतवासियों में इस

प्रवृत्ति का अभाव है। यदि हम अपने साहित्य-संचालकों का उचित आदर नहीं करते हैं तो संसार को यह कहने में संकोच नहीं कि हम ने अभी तक विद्या की शक्ति को नहीं समझा है और हम झूठी तड़क भड़क के श्रद्धालु बने हुए हैं। हम भारत-वासी बहुत कुछ ऊँचा नीचा देख चुके। अब हमें सच्चे पुरुष-रत्नों की परख होनी चाहिये। अब हमें उनके आदर करने का फल और माहात्म्य समझना चाहिये।

यों तो वर्त्तमान हिन्दी में जो कुछ देखा जाता है वह भार-तेन्दु ही की प्रभा का स्मारक है। पर किसी वस्तु को निर्दिष्ट किये बिना जी भी नहीं मानता। जिस कार्य्य के लिए किसी महान् पुरुष ने प्रयत्न किया हो उसमें प्रवृत्त हो कर उसे आगे बढ़ाना ही उसका सच्चा स्मरण करना है। अतः जिस वृक्ष को भारतेन्दु लगा गये उस के पत्र-पुष्प से बढ़कर उनका और क्या स्मारक होसकता है। यही विचार कर यह ग्रन्थमालिका आप लोगों के आगे रक्खी जाती है। इससे उस सच्ची आत्मा का एक बार स्मरण कीजिये और अपनी भाषा के प्रति अपने कर्त्तव्य को ध्यान में रखिये। बस।

इस कुसुमसंग्रह में, जिससे यह मालिका आरम्भ की जाती है, अधिकांश वंगभाषा के प्रसिद्ध ग्रन्थकारों के रचे हुए गल्पों वा समाज के खंडचित्रों के अनुवाद हैं जिनमें लोगों के रहन-सहन अत्यन्त यथातथ्य के साथ अंकित हुए हैं और उनके मनोभावों तक बड़ी सूक्ष्मता से दृष्टि धँसाई गई है। इनके अतिरिक्त कुछ स्त्रियों के लिये उपयोगी प्रबंध भी हैं। अनुवादिका वही श्रीमती वंगमहिला जी हैं जिनकी छोटी छोटी आख्यायिकायें तथा प्रबंध हिन्दी-पाठक सरस्वती आदि पत्रिकाओं में पढ़ते आये हैं। यहाँ पर मैं इन लेखिका महाशय के परलोक-वासी पिता श्रीयुक्त बा० रामप्रसन्न घोष को धन्य-

बाद किये बिना नहीं रह सकता, जिन्होंने अनुग्रह-पूर्वक इन लेखों को प्रकाशित करने की अनुमति दी। पर खेद इस बात का है कि उक्त बाबू साहब इस 'कुसुमसंग्रह' को अपने हाथ में न ले सके। ये महानुभाव बड़े विलक्षण विद्याव्यसनी थे और इन्हें बहुत से विषयों की जानकारी थी।*

मैं बहुत दिनों तक काश्मीर में था इससे प्रूफ़ आदि देखने का अवसर मुझे अच्छी तरह नहीं मिला। जो त्रुटियाँ रहगई हों उनके लिए क्षमा चाहता हूँ। हमें इण्डियन प्रेस के स्वामी श्रीयुक्त बाबू चिन्तामणि घोष को भी विशेष धन्यवाद देना चाहिये। इसके दो कारण हैं। एक तो यह कि हमारी प्रार्थना करने पर आपने अपनी 'सरस्वती' में प्रकाशित लेखिका-लिखित सभी निबन्धों के उद्धृत करने की अनुमति सहर्ष प्रदान की और दूसरा यह कि अनेक कारणों से यह पुस्तक छपने पर भी पड़ी रही और आपने इस बिलम्ब को अपनी स्वभाविक सज्जनता से सहन किया।

साथ ही हम पं० रामजीलाल शर्म्मा तथा उन महाशयों को भी हार्दिक धन्यवाद देते हैं जिन्होंने समय समय पर हमें प्रूफ़ आदि के देखने में सहायता दी है।

इस मालिका की दूसरी पुस्तक भी तैयार है; शीघ्र निकलेगी।

काशी, १० सितम्बर १९११ *रामचन्द्र शुक्ल।*

---

* इनकी पूरी जीवनी 'सरोज' नामक नवजात सचित्र मासिक पत्र में दी जायगी।

लेखिका की भूमिका

जब मैंने कई प्रबन्ध वङ्ग-भाषा में लिखे और उन्हें " प्रवासी " आदि बंगला के प्रसिद्ध मासिक पुस्तकों में स्थान मिला तब मुझे यह इच्छा हुई कि मैं वङ्ग-भाषा के कुछ उत्तमोत्तम प्रवन्धों का, भारत की राष्ट्रीय-भाषा होने की योग्यता रखने वाली, हिन्दी-भाषा में अनुवाद करूँ और कुछ स्वतन्त्र भी लिखूँ ।

किन्तु मुझे इस बातकी कभी आशा न थी कि मेरे लेखों को हिन्दी-साहित्य-संसार में किञ्चित् भी स्थान मिलेगा। सबसे पहले मैंने " हिन्दी के ग्रन्थकार " नामक लेख लिखा। उसे स्वर्गीय जैनवैद्य महोदय ने अपने " समालोचक " नामक मासिक पत्र में प्रकाशित किया । इस लेख को देखकर कितने ही सज्जनों ने हर्ष प्रगट किया और कितने ही महाशयों ने असन्तुष्ट होकर सामयिक पत्रों द्वारा मुझ पर खूब कटुवाक्य बरसाये जिनके बदले में मैं उन महाशयों का उपकार मानती हूँ । इसके उपरान्त " एन्डमन द्वीप निवासी " नामक मेरा (अनुवादित) लेख सरस्वती में प्रकाशित हुआ । उससे मेरा उत्साह,..या था

कहिए कि स्पर्द्धा, और भी बढ़ गई। अस्तु। उस समय से आज तक मेरे जितने अनुवादित और लिखित प्रबन्ध "समालोचक", "सरस्वती", "आनन्द-कादम्बिनी", "भारतेन्दु", "बालप्रभाकर", "लक्ष्मी" "स्वदेशबान्धव", "मित्र" आदि पत्रों में और "वनिताविनोद" * नामक पुस्तक में प्रकाशित हुए थे वे ही सब संगृहीत होकर कुसुम-संग्रह के नाम से पुनः प्रकाशित हो रहे हैं। 'तिल से ताड़' नामका उपन्यास इससे पहिले बी० एम० एन्ड सन्स ने प्रकाशित किया था। इस संग्रह के सम्पादक महोदय ने किसी किसी लेख में वहुत कुछ परिवर्तन, संशोधन और परिवर्धन कर डाला है।

जिन लेखक महाशयों के लेख कहानी आदि के अनुवाद इस संग्रह में हैं उनके नाम मैं अन्यत्र कृतज्ञता पूर्वक देती हूँ। यहाँ पर मैं उन माननीय पत्र-सम्पादकों को विनीत भाव से धन्यवाद देना न भूलूँगी कि जिन्होंने मेरे लेखों को निज पत्रों में प्रकाशित करके मुझे अनुगृहीत किया है।

मेरे लेखों में कितनी ही भूलें और त्रुटियाँ होंगी, जिनके लिए मैं सर्वथा क्षमा पाने के योग्य हूँ। एक तो हिन्दी मेरी मातृभाषा नहीं, दूसरे मेरी शिक्षा भी घर की है। अर्थात् मुझे जो कुछ शिक्षा मिली है वह मेरी पूजनीया जननी देवी और परम पूज्य पिता द्वारा ही।

२८। ११। १०] श्रीवङ्गमहिला

---

* काशी की नागरी-प्रचारिणी सभा द्वारा प्रकाशित।

सम्पादक।

धन्यवाद-प्रदान

"कुसुम-संग्रह" कैसी उपयोगी पुस्तक है और हिन्दी संसार ने उसका कितना आदर किया है, इस पर हमें कुछ कहना नहीं है। यह तो पुस्तक के अन्त में दी हुई कुछ सम्मतियों से ही विदित हो जायगा।

हमें इस समय केवल तीन सज्जनों को धन्यवाद देना है। हम अपने प्रथम धन्यवाद की पात्री श्री मती बंगमहिला को समझते हैं जिन्होंने एक बंगमहिला होकर भी हिन्दी के प्रति इतना प्रेम दिखलाया है। इस भाषा में आपका कितना गहिरा प्रवेश है यह पाठकों को प्रस्तुत पुस्तक पढ़ कर ही ज्ञात हो जायगा। हिन्दी भाषा की तो पूरी उन्नति तभी होगी जब कि बंगमहिला जैसी भारत की ललनायें भी इसके भंडार की पूर्ति के लिये प्रयत्न-शील हो जायँ।

हमारे दूसरे धन्यवाद की पात्री संयुक्त प्रान्त की सरकार है, जिसने इस पुस्तक को अपने यहाँ की उपहार-पुस्तकों और पुस्तकालयों (Prize-Books and Libraries) के लिए स्वीकृत किया है।

अन्त में हम पं० केदारनाथजी पाठक को भी धन्यवाद दिये बिना नहीं रह सकते, जिनके असीम अनुग्रह से हमें प्रस्तुत पुस्तक पुनः प्रकाशनार्थ प्राप्त हुई है।

विनीत-

प्रकाशक

साहित्य-सेवा-सदन, काशी।

स्थायी ग्राहकों के लिये नियमः—

(१) प्रवेश-शुल्क बारह आना मात्र देना पड़ता है।

(२) स्थायी ग्राहकों को इस कार्यालय के समस्त पूर्वप्रकाशित तथा आगे प्रकाशित होने वाले ग्रन्थों की एक एक प्रति पौने मूल्य में दी जायगी।

(३) किसी भी पुस्तक का लेना अथवा न लेना ग्राहकों की इच्छा पर निर्भर है। इसके लिये कोई बन्धन नहीं है। किन्तु वर्ष भर में ३) तीन रुपये मूल्य की पुस्तकें लेनी पड़ती हैं।

(४) पुस्तक प्रकाशित होते ही उसके मूल्यादि की सूचना दी जाती है और १५ दिवस पश्चात् उसकी वी. पी. भेजी जाती है। यदि किसी सज्जन को कोई पुस्तक न लेनी हो तो पत्र पाते ही सूचना देनी चाहिये। वी. पी. लौटाने से डाक-व्यय उन्हीं को देना पड़ेगा अन्यथा उनका नाम स्थायी ग्राहकों की श्रेणी से पृथक् कर दिया जायगा।

(५) ग्राहकों के इच्छानुसार डाक-व्यय के बचाव के लिए ३-४ पुस्तकें एक साथ भी भेजी जा सकती हैं।

(६) स्थायी ग्राहकों को अन्य पुस्तकों पर भी प्रायः एक आना रुपया कमीशन दिया जाता है और साहित्य-संसार में नवीन प्रकाशित पुस्तकों की सूचना भी समय समय पर दी जाती है।

(७) ग्राहकों को प्रत्येक पत्र में अपना ग्राहक-नम्बर, पता इत्यादि स्पष्ट लिखना चाहिये।

विषय-सूची

आख्यायिका

स्त्री-शिक्षा-सम्बन्धी

जाति वर्णन

जीवन चरित्र

परिशिष्ट

---

* ये आख्यायिकायें और प्रबन्ध लेखिका की निजकी रचना हैं।

सम्पादक।

कुसुम-संग्रह

मुरला * ।

ग्रीष्म काल का सन्ध्या समय बहुतही सुहावना लगता है। सूर्य भगवान अस्ताचल की ओर जा रहे हैं। सायंकाल की श्याम छाया पृथिवी पर चारों ओर छा रही है। स्वच्छ सुनील गगन-मण्डल में दो एक तारे छिटकने लगे हैं। बेला, चमेली, मालती आदि फूल खिल रहे हैं। सुशीतल समीरण फूलों के सौरभ से तन और मन दोनों ही को स्निग्ध कर रहा है। इस परम रमणीय समय में विलासपुर के ज़िमीदार की हवेली की सामनेवाली फुलवारी में एक परिचारिका, पाँच वर्ष की एक बालिका को गोद में लिये, टहल रही थी। बग़ल की बैठक से एक प्रौढ़ पुरुष टकटकी लगाये उस बालिका की उछल, कूद आदि क्रीड़ा को देख रहा था। यही बालिका

---

* यह कहानी (जन्म-भूमि नामक बङ्गाली मासिक पुस्तक में से) एक उपन्यास का अनुवाद है। इसीसे जमाई आदि शब्द और काली-पूजा आदि उत्सवों का उल्लेख वैसे ही रहने दिया गया है।

हमारी आख्यायिका की जीवन-धन "मुरला" है और जो महाशय उसे स्नेहभरी दृष्टि से देख रहे हैं वह "मुरला" के पिता हरिहरराय हैं।

हरिहरराय एक धनी ज़मीदार हैं। पच्चीस वर्ष की अवस्था में उनकी पहली स्त्री का देहान्त हो गया। इससे वे स्त्री के शोक से इतने व्याकुल हो गये कि उन्होंने यह भी न सोचा कि दूध-मुहें बच्चे की क्या दशा होगी। बिना किसी सोच विचार के हरिहरराय विदेश को चल दिये। चौदह, पन्द्रह दिन के उपरान्त हरिहर बाबू को विदेश में संवाद मिला कि वह नवजात शिशु भी अपनी माता का पथानुगामी हुआ। हरिहर बाबू को जो कुछ शोक करना था वह वे स्त्री के लिए करही चुके थे। इससे पुत्र का मृत्यु-संवाद पाकर वे अधिक विचलित नहीं हुए। जब कुछ दिनों बाद शोक का वेग कम हुआ तब दीवान जी के बहुत कुछ समझाने बुझाने, और आग्रह करने पर ज़मीदारी का बन्दोबस्त करने को वे घर लौट आये। योंही कुछ दिनों बाद कुछ तो अपनी इच्छा और कुछ नातेदारोंके अनुरोध करने पर हरिहर बाबू ने दूसरा विवाह किया। पाँच वर्ष बाद उनकी प्रथमा, अथवा यों कहिये अन्तिम, कन्या "मुरला" ने जन्म ग्रहण किया।

मुरला अनुपम सौन्दर्य्य लेकर इस संसार में आई थी। माता-पिता की एक मात्र सन्तान होने के कारण वह उनकी अत्यन्त लाड़ली बेटी हुई। एक तो अतुल सौन्दर्य्य, तिस पर जनक-जननी का अपरिमेय स्नेह; इससे मुरला को यह बात जानने का अवसर न मिला कि पृथिवी पर कुछ दुःख या दीनता भी है या नहीं? मुरला जिस बात के लिए हठ करती उसे बिना पूरा कराए न छोड़ती। उसका हठ भी व्यर्थ न जाता।

फुलवारी में मुरला एक दासी की गोद में खेल रही है।

दासी के अनेक समझाने बुझाने पर भी सुरला आपही फुलवारी में फूल तोड़ने गई। बहुत कुछ देखभाल के बाद उसे एक बहुत ही बड़ा गुलाब का फूल पसन्द आया।

इतने ही में बालिका ने हठ किया, "मुझे फूल तोड़ दे; मैं उसे अपनी चोटी में गूथूँगी"। दासी ने कहा, "तुम यहीं खड़ी रहो, मैं ला देती हूँ"। उसने एक खिला हुआ बड़ा सा गुलाब का फूल लाकर मुरला को दिया। पर बालिका को वह पसन्द न आया। मुरला कुछ रुलासी होकर कहने लगी, "यह कैसा फूल है, इसमें महक तो है ही नहीं; और एक ठो ला"। इसी भाँति दासी कई एक फूलों को लाई। पर उस हठीली बालिका को एक भी न पसन्द आया। इससे वह रोने लगी। दासी के अनेक समझाने बुझाने पर भी मुरला आपही फुलवारी में फूल तोड़ने गई। बहुत कुछ देखभाल के बाद उसे एक बहुत ही बड़ा गुलाब का फूल पसन्द आया। ज्योंही उसे झटका देकर वह तोड़ने लगी त्योंही उसकी सुकोमल उँगली में गुलाब का एक निर्दयी काँटा चुभ गया। बालिका ज़ोर से चिल्ला उठी। बेचारी दासी ने झट से दौड़ कर उसे गोद में उठा लिया और चुमकारने पुचकारने लगी। किन्तु मुरला किसी प्रकार शान्त न हुई, न हुई। पिता हरिहर बाबू अभी तक खिड़की से बालिका का फूल पसन्द न करना देख, न मालूम क्या क्या सोच रहे थे कि इतने में मुरला की चिल्लाहट ने उनकी सारी भावनाओं को भङ्ग कर दिया। झटपट आकर दासी की गोद से उन्होंने मुरला को ले लिया। उस समय भी उसके हाथ में काँटा चुभा हुआ था। हरिहरबाबू ने उसे बड़ी सावधानी से निकाल लिया। मुरला के पिता ने दासी पर एक ऐसी कोपभरी दृष्टि डाली जिसे देखते ही उस बेचारी के पैर तले से पृथिवी हट गई। हरिहर बाबू मुरला को लेकर अन्तःपुर में चले गये। बालिका पिता के कन्धे पर सिर रख कर सिसक सिसक रोने लगी। उसी दिन से हरिहर बाबू के घर से उस बेचारी ग़रीबिनी दासी का अन्न-जल उठ गया।

[२]

समय किसी की अपेक्षा नहीं करता । देखते ही देखते पाँच वर्ष बीत गये । उस दिन जिस मुरला को हमारे पाठक पाठिकाओं ने दासी की गोद में खेलते देखा था, वह मुरला अब बालिका नहीं हैं । वह धनी मनुष्य की एकमात्र कन्या थी । अतएव राजभोग में प्रतिपालित होने के कारण मुरला इसी अवस्था में युवती कहलाने योग्य हो गई है । लड़की को विवाह-योग्य देख जनक, जननी सुयोग्य वर की खोज में लगे ।

मुरला के विवाह की बातें चारों ओर फैल गईं, एक तो अतुल-रूप-लावण्य-सम्पन्ना, दूसरे विपुल वैभव की भावी उत्तराधिकारिणी; ऐसी बालिका को तो सभी लड़कों के पिता अपनी पुत्रबधू बनाना चाहेंगे । पात्र तो बहुतेरे मिले; पर हरिहर बाबू और उनकी श्रीमती पत्नी-देवी को एक भी पसन्द न आए । बहुत देखने सुनने के उपरान्त दो पात्र जमाता होने योग्य ठहरे । एक तो घोषपुर के ज़मींदार अरविन्द बाबू के पुत्र चारुचन्द्र घोष; दूसरे विलासपुर के रहनेवाले गृहस्थ नीलमणि घोष के पुत्र मन्मथनाथ घोष । दोनों ही लड़के समवयस्क और सहपाठी थे । हरिहर बाबू तो ज़मींदार-पुत्र चारु को ही दामाद बनाने की इच्छा रखते थे, पर उनकी श्रीमती गृहिणी देवी इस प्रस्ताव से सम्मत न हुईं । उनकी इच्छा थी कि वे दामाद को अपने ही घर रक्खें । चारु के साथ मुरला का विवाह होने से उनकी यह अभिलाषा कदापि पूरी न होती । क्योंकि अरविन्द बाबू धनवान आदमी थे । वह क्यों इस बात को स्वीकार करते ? अन्त को मुरला की माता ही की इच्छा पूरी हुई । उन्हीं के इच्छानुसार विवाह निश्चय हुआ । मन्मथ के साथ मुरला का विवाह हो गया । मन्मथ बाबू भी बड़े आदर के साथ खुशी से ससुराल में रहने लगे । मन्मथ के

पिता नीलमणि को भी इसमें कोई आपत्ति न थी। और होती ही क्यों? इतनी धन-सम्पदा के लोभ को परित्याग करना कुछ सहज बात नहीं है। विवाह तो हो गया, पर उसी दिन से चारु और मन्मथ के बीच घोर वैमनस्य का बीज बो गया। स्कूल में अब मन्मथ जमाई (दामाद) बाबू के नाम से पुकारे जाने लगे। चारु जब उन्हें जमाई बाबू कहकर पुकारता तब उसका स्वर कुछ ऐसा व्यंग और कटाक्षपूर्ण होता कि उसकी बात मन्मथ के सहन करने के बाहर हो जाती। कुछ दिनों के उपरान्त दोनों में यहाँ तक वैमनस्य बढ़ा कि एक दूसरे के साथ बात चीत तक बन्द हो गई। स्कूल भर के लड़के सब चारु के दल में जा मिले। सहसा किसी मनुष्य का धनवान या किसी माननीय व्यक्ति का कृपापात्र हो जाना प्रायः सभी को खटकता है। अब स्कूल की छुट्टी होने पर सब लड़कों का मन्मथ को चिढ़ाना नित्य का एक साधारण काम सा हो गया धीरे धीरे यह बात हरिहर बाबू के कानों तक भी जा पहुँची। उन्होंने कहा, "मन्मथ ने जो कुछ पढ़ लिख लिया है उसके लिये वही यथेष्ट है। उसे कुछ नौकरी करके पेट थोड़े ही पालना" है। बस मन्मथ के विद्याभ्यास की इतिश्री यहीं पर हो गई। मन्मथ का स्कूल से संबन्ध छूटने पर हरिहर बाबू उस स्कूल के प्रबन्ध से चिढ़ गये। हरिहर बाबू उसकी बहुत सहायता करते थे। वह तो उन्होंने बन्द कर ही दी; पर अपने मित्रों को भी, जो मासिक चन्दा द्वारा स्कूल को सहायता पहुँचाते थे, उसे देने से रोक दिया। आमदनी कम होने से स्कूल की दशा हीन हो गई। कुछ दिनों तक तो घोषपुर के ज़मींदार चारु के पिता अधिक धन से सहायता करते रहे। पर नियमित रूप से वे यह नहीं कर सके। इससे मन्मथ के विद्याभ्यास के थोड़े ही दिन बाद उस स्कूल की भी इतिश्री हो गई।

[३]

"बहुत बढ़ना अच्छा नहीं है। दर्प को चूर्ण करनेवाले भगवान हैं।" यह कहती हुई रामबाबू के पिछवाड़े, एक तलैया के किनारे, बामा दासी बासन माँज रही थी । बामा का मुँह फूल कर कुप्पा हो रहा था। बर्तनों को वह इतने जोर से दबा रही थी कि बेचारे निर्जीव बासन टूटने ही पर थे। इतने में मिश्रानीजी नहाने के लिए वहाँ आ पहुँचीं। बामा ने इनको देख कर अपनी बातों की मात्रा दूनी बढ़ा दी । बस अब क्या था ? मिश्रानीजी झटपट बामा के पास आकर पूछने लगीं—"क्यों बामा, क्या हुआ ?" अब बामा मौनव्रत धारण करके अपने काम में ख़ूब दत्तचित्त हुई । मिश्रानी ने फिर पूछा, "क्यों बामा, क्या है ? कुछ कह भी तो सही"। इस पर और भी जोर से बासनों को रगड़ती हुई बामा कहने लगी—"मैं तो पहले ही से जानती थी कि बड़े घरों में नौकरी करने से यही दशा होती है। मैं तो गरीब हूं; सब कुछ सह लूँगी, पर ईश्वर सहन करने वाला नहीं है"। अब तो मिश्रानी जी के पेट में चुहियाँ कूदने लगीं। उन्होंने चाहा कि असली बात को बामा के पेट में सँड़सी डाल कर निकाल लूँ। पर ऊपर के मन से कुछ सहानुभूति दिखाकर आप कहने लगीं—"बहिन, तुम जिस मालिक की नौकरी करती हो मैं भी तो उसी की कर रही हूँ। यदि मेरे सामने पेट की बात कह डालेगी तो बुराई क्या है ? पर बामा तुम इतना जाने रहो; यदि तुमने मुझसे छिपाने की चेष्टा की तो वृथा है। बात कभी न कभी प्रकट हो ही जायगी"। पर कुटिला बामा भी सहज में टसकने वाली न थी। और भी शरीर का सारा बोझ बासनों पर दे कर वह आप ही आप कहने लगी—"और क्या ? लड़कई में विधवा हुई हूँ, न बाप ही के ज़मीदारी थी, न ससुर ही के।

यदि होती तो पराये घर चौका बर्तन करके क्यों पेट पालती। अरे बाप रे! अभी इतना हुआ है, आगे न जाने भाग में क्या बदा है?" बामा ने इतना कह कह कर धीरे से एक बूँद आँसू टपका दिया। अब तो मिश्रानीजी की अजब हालत हुई। मनही मन उन्होंने चाहा कि बामा की दोनों आँखें निकाल लें, पर प्रकट में आप कहने लगीं-"बहिन जिसका जैसा भाग! पर जो मरे को मारता है उसे भगवान मारता है।"

बामा ने देखा अब छिपाने से काम नहीं चलेगा। इधर मिश्रानीजी भी भगवान की दोहाई देती हुई चलने को उद्यत हुईं। इतने में बामा अपनी बात का कुछ आभास दे कर कहने लगी-"मैं कंगाल हूँ इससे सब सह लेती हूँ। पर पति के ऊपर हाथ उठाना! बाप रे बाप! यह कितनी अँधेर है?" यह सुन कर मिश्रानी ने कहा, "कलजुग है न बामा!" यह उत्तर सुनकर मिश्रीनीजी के पेट में खलबली सी मच गई। जल्दी से आधा भीगा हुआ कपड़ालेकर "बहिन, अब जाती हूँ; देर होगई है; रसोई बनानेमें देरी होजायगी" यह कह कर मिश्रानीजी लम्बे पैरों चलती हुईं। मिश्रानीजी का स्वभाव बामा पर अविदित न था। वह इस बात को ख़ब समझती थी कि मिश्रानीजी में कल्पना-शक्ति का अभाव नहीं है यही कारण है कि अभी तक उनके सामने असली बातों को खोलकर उसने नहीं कहा। इधर मिश्रानीजी पेट में खलबली लिये बतसिया अहिरिन के घर जा घुसीं और पुकार कर कहने लगीं-" अरे बतसिया, तोर लड़िकवा कैसे है?" बतसिया के आने पर उसे मिश्रानीने इशारे से अलग बुलाया और धीरे से कान में कहा,—" अउर कुछ सुनबे, मुरला ने जमाई बाबू को लात मारा"। इतना कहकर मिश्रानीजी तो पेट का बोझा हलका करके नौ दो ग्यारह हुईं। अब बतसिया ने तुरन्त जा के सुखिया की माँ से कह कर अपना बोझ हलका किया। पर

उसने शीघ्रता में लात के स्थान में झाड़ू कह दिया । धीरे धीरे सर्वसाधारण में अब यह बात प्रसिद्ध हो गई कि मुरला ने मन्मथ को लात और झाड़ू से मार कर, घर से निकाल दिया। जब दीवानजी के कान तक यह खबर पहुँची तब हरिहर बाबू के मकान पर जा कर उन्होंने मन्मथ से तुरन्त भेंट की । मन्मथ का मुख देखने से यह बात स्पष्ट झलकती थी कि कोई घटना अवश्य घटित हुई है । अन्तको अनेक आभूषणों से विभूषित हो कर, यह बात हरिहर बाबू के कानों तक भी जा पहुँची । तब हरिहर बाबू अनेक जाँच पडताल करने में प्रवृत्त हुए। पर उनकी जाँच का क्या फल हुआ सो कोई नहीं जान सका। हाँ दीवानजीने बहुतसी बातें इधर उधर से सुन ली थीं। उनके अन्तःपुर की समवयस्का कन्याओं से जो बातें सुनी गईं उन्हीं को मैं अपने उपन्यासप्रिय पाठक और पाठिकाओं के चित्तविनोदार्थ नीचे उद्धृत करती हूँ :--

घटना यह हुई, कि कालो-पूजा के उपलक्ष्य में, नीलमणि बाबू के यहाँ से हरिहर बाबू को निमन्त्रण आया। नीलमणि बाबू आग्रह के साथ कह गये कि मन्मथ के साथ इस बार मुरला को भी भेज दीजियेगा । दूसरे दिन चलने के लिए मन्मथ मुरला से अनुरोध करने लगे । कुटिला बामा दासी भी वहीं पर उपस्थित थी। मन्मथ और मुरला की बात को काट कर वह कहने लगी—" बेटी, जाओ न, सास-ससुर के यहाँ रहना स्त्रियों का परम सौभाग्य है। वहाँ नहीं रहती हो तो न सही, पर त्योहार पर भो न जाना, यह कैसी बात है!" लाड़ली मुरला पिता के घर रहने के कारण कुछ उद्धत स्वभाव की हो गई थी। किसी के सामने हाँ के स्थान में नहीं कहने में वह बड़ा ही सुखानुभव करती थी । एक तो पहले में से ही वह " न जाऊँगी " कह रही थी; फिर बामा की बातें । त

ने उसे और भी ज़िद पर सवार कर दिया। मुरला कह बैठी—"मैं जाऊँ या न जाऊँ इससे तुझे क्या? हरामज़ादी कहीं की। यदि फिर मेरे विषय में तूने कुछ कहा तो तेरे हक़ में अच्छा न होगा। मैं झाड़ू से तेरी ख़बर लूँगी"। मुरला का यह कटु भाषण बामा के कलेजे में तीर सा जा लगा। विशेष कर ऐसी अवस्था में जब उसने किसी प्रकार से कुछ रुपया इकट्ठा कर लिया है। फिर भला वह नौकरी की परवा क्यों करने लगी? मुरला की बातें सुन कर वह कहने लगी—"मारोगी क्यों नहीं बीबी; अब वे दिन थोड़े ही हैं, जब बामा के बिना एक क्षण भी काम न चलता था। अब तो सयानी न हो गई हो!" इधर मुरला ने भी सुर को सप्तम में चढ़ा कर बामा की ख़ूब ही ख़बर ली। बामा भी सिठा मिठा कर जवाब देने लगी। उसका जवाब देना मुरला से न सहा गया। वह सचमुच ही झाड़ू लेकर बामा पर झपटी, पर मन्मथ ने उस की इस बहादुरी में बाधा डाली। उठाया हुआ झाड़ मुरला के हाथ ही में रह गया। पर कुटिला बामा ने सर्वसाधारण में यह प्रसिद्ध कर दिया, कि उस झाड़ू का आघात मन्मथ ही पर हुआ। इस भाँति बात का बतंगड़ होते हवाते कुटिला बामा की कृपा से तिल ने ताड़ का रूप धारण किया। इस घटना के कारण मुरला बहुत लज्जित हुई। मन्मथ भी दुःखित हो कर ससुरार से अपने घर चले गये।

हरिहर बाबू ने दामाद के साथ मुरला को ससुरार जाने के लिए बहुत कहा, पर मुरला इस घटना से ऐसी लज्जित हो गई थी कि किसी भाँति ससुरार जाने पर राज़ी न हुई। अंत में खिजला कर उसने कह दिया कि यदि मैं जाने को विवश की जाऊँगी तो लाचार हो मैं आत्महत्या कर लूँगी। अतएव रला का मु ससुरार जाना न हुआ। मन्मथ अकेले ही अपने

घर गये। मार्ग में चारु से उनकी भेंट हुई। चारु मन्मथ को सुनाकर एक व्यक्ति से कहने लगा—"भाई! जो मनुष्य ससुराल में रहते हैं उनकी बात कुछ मत पूछो। जोरू जब झाड़ू से उनकी खबर लेती है तब चोट में हल्दी लगाने के लिए वे घर जाते हैं।"

[४]

यथासमय नीलमणि घोष के घर काली-पूजा हो गई। दूर दूर से स्त्रियाँ उनके यहाँ आई थीं और सभी की यह हार्दिक अभिलाषा थी, कि मन्मथ की बहू मुरला को भी देखें। पर यहाँ मन्मथ की बहू कहाँ? क्षुभित होकर परस्पर स्त्रियाँ एक दूसरे से कहने लगीं, "क्या कहें, मन्मथ की बहू के न आने से चित्त बड़ा ही दुःखित हुआ"। एक ने कहा, "मुँह दिखाई में देने को मैं यह नीलाम्बर लाई थी। मैंने सोचा था, कि उसे नीलवसना सुन्दरी बनाकर एकबार देखूँगी"। दूसरी ने कहा—"दीदी, क्या तुम मुरला को श्वेतबसनधारिणी, श्वेताम्बरा सुन्दरी देखना पसन्द नहीं करतीं"?। इन लोगों की क्षोभ से भरी हुई बातें सुनते सुनते गृहिणी देवी का मन कुछ खिन्न सा हो गया, और वे मन्मथ से कहने लगीं, "बाबा, सभी लोग अपने लड़के को देकर, पराई लड़की लाते हैं। पर मैं ऐसी हतभागिनी हूँ, कि अपना लड़का तो दूसरे को सौंप दिया, पर बदले में दूसरे की लड़की न ला सकी"। इतने में मन्मथ की मामी ने मन्मथ से कहा, "तुम तो अभी से बहू के वशीभूत होगये। मालूम होता है उसने वशीकरण किया है। क्योंकि माँ-बाप के इतना कहने पर भी दो दिन के लिये तुम उस दुधमुँही बच्ची को यहाँ न ला सके"। ये बातें मन्मथ के हृदय में शूल की तरह बिंध गईं।

वास्तव में मन्मथ के मन में बड़ी ही ग्लानि उत्पन्न हुई।

मन्मथ ने यह दृढ़ प्रतिज्ञा करली, कि जब यथेच्छ धन उपार्जन करके हरिहर बाबू के उपयुक्त दामाद बनने योग्य हो सकूँगा, तभी मुरला से भेंट करूँगा, अन्यथा नहीं। प्रतिज्ञा को पूरी करने के लिए उसने बहुत सोच विचार के बाद यह निश्चय किया, कि अब हरिहर बाबू के मकान पर न जाऊँगा। इतने में उसके मन में यह बात आई, कि मैं अब हरिहर बाबू के घर को परित्याग करके जा रहा हूँ। इस जीवन में शायद मैं फिर न लौटूँ। तो क्या एक बार जाने के पहले जीवनाधार मुरला को देख लेना अनुचित होगा ? चल कर एक बार और भी तो उसे आँख भर देख लूँ। आखिर तो अब जाता ही हूँ। मन्मथ तो जन्म ही के रूप-उपासक—सौन्दर्य्य-उपासक—ठहरे। विशेष करके युवावस्था का तो कहना ही क्या ? रूपज मोह मनुष्य को अन्धा बना देता है। तो क्या, मन्मथ जाने के पहले एक बार उस अनन्त-रूप-लीला-लहरी का रंग-स्थल, रंग भूमि, रंग–शाला मुरला को भर नेत्र न देख लें ? पर मन्मथ का मन कहने लगा, "चलो मन्मथ, चलो। अब क्या करोगे देखकर ! देखने पर फिर न फिर सकोगे"। नेत्रेन्द्रिय ने कहा "वाह, एक बार भर दृष्टि देखने में दोष ही क्या है" ? मन ने उत्तर दिया, "देखने से ही तो मोह उत्पन्न हो जायगा और मोह से लोभ, और लोभ से पाप, और पाप से बुद्धि का नाश होता है।" पर नहीं, ऐसा कहना हमारी भूल है। बुद्धि का तो उसी दिन नाश हो गया जिस दिन से ससुराल में बास करना मन्मथ ने स्वीकार किया। तब और सर्वनाश होने में शेष क्या रहा ? जो हो, एक बार चलकर प्रेमभरी दृष्टि से प्यारी मुरला को देख ही लेना उचित है। इस तर्क, वितर्क और सोच-विचार ने मन्मथ के मानस-मन्दिर में घोर युद्ध मचा दिया। और अन्त में मन्मथ का सरल हृदय पिघल गया। सारा सोच विचार प्रेम

के सन्निकट पराजित हुआ। इस कारण मन्मथ फिर मुरला के शयनागार में अन्तिम विदा माँगने के लिए जा उपस्थित हुए।

हाय रूप! ईश्वर की सारी सुन्दरता तुम्हीं में देखतो हूँ। क्या मनुष्य इसी से तुम्हें देखने के लिए इतना व्याकुल और उत्सुक होता है? या तुम्हारे साथ इन अदम्य इन्द्रिय-वृत्तियों का कोई घनिष्ठ सम्बन्ध है? मेरे इस प्रश्नका कौन सदुत्तर देगा? तुम अपने इस बाहरी दृश्य से कितने लोगों को बहका चुके हो, क्या तुम इस बात का कुछ उत्तर रखते हो? उज्ज्वल दीपालोक से आलोकित एक सुसज्जित कमरे में सुन्दर शय्या पर मुरला सो रही है। हमारे चरित्रनायक मन्मथ बाबू बहुत देर से पलकहीन नेत्रों से उस निद्रिता की अनुपम रूपराशि की छटा देख रहे हैं। और बीच बीच में फिर वही मोह, फिर वही संकल्प, फिर वही त्याग की इच्छा जागृत हो रही है। हरे, हरे, मन्मथ के चित्त की दृढ़ता कहाँ जाती रही? अपनेको बहुत कुछ सँभाल कर, मन्मथ ने फिर धीरे से पुकारा—"मुरला!"। कोई उत्तर नहीं। फिर कुछ ज़ोर से उन्होंने पुकारा—"प्यारी मुरला"। इस बार मुरला ने निद्रित नेत्रों से सिरको फेर कर मन्मथ की तरफ़ देखा; पर उत्तर कुछ नहीं दिया। तब मन्मथ ने मुरला के हाथ में हाथ देकर गद्गद स्वर से कहा "मुरला!" इतने पर मुरला ने धीमे स्वर से कहा, "क्यों दिक़ कर रहे हो! सोने दो"। पर मन्मथ मुरला की बातें अनसुनी सी कर, उद्विग्न हो कहने लगे— "मुरला! मुरला! आज हमारा तुम्हारा विवाह हुए तीन वर्ष हुए, पर मैं तुम्हारे साथ कितने दिन सुख से जीवन व्यतीत कर सका हूँ? यदि उत्तम खाने और उत्तम पहनने से मनुष्य सुखी हो सकता है, तो मैं भी अवश्य सुखी रहा हूँ। किन्तु मैं अब उस सुख की इच्छा नहीं रखता। ऐसे सुख को मैं पदा-

घात करता हूँ। ऐसे सुख को मैं उपेक्षा के साथ लानत देता हूँ। स्वहस्तोपार्जित चावल के कण परोपार्जित खीर से भी अधिक स्वादिष्ठ होते हैं। पहले मैं इस बात को नहीं जानता था, पर अब ससुराल में वास करके जान गया। फिर एक बात और है। जब जब गर्व में आकर तुमने मेरे "हाँ" के स्थान पर "नहीं" कहा है तब तब मेरे हृदय की मर्म्मग्रन्थियाँ छिन्न भिन्न हुई हैं। उस समय मैं अपने अस्तित्व को भूल जाता था। तुम्हें देखने के साथ मेरे सारे दुःख दूर हो जाया करते थे। पर आज मेरी सारी सहिष्णुता अपनी सीमा का उल्लङ्घन कर गई है। तुम काली-पूजा पर मेरे घर न गईं; तुमने सदा स्वेच्छानुसार काम किया। पर मैंने तुम्हारे कामों में कदापि हस्तक्षेप नहीं किया। इस बात को तुम्हीं सोचो; तुम्हीं समझो। किन्तु मुरला, माँ और मित्रवर्गों की तिरस्कारयुक्त वाणी से मेरे हृदय में बड़ी ही ग्लानि उत्पन्न हुई है। इसीसे आज तुम्हें और तुम्हारे घर को परित्याग कर कहीं अन्यत्र प्रस्थान करने को मैं उद्यत हुआ हूँ। यदि कभी तुम्हारे बाप के दामाद होने योग्य हो सकूँगा, और तुम्हे बलपूर्वक अपने घर लेजा सकूँगा तभी तुम्हारे साथ मेरा साक्षात्कार होगा, अन्यथा नहीं। मुरला, हम लोगों का यह परस्पर का मिलन शायद इस जीवन का अन्तिम मिलन हो।" इतने में उच्छ्वसित वेग के कारण एक बूँद गरम आँसू मुरला के कोमल कपोलों पर जा गिरा। मुरला कहने लगी, "यह क्या? तुम रो क्यों रहे हो? तुम्हारा जहाँ जी चाहे जाओ, रोने से क्या फल"?

मुरला ने सोचा था कि ससुराल जाने का बखेड़ा तो टल गया, अब किसी दूसरी ही बात के लिए मन्मथ यहाँ से भागजाने का डर दिखलाने को आये होंगे। और भाग जाना भी तो कुछ सहज बात नहीं है। इतने वैभव का लोभ मन्मथ कैसे परित्याग करेंगे?

मुरला की यह इच्छा कदापि न थी कि मन्मथ कहीं जाँय। उस युगल जोड़े में परस्पर घनिष्ठ प्रीति थी। एक दूसरे को बहुत चाहता था। पर मुरला, अहंकार के कारण अपनी सोलह आना हुकूमत मन्मथ पर चलाने को तैयार रहती थी। मन्मथ! यदि तुम ससुराल में रहना न स्वीकार करते तो तुम्हें मरला की इस हुकूमत का कष्ट कदापि न उठाना पड़ता।

प्रिय सखी मुरले, आज तुमसे बड़ी भारी भूल हुई। तुमने इस बात का क्या उत्तर दे डाला। पति भगवान् के उत्तप्त अश्रुजल को तुमने निरा उपहास समझ कर उनकी अवज्ञा की। तुम अबोध हो, तुम यह न समझ सकी कि आज तुम्हारा सौभाग्य-सूर्य्य अस्त हो रहा है। तुम्हारे सुख का सरोवर आज सूख रहा है। तुम्हारे पक्ष में यह सुखमय संसार स्मशान तुल्य हो जायगा। मुरले, आज तुमसे बड़ी ही कठोरता का काम हुआ है। आज जो एक बूँद अश्रुजल मन्मथ की आँखें फोड़ कर, उनके हृदय को चीर कर, तुम्हारे हाथों पर गिरा वह घोर आत्मावमानना, घोर वैराग्य, का अश्रुजल है! तुम्हारे पिता का यह सब विपुल वैभव उस आत्मावमानना, उस घोर वैराग्य को दूर करने में सर्वदा असमर्थ है। तुम धन का लोभ दिखाकर पति-देव के सन्निकट नहीं कृतकार्य्य हो सकती हो।

मन्मथ और कुछ न कह कर चुप चाप घर से बाहर हुए। दूसरे दिन प्रातःकाल मन्मथ को फिर किसी ने नहीं देखा।

[५]

राम बाबू के रसोई-घर के पास बामा दाई मसाला पीस रही है। मिश्रानीजी बैठी हुई चूल्हे में ईंधन झोंक रही हैं। इतने में, बामा ने कहा—"कुछ सुना मिश्रानीजी! जमाई बाबू कहीं चले गये"! मिश्रानीजी कुछ गंभीरता के साथ

Missing Page

निकट जान निम्नलिखित आशय का एक वसीयतनामा लिख दिया—"हमारे बाद सम्पूर्ण जायदाद के मालिक मन्मथ होंगे, और उनके न रहने पर सम्पूर्ण स्वत्त्व मुरला का होगा। मुरला के न रहने पर यह सब किसी अच्छे काम में लगा दिया जावे"। अन्त में हरिनाम का उच्चारण करते करते वृद्ध की नश्वर आत्मा पंचभूत में लीन हो गई। उनके मरने के कुछ ही दिन बाद उनकी सहधर्म्मिणी भी पति की अनुगामिनी हुई। अब सारा बोझ अनाथा मुरला पर ही आ पड़ा। उसने एक बार अपने ससुर को बुलवा भेजा। पर वह मारे अभिमान के न आये। लाचार होकर दीवानजी के सहारे मुरला ही सब जमींदारी का काम देखने भालने लगी।

मुरला इस संसार के बीच अनाथ हो गई है। प्रबल स्रोत में निःसहाय तिनके की भाँति वह बेचारी बह चली है। हाय! मन्मथ, तुम इस समय कहाँ हो? यदि तुम इस समय आकर दर्शन देते, तो मुरला अपने पूर्व अपराधों के लिए, अत्यन्त अनुताप पूर्वक, क्षमा की भिक्षा माँगती। पर साथ ही उसके मन में यह भी उदय होता, कि मन्मथ का हृदय बड़ा ही कठोर है। इतनी घटनायें हो गईं, इससे क्या मुरला के सम्पादित अपराधों का प्रायश्चित्त नहीं हुआ? शायद मुरला को यह ज्ञान न था कि प्रायश्चित्त से पाप का खण्डन हो सकता है। पर कर्म्मसूत्र का खण्डन करना विधाता के हाथ में भी नहीं है।

इसी भाँति दिन, हफ़्ते, पखवारे, महीने और साल पर साल बीत गये। पर हमारे मानी मन्मथनाथ का कहीं पता ठिकाना नहीं लगा। मुरला ने दीवानजी से यह कह रक्खा था कि जो आदमी मन्मथ बाबू को ढूँढने के लिये देशान्तरों में गये हैं उनके लौट आने पर तुरन्त मुझे ख़बर दी आया करे।

दीवानजी प्रायः नित्य ही एक न एक ख़बर आ सुनाते। पर वे ख़बरें प्रायः सन्देहजनक होतीं। एक दिन दीवानजी ने आकर एकाएक कहा,—"मन्मथ बाबू काशी में हैं।" पतिवियोगिनी मुरला ने कहा—"कैसे मालूम हुआ?" दीवानजी ने कहा,—"आज एक आदमी काशी से आया है और कहता है कि हमने अपनी आँखों उन्हें देखा है और बात चीत भी मुझसे और उनसे हुई है। उससे मुझे मालूम हुआ, कि इस समय वे हिन्दूकालेज में छात्रावस्था में हैं और बी० ए० क्लास में शिक्षा प्राप्त करते हैं। बात चीत से यह भी मालूम हुआ, कि उनका उदर-पोषण और शिक्षा का ख़र्च केवल एक मात्र "ट्यूशन" पर अवलंबित हैं, क्योंकि वे अपने माता पिता से लड़ कर गये हैं। इसी से वे लोग उनकी सहायता नहीं करते और उन लोगों को यह ख़बर भी नहीं है कि मन्मथ काशी में हैं।"

बस इस कथन के आधार पर मुरला और दीवान जी को दृढ़ विश्वास हो गया कि मन्मथ अवश्य काशी में है। उसी दिन पता लगाने के लिए काशी को एक आदमी भेजा गया। दो दिन बाद वह लौट आया। उसने कहा, वह युवक जाति का ब्राह्मण है। अपने माता पिता से लड़ कर भाग गया है और हिन्दू-कालेज में पढ़ता है। इसी भाँति कितने ही लोगों को बिना व्यय के काशी आदि तीर्थ स्थानों का दर्शन होगया।

इधर मुरला ने कठिन व्रत और उपवास आदि करना आरम्भ किया। उसका सुकुमार शरीर चिन्ता-ज्वाला और कठिन उपवास से दिन पर दिन क्षीण होने लगा। एक महीने के बाद किसी विशेष काम से सहसा दीवानजी भीतर गये। जाकर जो उन्होंने मुरला को देखा तो एकाएक चकित से हो गये। वे कहने लगे, "बेटी, तेरी यह क्या दशा हो गई? तू इतनी क्यों दुर्बल हो गई?" मुरला ने कहा—"दीवानजी, अब शीघ्र ही सब दुःखों

की समाप्ति होगी। अब आप कृपा करके मुझे मुख्य मुख्य तीर्थों का दर्शन करा दीजिए। बस यही आपसे मेरा अन्तिम निवेदन है"। इतना सुनते ही प्रभुभक्त दीवान की आँखों से पानी निकल आया। "हा परमेश्वर! क्या हमको यह सब दुःख देखने ही के लिये तूने छोड़ रक्खा है"? यह कह कर वृद्ध दीवान फूट फूट कर रोने लगे। कुछ देर के उपरान्त वे कहने लगे—"बेटी, अब तुम्हारा यहाँ रहना ठीक नहीं। यहाँ रहने से तुम्हारी चिकित्सा भली भाँति न हो सकेगी। चलो, तुमको तुम्हारी ससुराल ले चलें।" मुरला की इच्छा न होने पर भी, दीवान जी के हठ करने से ससुरार जाने पर वह राजी हुई।

[७]

दीवान जी अपने साथ पालकी को लिये हुए नीलमणि बाबू के घर जा उपस्थित हुए। मुरला का नाम सुनते ही नीलमणि बाबू ने कहा—"मेरे घर उस पिशाचिनी काम नहीं है।" दीवानजी ने उनकी इन बातों को सुनी अनसुनी सी कर, कहारों को पालकी भीतर ले जाने का हुक्म किया। मन्मथ की माँ, यह देखने को कि कौन आया है, उठकर दालान में आईं। इसी समय मुरला, "माँ" कह कर उनके चरणों पर जा गिरी। उतरते समय शीघ्रता में पालकी का दरवाजा लगा। चोट से लोहू की धारा बहने लगी। उसकी पीड़ा से मुरला मूर्छित हो गई और उसका मस्तक सास के पैरों पर ही पड़ा रह गया। प्रिय पाठक, यह वही रूप-सौन्दर्य्य-सम्पन्ना, धनगर्व्व से गर्व्विता, महलानिवासिनी मुरला है। आज उसका मस्तक कुटीरवासिनी नीलमणि बाबू की स्त्री के पैरों तले पड़ा है। मन्मथ की माँ पुत्र-शोकातुरा होने पर भी, मुरला की यह दशा न देख सकी। "उठो बहू उठो" कह कर मूर्छिता मुरला को उसने गोद में उठा लिया। पंखा झलती

हुई उस वियोगिनी मलिना वधू का मुख स्नेहभरी दृष्टि से वह देखने लगी। मुख पर कालिमा तो अवश्य छा गई है; पर अभी सम्पूर्ण सौन्दर्य्य विनष्ट नहीं हुआ है। देवी-रूपिणी सास कहने लगी, "हाय! चाँद सी बहू पाकर भी मैं गृहस्थी का सुख न भोग सकी"। कुछ देर में मुरला को चेत हुआ, सास ने प्रेमपूर्वक कहा, "बेटी!" बहुत दिनों से मुरला को किसी ने ऐसे स्नेह भरे शब्दों में नहीं सम्बोधन किया था, इस स्नेहपूरित शब्द को सुननेके साथ मुरला का हृदय गद्गद् होगया और आँखों से आँसुओं की धारा बहने लगी। यह दशा देख सास अनेक प्रकार से आसा-भरोसा देकर कहने लगी—"मत रोओ बहू! अब तुम इसी घर में रहो; यदि ईश्वर ने चाहा तो मन्मथ भी शीघ्रही लौट आवेगा। और तू फिर राजरानी की रानी बन जायगी।" मुरला की चिकित्सा का भी यथोचित प्रबंध हो गया।

विपद् कभी अकेली नहीं आती। इधर चारुचन्द्र ने अच्छा अवसर देखकर एक मुक़द्दमा खड़ा कर दिया। उसने न जाने कहाँ से एक लड़के को लाकर हरिहर बाबू की पहली स्त्री का पुत्र कह कर अदालत में हाजिर किया। चारु का कथन था कि हरिहर बाबू की पहली स्त्री का जो एक पुत्र हुआ था और चौदह दिन का होकर जाता रहा था वह यथार्थ में मरा न था। अब तक अनन्तू बनिये के घर पर मौजूद है। अनन्तू बनियाकी स्त्री को लड़का नहीं होता था। इससे उसने सौरी में रहनेवाली धाय से बंदोबस्त करके हरिहर बाबू के लड़के को मोल ले लिया था। मरे हुए लड़के का जीते हुए लड़के के साथ शारीरिक मेल दिखाने के लिये बायें पैर में छ अँगुलियां होने का प्रमाण दिया गया। गाँव भर में यह चर्चा फैल गई। सब कहने लगे,—"बात सच भी हो सकती है, नहीं तो भला

अनन्तू के घर वैसा लड़का क्यों पैदा होता?" कोई कोई यह भी कहते कि बात सरासर झूठ है। क्या इतनी बड़ी घटना हो जाती, और हम लोग निकट रह कर भी उसे न सुनते? कई कहते, "वह दाई हरामजादी सारे अनर्थ की जड़ है। उसी से पूछने पर सब बातें खुल जायँगी; पर वह हो तब न? वह तो इस मामले के दायर होने के साथ ही न जाने कहाँ चली गई।"

पूर्वोक्त बुनियाद पर मुक़द्दमा ज़ोर शोर के साथ चलने लगा। जिस दाई की गोद में खेलते हुए मुरला के हाथों में काँटे चुभे थे, वह हलफ़ उठा कर कहने लगी–"नरेन्द्र हरिहर बाबू का पुत्र है; अनन्तू की स्त्री के मना करने से मैंने इस बात को छिपा रक्खा था। स्कूलके कई मास्टर (जिनकी नौकरी हरिहर बाबू की सहायता बन्द होने के कारण छूट गयी थी) लोगोंने भी हलफ़ उठाकर इजहार दिया कि हमने हरिहर बाबू के घर से धाय को अनन्तू के घर लड़का ले जाते देखा था। अनन्तू और उसकी स्त्री ने भी इस बात को स्वीकार किया कि यह लड़का हरिहर बाबू का है। क्रम से इस विचित्र और बनावटी मुकद्दमे की बात बड़े बड़े समाचार पत्रों में प्रकाशित हुई। समाचार पत्रों के द्वारा इस अभियोग की बात मन्मथ तक भी पहुंची।

[८]

मन्मथ के साथ बहुत दिनों से हम लोगों का साक्षात्कार नहीं हुआ। आओ एक बार चलकर देखें तो, कि वे कहा हैं, और क्या करते हैं? मुरला को परित्याग कर, मन्मथ दिनभर पैदल चलकर रात को कलकत्ता पहुँचे। रात भर टिकने के लिये उन्होंने कई आदमियों से विनय प्रार्थना की; अपरिचित होने के कारण उन्हें आश्रय देने में कोई भी राजी नहीं हुआ। अन्त में भूख और प्यास से कातर मन्मथ ने एक धनाढ्य के मकान के बाहरी दालान में विश्राम किया, और वहीं सो

रहे। दूसरे दिन प्रातःकाल गृह-स्वामी ने एक अनजान मनुष्य को सोते देख उसे उठाया और पूछा "तुम कौन हो? कहाँ रहते हो हो?" मन्मथ यथार्थ बात को छिपाकर बोले, "मैं नौकरी की तलाश में यहाँ आया था, पर मार्ग में कुटिल जुआचोरों ने मेरा सर्वस्व लूट लिया"। मन्मथ की बात को सुनकर गृहस्वामी के हृदय में बड़ी ही दया उत्पन्न हुई। उन्होंने मन्मथ को अपने घर पर रहने की अनुमति दी। जब उन्हें यह बोध हुआ कि मन्मथ एक अच्छा शिक्षाप्राप्त युवा है। तब उसने एक अल्पवेतन के पद पर उन्हें नियुक्त करा दिया। बस यहीं से मन्मथ के सौभाग्य का सूत्रपात हुआ। मन्मथ जिनके पास काम करते थे वे एक प्रतिष्ठित बैंक के ख़ज़ांची थे। एक बार एक मनुष्य लाख रुपये का एक जाली चेक भुनाने लाया। मन्मथ ने उस जाली चेक को तुरन्त पकड़ लिया। उसी समय से वह ख़जांची साहब के सन्निकट पहले से भी अधिक विश्वास-पात्र और कृपापात्र समझा जाने लगा। कुछ दिनों के उपरान्त नायब ख़जांची महाशय ने पेंशन ली। तब वह पद मन्मथ बाबू को दिया गया। इस भाँति थोड़े ही दिनों में मन्मथ ने बहुत धन इकट्ठा कर लिया। मन्मथ को बिलासपुर जाकर मुरला से मिलने की इच्छा हुई। अब मन्मथ अपने को हरिहर बाबू के योग्य दामाद समझने लगे। इतने ही में मुकद्दमे की बातें अख़बारों में देखकर उनका सिर घूम गया। शीघ्र ही बिलासपुर की यात्रा करने को वे प्रस्तुत हुए।

पहले ससुराल न जाकर वे सीधे अपने घर गये। वहाँ जाकर वे देखते हैं कि एक भग्न प्रकोष्ठ में मुरला पड़ी है और पास ही मन्मथ की माता बैठी हुई बहू की सेवा शुश्रूषा कर रही है। चिकित्सक महाशय गाल पर हाथ रक्खे कुछ सोच रहे हैं।

मन्मथ ने जो यह दृश्य देखा तो वे ज्ञानरहित से होकर खड़े रह गये। जिस मुरला को सुसज्जित कमरेमें मनोहर सेज पर तकिये के सहारे नींद नहीं आती थी, वही मुरला आज दीन कुटीर-वासियों की तुच्छ शय्या पर लेटी है। जिस रूपराशि की जलती हुई आग में एक दिन मन्मथ पतङ्ग की भाँति कूद पड़े थे; जिसे देखकर मन्मथ अपनी स्थिति भूल जाते थे; जिस रूपकी प्रभा से उनका हृदय आलोकपूर्ण हो रहा था; जिसके कारण उन्होंने इतना कष्ट सहन किया था; जिसकी आशा से ही आज वे घर में फिर आये हैं—शिव, शिव! उसी रूपराशि का यह परिणाम! यह दृश्य देखकर मन्मथ का दिल टूट गया। दोनों हाथों से सिर को थाम कर वे बैठगये चिकित्सक महाशय ने इशारे से कहा, "अब जीवन की आशा नहीं है; शीघ्र ही दीप-निर्वाण हुआ चाहता है। जो कुछ कहना सुनना हो, इसी समय कह लो।"

बल-कारक औषधि देने से मुरला को कुछ चेत हुआ। मन्मथ मुरला के सामने जा खड़े हुए। मुरला ने संकेत द्वारा उनसे बैठने को कहा। मुख पर थोड़ी हँसी की झलक दिखाई दी। मानो वह उस हास्य के मिस कहती थी, "आज मैं सुख से मर सकूँगी"। वह अल्पकालिक हास्यरेखा मन्मथ के हृदय-पट पर अङ्कित हो गई। मन्मथ मुरला के सिरहाने बैठ गये। मुरला ने उनका पदरज लेकर मस्तक पर चढ़ाया। तब वह धीमे सुर से बोली—"स्वामिन्, प्रभो, आज हमारी चिर दिन की अभिलाषा पूरी हुई। आज मैं सुखपूर्वक शरीर छोड़ूगी। भगवन्! मैं आपके देवतुल्य चरणों के निकट अपराधिनी हुई थी; धन के गर्व में मत्त होकर मैंने आपका अनादर और अपमान किया था। जिस दिन आप इस अभागिनी को परित्याग कर के गये थे, उस दिन निस्सन्देह आपके कोमल हृदय को भारी

दुख की व्यथा पहुँची होगी; पर आज मैं शपथ पूर्वक कहती हूँ कि इस आबोध हृदया अभागिनी ने उस समय यह बात बिलकुल नहीं समझी। भगवन् पतिदेव, इस दासी के द्वारा आपको हाय ऐसा दुःख पहुँचा जिसका परिणाम यह चिर काल का विच्छेद, नहीं जीवनविच्छेद हुआ। भगवन्! मेरा यह घोरतर अपराध क्षमा करो! जिस दिन से आपने प्रस्थान किया उसीदिन से व्याधियों के सूत्रपात हुए हैं। जब तक शरीर में शक्ति थी, तब तक उन्हें मैं सहन करती रही। अब शरीर अवसन्न है। आपके चरणों में मैं उपस्थित हुई हूँ। मेरे मन में यह आशा बराबर जागृत रहती थी, कि मृत्यु के पहले मैं आपसे क्षमा माँग सकूँगी। विलासपुर में रहने से शायद आपके दर्शन इस दासी को न प्राप्त हों, यही सोच कर आपके घर आई हूँ। मैंने यह सोच रक्खा था कि यदि आपके दर्शन न मिले, तो, सास ससुर के पूज्य चरणों में क्षमा मांग कर मैं प्राण त्याग करूँगी। किन्तु आज मैं बड़े ही हर्ष के साथ कहती हूँ कि मेरी मनोकामना पूर्ण हुई। प्रभो, अब क्षमा कीजिए। मैं नित्य ईश्वर से प्रार्थना करती थी, कि यदि मैं यथार्थ में सती हूँ, तो मृत्यु के पहले आपका दर्शन मिले। ईश्वर ने दया दिखाई। आज आपके दर्शन हो गये।" यही कहते कहते मुरला का स्वर मन्द हो गया और। मन्मथ के नेत्र जल पूर्ण हो आये। सती मुरला ने पति के पवित्र चरणों में मस्तक रखकर प्राण त्याग किया।

मुरला की मृत्यु से मन्मथ के हृदय में संसार की तरफ़से भारी विराग उत्पन्न हुआ। पर लोगों के बहुत कहने सुनने पर मुक़द्दमे की पैरवी करने में वे दत्तचित्त हुए अन्त में मन्मथ को जयलाभ हुआ, किन्तु वह सम्पत्ति मन्मथ ने ग्रहण नहीं की। सब स्थावर जंगम सम्पत्ति बेचकर, उसके मूल्यसे स्वर्गीय

मुरला देवी के नाम पर उन्होंने धर्मशाला, पाठशाला, चिकित्सालय इत्यादि बनवाये और सारा धन सत्कार्यों में व्यय कर दिया फिर एक दिन मन्मथ घर से निरुद्देश्य होकर एकाएक चल दिये। इस बार वे कब गये, कहाँ गये, इसका पता आज तक नहीं लगा।

मातृहीना

[१]

तारा जब महीने भर की हुई तभी उस की माँ मर गई। तबसे तारा के पालन-पोषण का सारा भार तारा की बूआ के सिर पड़ा। तारा की बूआ श्यामा बाल-विधवा होने के कारण अपने पित्रालय में ही रहती है। विधाता श्यामा के भाग्य में पति-सेवा अथवा पति-सुख-भोग लिखना मानो भूलही गये थे। पर श्यामा को इस का कुछ दुःख नहीं था। कारण, जो जन्मान्ध होते हैं उन्हें उतना क्लेश नहीं होता जितना उनको, जो दिव्य दृष्टि पाकर भी दुर्भाग्यवश पीछे उससे रहित हो जाते हैं। तारा की माँ नित्यप्रति नन्द की इस अवस्था पर खेद प्रकट कर आँसू बहाती थी। श्यामा को इस बात का कुछ ख्याल न था। वह आनन्दपूर्वक भाई के घर का काम-काज देख भाल कर के दिन बिताती थी। श्यामा अपनी माँ के मरने के पहिले ही घर की मालकिन बन गई थी। तारा की माँ उनको अपनी बड़ी बहिन की भाँति जानकर सदा उनकी सब बातें मानती थीं। तारा की माँ को यह अच्छी तरह मालूम था कि उनकी और उनके घरकी भलाई के सिवा इस मधुरहृदया बालविधवा की और दूसरी कामना नहीं रहती।

ऐसी गुणवती भौजाई के मरने से श्यामा के हृदय पर बहुत कड़ी चोट पहुँची। आज से पाँच वर्ष पहिले माँ के

मरने से श्यामा को जो शोक हुआ था वह मानो फिर से नया होकर श्यामा को दुःख देने लगा। शोकातुरा श्यामा ने मृता भाभी की चिन्हानी उस महीने भर की लड़की तारा को छाती से लगाया।

श्यामा के भाई गोविन्द बाबू की उमर अभी तीस साल की है। गोविन्द बाबू अच्छे कुलीन और धनवान् हैं। अस्तु पत्नी-वियोग को तीन महीने भी न बीतने पाये कि वे दूसरे व्याह की तैयारी में लगे। गोविन्द बाबू की मित्रमण्डली में से कोई कोई हँसकर कहने लगे "क्यों भाई! तुम तो छः महीने भी सब्र न कर सके"। इस पर गोविन्द बाबू ने गम्भीर स्वर से कहा—"अरे भाई! स्त्री मर गई है। हिमालय में जाकर तपस्या तो करेंगे नहीं और न भस्म रमा कर योगी होंगे। फिर नाहक देर करने में क्या धरा है!" बड़े बूढ़ों के कुछ न पूछने पर भी गोविन्द बाबू उन लोगों से कहते थे—"व्याह करनेकी तो मेरी कुछ भी इच्छा नहीं है, केवल उस लड़किया (तारा) को पालने पोसनेवाला कोई न रहने से व्याह करना पड़ता है"। इस पिछली कैफ़ियतको सुनकर श्यामा को रोष हो आया करता था। वह कहा करती थी—"भैया ने तारा के पालन पोषण में कौन सी कमी देखी जो ऐसी बातें कहते हैं? अच्छा मैं अब से तारा की तरफ देखूँगी भी नहीं, इतना करने पर भी यश नहीं मिलता।" किन्तु वे बातें कहने भर की थीं, इसके अनुसार काम करते श्यामा को किसी ने नहीं देखा। कोई काम करते करते जब तारा को दूध पिलाने का ध्याल श्यामा को आता तब सब काम-धाम छोड़ दूध लेकर दौड़ती और तारा को गोद में लेकर बड़े प्यार के साथ दूध पिलाती थी। उस समय वह यश की परवा न करती। सबेरे तारा को तेल उबटन करके दूध पिला कर एक छोटे से खटोले पर दोनों तरफ़ तकिये के

आड़ में सुला कर एक नीले रंग के जालीदार ओढ़ने से ढांक कर श्यामा रसोई बनाने को चली जाती थी। घर में नौकर मज़दूरिन और दो चार हित नात की स्त्रियों के रहते भी श्यामा प्रायः घर का सब काम काज अपने हाथ से करती थी। दोपहर के समय सबको खिला पिला कर हवेली के पिछवाड़े वाली बावली में फिर से नहा कर तब भोजन करती थी। पड़ोसकी बड़ी बूढ़ी स्त्रियाँ सन्ध्या को लक्ष्मीनारायणजी के मंदिर के चौक में बैठ कर हरिनाम की माला फेरते फेरते प्रायः कहा करती थी कि श्यामा सी घर-गृहस्थी के कामों में चतुर लड़की आज कल कम देख पड़ती हैं। इतनी भारी गृहस्थी को अकेले सम्हाल रही है। किन्तु मिसराइनजी का इस बात में मतभेद था। वे कहती थीं, "अरी बहिन! बात तो ठीक है पर न तो तीर्थ-व्रत करती हैं और न पूजा पाठ करती हैं। अरे पराई गृहस्थी में इतना फँसी रहना भी अच्छी बात नहीं। एक घड़ी राम नाम लेना चाहिये, परलोक की भी तो कुछ चिन्ता करनी चाहिये।" इस भाँति देवमंदिर के आङ्गन में हरिनाम के साथ साथ कुछ इधर उधर की हुआ करती थी। श्यामा कभी इस मंडलीमें नहीं बैठती थी।

[२]

छः महीने के बाद गोविन्द बाबू की दूसरी स्त्री किशोरी "पर्मेनेन्ट पोष्ट" पर पति के घर पहुँची। विवाह के उपरान्त एक बेर आई थी पर वह आना "टेम्पोरेरी" था। श्यामा ने इस द्वितीय-संस्करण की भाभी के आदर-सत्कार में कोई बात उठा नहीं रक्खी। जिसको एक भाभी के बिना संसार सूना मालूम हो रहा था उसको फिर वही वस्तु मिलने से उसे प्यार करना तो स्वाभाविक बात है छः महीने पीछे किशोरी ने आकर देखा कि श्यामा पूर्ववत् गृहणी बनी है। नव विवाहिता होने पर भी

किशोरी की उमर सत्तरह वर्ष की थी। श्यामा का यह आधिपत्य किशोरी को अच्छा न लगा। आते समय किशोरी की माँ ने उससे कह दिया था "देख री किशोरिया! तू मेरी लड़की हो कर समझ बूझ कर चलियो। तेरी गृहस्थी में तो तेरी नन्द ही मालकिन बनी है। कहावत है 'कमावें राम उड़ावें श्याम' यही बात तेरे घरमें हो रही है।" जननी कि इस सुशिक्षा का प्रभाव किशोरी पर कैसा पड़ा सो आगे चल कर विदित हो जायगा।

पहिले दो चार दिन तो शान्ति से व्यतीत हुए। आगे चल कर एक महीने का कारण अशान्ति की जड़ जमी। गोविन्द बाबू की मां मरते समय एक सोने का जड़ाऊ हार श्यामा को सौंप कर कह गई थीं। "श्यामा, इस हार को तू अपने पास रखना। ब्याह के पीछे जब मैं ससुराल आई थी तब मेरी सास ने यही हार मुंह दिखाई में दिया था। मेरे भाग्यमें पुत्र पौत्री का मुख देखकर मरना तो लिखा नहीं है। मेरे मरने के पीछे यदि तेरे भैया के बेटा बेटी हो तो यह हार मेरी तरफ से उसे देना।" घर में कुछ उत्सव था, इसलिये श्यामा ने वह हार तारा को पहिना दिया। इस हार के प्रसङ्ग में चारों ओर कानाफूंसी होने लगी। गोविन्द बाबू के मामा के साले की लड़की के कोई न रहने कारण श्यामा की मां दयावश उसे अपने घर में रक्खे थी। श्यामा उसकी आँखों में काँटों की तरह खटकती थी। उसने सोच रक्खा था। कि नई बहू को अपने वश में रख करके श्यामा को नीचा दिखाऊँगी। वह किशोरी को निराले में पाकर कहने लगी "देखो बहू जी! यह मुझसे नहीं सहा जाता कि वह हार तारा पहिने फिरे। जब बड़ी बहू मर गई तभी उसके सङ्ग सब नाता छूट गया। क्या वह हार उस चुडैल की लड़की के पहरने योग्य है? रामजी तुम्हरे गोद [illegible] चाँद सी बेटी दें और इसी हार से उसके गले की शोभा [illegible] का

सन्ध्या को बतसिया मजदूरिन जाकर श्यामा से बोली "बीबीजी! तारा के गले का वह हार बहू जी मांगती हैं।"

[३]

श्यामा क्षणभर निर्वाक् रह कर बोली, "उस हार से उनको कुछ सरोकार नहीं है।" विद्रोह की सूचना तो श्यामा को मिलही चुकी थी। रात को वह हार उसने सन्दूक में उठाकर रख दिया।

बात अधिक बढ़ने न पाई, क्योंकि गोविन्द बाबू अभी स्त्री के इतने वशीभूत नहीं हुए थे। जब किशोरी की कल्पना भी इस परिवार में असम्भव थी, तभी से श्यामा गृह की गृहिणी बनी है। ऐसी सुख दुःख की साथिनी, चिरमुखापेक्षिणी बालविधवा छोटी बहिन को गोविन्द बाबू स्त्री के अनुरोध से एक जरा सी बात के लिये कैसे कुछ कहते ? किशोरी ने सोचा कि यदि किसी भाँति तारा को पितृस्नेह से वञ्चित कर सकूं तो श्यामा के लिये उचित दण्ड हो सकेगा।

तारा जब तीन वर्ष की हुई तब किशोरी के एक पुत्र हुआ। उस दिन गोविन्द बाबू के घर खूब खुशी मनाई गई। जिस रोज लड़का हुआ उस रोज किशोरी की मां अपनी बहिन को संग लेकर दामाद के घर आई। नाती का मुंह देखकर इतनी खुशी हुई कि गोविन्दबाबू के घर में रहनेवालों को वह पतङ्गवत् समझने लगी। श्यामा तो उनके सामने कोई गिनती में ही न रही। उन दोनों का हुकूमत चलाना देखकर श्यामा को यह अनुमान हो गया कि मुझे और मेरी तारा को दुःख देने के हेतु यह सब हो रहा है। यदि श्यामा गोविन्द बाबू को तारा की ओर से उदासीनता दिखाते न देखती तो सब कुछ सह लेती। किन्तु चाहे जिस के श्यामा से हो, तारा के ऊपर से दिन दिन पिता का स्ने

हटने लगा। गोविन्द बाबू जब भोजन करने बैठते थे तब कभी कभी तारा उनके पास जाकर तोतली बोली से बोलती थी "बाबा! मैं तुम्हाले छंग खाऊँगी"। बालिका की इस मधुर वाणी पर किशोरी, कुटिल दृष्टि से आग बरसा कर कहती थी, जा भाग, संग खाने आई है। बैठेगी कि चारों ओर जूंठ छिड़कने लग जायगी।" तारा उठ कर दीवार के सहारे खड़ी हो कर आँसू भरी आँखों से पिता की ओर ताकती रह जाती। कन्या की इस भाँति कातरता देख कर गोविन्द बाबू को कष्ट तो अवश्य होता था किन्तु उन में इतनी शक्ति न थी कि किशोरी की बात टाल कर तारा को संग लेकर खिलाते। चुपचाप सिर नीचा कर भोजन करने लग जाते। कभी कभी दोपहर के समय पिता को आराम से पलंग पर लेटे देख कर तारा चुपके से पलंग के पास जाकर धीरे से कहा करती थी, "बाबा मैं तुमाले पास सोऊंगी"। इस पर पान लगाती हुई किशोरी भौंहें चढ़ा कर नथ हिला कर कहने लगती—"चार मन धूल पोत कर बिछौना मैला करने चली है। जा बुआ के पास जा, यहाँ सोकर क्या करेगी?"

वह समय बुआ के भोजन करने का रहता। तारा रोती हुई उनकी पीठ पर जा गिरती और बोलती, "बुआ! नई मां रिसाती है।" श्यामा उसे गोद में खींच कर, बायें हाथ से आँसू पोंछ कर दुलारने लगती। बुआ के व्यवहार से तारा के मुख पर फिर हर्ष के चिन्ह दिखाई पड़ते।

[४]

इसी तरह और चार वर्ष बीत गये। तारा अब सात वर्ष की हो गई है। गोविन्द बाबू के पुत्र मोहनलाल की उमर अब चार वर्ष की है। मोहन गोविन्द बाबू के गले का हार हो रहा है। गोविन्द बाबू तारा की बात तक नहीं पूँछते, किशोरी का

तो कहना ही क्या है ? तारा जानती है कि वह बूआ की बेटी है और बूआ उसकी माँ है।

पितृपक्ष बीत गया। नवरात्रि में गोविन्द बाबू के घर दश-भुजी देवी की पूजा होती है। प्रतिपदा को गोविन्द बाबू कलकत्ते गये थे। आवश्यकीय चीजें मोल लेकर पञ्चमी को प्रातः काल गोविन्द बाबू कलकत्ते से लौटे। स्नानादि से निश्चिन्त होकर वे सन्दूक से सब चीजें निकालने लगे। तारा और मोहन दोनों उनके पास जाकर खड़े होगये। मोहन ने पूछा, "बाबा ! हमारे लिये कैसी पोशाक लाये हो ?"

बाबा हँसते हुए बोले—"बहुत बढ़िया पोशाक लाया हूँ। मोहन, यह देखो।" बैंगनी मखमल पर सच्चे सलमे सितारे की कामदार पोशाक निकाल कर गोविन्द बाबू ने मोहन के हवाले की। पोशाक लेकर मोहन खुशी से उछल कर माँ के पास दौड़ा गया। मारे खुशी के जूतो और टोपी के लिये भी ठहर न सका।

तारा सिर नीचा किये हुए कातर भाव से बोली, "बाबा ! हमारे लिये कपड़े नहीं लाये ? मैं भी कपड़े लूंगी।"

एक साधारण बूटीदार साड़ी निकाल कर गोविन्द बाबू बोले " यह साड़ी तेरे लिये लाया हूँ। ले जा।"

मातृहीना बालिकाएँ बड़ी अभिमानिनी होती हैं। तारा ने साड़ी नहीं ली। कुछ देर जमीन की ओर ताकती हुई खड़ी रही। पीछे बड़े उदास भाव से बुआ की पीठ पर जा गिरी। श्यामा उस समय माला लेकर भगवान का नाम ले रही थी। तारा को इस भाँति गिरते देखकर बोली, "क्यों री। रोती क्यों है ?"

"बाबा मोहन के लिये बहुत बढ़िया पोशाक लाये हैं। मैं भी वैसी ही साड़ी लूंगी। मैं पासीं साड़ी लूंगी।"

"क्या तेरे लिये कोई कपड़ा नहीं लाये हैं ?"

इतने में हवा की तरह ज़ोर से किशोरी आकर कहने लगी "तुम तो दुलार कर कर के इस लड़किया को एक दम सिर पर चढ़ा रही हो। तुम्हारे भैया इस के लिये कैसी अच्छी साड़ी लाये हैं, सो इसे पसन्द नहीं आई। मोहन की भाँति इसे भी पोशाक चाहिये। मेमों की सी गाउन पहिनेगी। सब बातों में मोहन की बराबरी! लड़की का इतना सिर पर चढ़ाना अच्छी बात नहीं है।"

श्यामा की आँखें आँसुओं से भर आईं। भगवान ने उसे पुत्र-कन्या से वर्जित किया है, किन्तु उस दुर्भागिनी मातृहीना बालिका को जो दुःख था वह उसे भली भाँति अनुभव कर सकीं। श्यामा के हृदय में करुणा-स्रोत बह चला।

तारा को गोद में खींच कर श्यामा बोली, "नई बहू! तारा से दो मीठी बातें कहते तुम्हें किसी ने न सुना। दिन रात इस छोटी सी लड़की को कड़ी कड़ी बात कहती हो, यह तुम्हारा कैसा बुरा स्वभाव है? वह पानी में बह कर नहीं आई है? क्या भैया उसके लिये एक अच्छी रेशमी साड़ी नहीं ला सकते थे? अरे वह भाग्यहीना न होती तो उसकी माँ ही क्यों मर जाती?"

यह बात तो किशोरी को असह्य हो गई। यह उसे ख़्याल कदापि न था कि ऐसे मर्मभेदी शब्द सुनने में आवेंगे। किशोरी गर्ज कर बोली, 'बहुत देख चुकी हूँ पर तुम्हारे ऐसी एक आँख वाली बूआ कभी नहीं देखी। क्या मोहन भतीजा नहीं है? उसकी बात तो कभी नहीं कहते सुना। कितना मोह उस निगोड़ी लड़किया पर है। इतनी ही चाह है तो गाँठ का पैसा ख़र्च कर बनवा क्यों नहीं देतीं? सर्वस्व तो हथिया कर बैठी हो। मोहन का वह हार तक तो हजम कर गईं। सब याद है। सब दिन हमारा

ही खाओगी और हमीं को आँख दिखाओगी"।

श्यामा पित्रालय में बहुत दिन से मालकिन बनी हुई थी। परिवार के सभी लोग उसका गृहिणी के समान सम्मान करते थे। आज क्षुद्र दासियों के सामने इस भाँति अपमानित होकर सिवा आँसू बहाने के वह मुँह से एक बात भी न कह सकी। तारा अंचल से बूआ की आँख पोंछती हुई बोली "बूआ रोओ मत, मैं पोशाक न लूँगी"।

[५]

उस दिन रात को किशोरी ने गोविन्द बाबू के सामने जिस धूम से आँसू बहाये वर्षा के मेघ के साथ ही उसकी तुलना की जा सकती है। दोनों आँखों से गङ्गा यमुना बहा कर किशोरी बोली "मुझे मेरे पित्रालय में भेज दो, मैं यहाँ की कौन हूँ? प्रतिदिन यह अपमान मुझ से सहा नहीं जाता। भैया मुझे और मोहन को दो रोटी देने से मुँह न मोड़ेंगे।"

किशोरी के भैया को दो काम आते हैं। एक बड़े आदमियों की मुसाहिबी करना, दूसरे गाँजे का दम लगाना।

इधर उधर के कामों से दिन भर के थके गोविन्द बाबू का मिज़ाज उस समय ठिकाने न था। आराम के समय ऐसी बात सुन कर वह बहुत ही अप्रसन्न हुए। फ़रसी की मुँहनाल मुँह से हटा कर बोले, "तुम्हारे भैया की दशा हमें ... । तारा ने
तरह मालूम है. अब ये बातें रहने दो। एकाएक ... ती हुई खड़ी
रुष्ट क्यों हो गई सो कहो? क्या यहाँ तुम्हारे ... पर जा गिरी।
में कमी हो रही है?" ... नाम ले रही थी।

मुँह बनाकर किशोरी बोली, "ऐसे खा ... "क्यों री। रोती
ही से दण्डवत् करती हूँ, जिसे दिन में दसबार
की जूती पैजार सहने की ताक़त होगी वह इस ... ह लाये हैं। मैं
क्या मैं किसी की मज़दूरिन हूँ?" मारे क्रोध ... गी।"

उसके मुँह से आगे एक बात न निकली।

साफ़ साफ़ हाल कहो कि बात क्या है। मैं तुम्हारा यह सब पचड़ा नहीं समझ सकता।" गोविन्द बाबू ने मुँह से धूँआ उड़ाकर यह मन्तव्य प्रकाशित किया।

किशोरी ने एक एक की चार चार बना कर खूब नमक मिर्च लगा सब बातें पति के सामने पेश कीं। सब बातें सुन कर गोविन्द बाबू बिस्तरे से उठे और खड़ाऊँ को खूब ज़ोर से खट खटाते हुए श्यामा के कमरे के दरवाज़े पर पहुँचे। श्यामा उस समय तारा को कहानी सुना रही थी। गोविन्द बाबू दरवाज़े पर से बोले, "श्यामा! तुम दोनों अब मुझे पागल बना कर ही छोड़ोगी। रोज़ रोज़ का पचड़ा सुनते सुनते मैं हैरान हो गया। इस तरह दिक़ करने से मैं सचमुच घर छोड़कर कहीं चला जाऊँगा।"

श्यामा ने भैया से इस भाँति विचलित स्वर से कभी कोई बात न सुनी थी और न इस तरह का उद्धत भावही कभी देखा था। श्यामा की आँखों के सामने अँधेरा छा गया। निज वैधव्य-जीवन का निराश्रय-भाव क्षण भर में उनको हृदयङ्गम हो गया। क्षोभ और दुःख से उनका कण्ठ रुद्ध हो गया। पहिले तो वह कुछ कह न सकीं। पीछे बोलीं "मेरा क्या दोष है भैया?" भैया पूर्ववत् भाव से बोले "न तुम्हारा कुछ दोष है न उसका कुछ दोष है। जो कुछ हो रहा है सो सब मेरे दोष से"—गोविन्द बाबू और भी कुछ कहना चाहते थे किन्तु उसी क्षण उन्हें स्मरण हो आया कि आज वह सीमा-अतिक्रम कर चुके हैं। अस्तु और कुछ न कह कर बिस्तरे पर आकर लेट गये।

इस घटना के दो दिन पीछे अर्थात् सप्तमी के रोज़ सब को यह मालूम हुआ कि श्यामा काशी जी रही हैं। श्यामा की

एक मौसी बहुत दिन से काशी-वासकर रही हैं। उनको इस बात की सूचना दे दी गई है और श्यामा के गुरु जी महाराज उनको संग लेकर काशीजी पहुँचा आवेंगे। गोविन्द बाबू कुछ दुःखित हुए। हिन्दू-गृह में विधवा बहिन सरीखी बे दाम की दासी जल्दी मिल नहीं सकती। पहिले गोविन्द बाबू ने श्यामा को काशी जाने से मना किया। पीछे श्यामा को दृढ़ संकल्प देख कर बोले "अच्छा जाना ही है तो दुर्गा-पूजा, दशमी आदि बीत जाने पर चली जाना।"

इस पर किशोरी बोली—"इतनी खुशामद करने की ज़रू-रत क्या है? जाती हैं तो जाने दो। क्या उनके बिना हमारी गृहस्थी बिगड़ जायगी?" ये बातें इतनी ज़ोर से कही गईं कि जिससे श्यामा भली भाँति सुन सकें।

इस संसार में श्यामा की एक मात्र बन्धन तारा थी। बूआ काशी जायँगी यह बात सुन कर वह भी हठ करने लगी कि 'मैं भी तुम्हारे साथ काशी जाऊँगी'। तारा ने बूआ के भावी दुःख से खाना पीना छोड़ दिया। दिन रात उसके मुँह से साथ में काशी चलने की बात निकलती रहती थी। अन्त में श्यामा की यात्रा करने का समय आ गया। तीन चार कोस रास्ता बैलगाड़ी से तै करके तब रेलवे स्टेशन पर पहुँचना था। बहुत दिन का पुराना नौकर रामचरण आँसू पोंछता हुआ बीबी जी का असबाब गाड़ी पर चढ़ाने लगा। जिस हार के हेतु इतनी घटना हुई श्यामा जाते समय उस हार को गोविंद बाबू को दे गईं। तारा बूआकी गोद में चढ़ कर बोली "चलो"। श्यामा उसे गोद से उतारने लगी पर तारा न उतरी। अन्त को रामचरण ने बलपूर्वक तारा को श्यामा की गोद से खींच लिया और बहलाने के लिये पिछवाड़े की फुलवाड़ी में ले गया। तारा वहाँ भी फूट फूट कर रोने लगी। और साथही साथ

कहने लगी " रामचरण, हमें बूआ के पास ले चलो, मैं तुम से हाथ जोड़ती हूँ।" अब तारा के साथ रामचरण भी रोने लगा।

श्यामा तारा को छोड़ कर चलीं तो सही, पर उनके मन में यह प्रश्न उठता था " क्या मैं तुझे छोड़ कर कहीं रह सकूंगी तारा ?" उनके कानमें बराबर तारा की ये बातें सुनाई पड़ती थीं "बूआ तुम मत जाओ, मैं किसके पास रहूँगी? बूआ मुझे अपने संग लेती जाओ "। हाय ! तारा आज यथार्थ मातृहीना हुई।

संसारसुख

[१]

आज कितने ही दिनों के उपरान्त रमानाथ घर आये हैं। जीवन संग्राम में स्थिर रहने के हेतु उन्हें विदेश में वास करना पड़ता है। रमानाथ अभी घर के द्वार पर ही पहुँचे थे, अंतःपुर में प्रवेश भी नहीं किया था कि भीतर कुछ गुल गपाड़ा सुन पड़ा। वे कान लगाकर सुनने लगे, पर निश्चय न कर सके कि मामला क्या है। पर अनुमान से उन्हों ने यह जान लिया कि अम्मा दोनों बहुओं में से किसी एक पर घोर नाद से गर्ज्जन तर्ज्जन कर रही हैं और छोटी (विधवा) बहिन भी माता जी की बीच बीच में सहायता कर रही हैं। केवल बहू कोही गाली देकर माँ बेटी अपना हृदय नहीं ठण्डा कर रही हैं, वरन् साथ साथ उसके सात पुश्त तक का भी गालियों से भरपूर सत्कार कर रही हैं।

इन तीक्ष्ण वचनों की वर्षा किस पर हो रही है ? उसका अपराध क्या है ? उसकी सीमा कहाँ तक है ? यह तो रमानाथ न जान सके, पर थोड़ा बहुत अनुमान से यह जान

लिया कि उनकी पूजनीया मातृ-देवी तथा छोटी बहिन का लक्ष्य अन्य कोई नहीं, उनकी स्त्री कमला ही है। रमानाथ के हृदय में ऐसा अनुमान उत्पन्न होने का एक बड़ा कारण भी था। वह बाहर रहने पर भी अच्छी तरह जानते थे कि उनकी स्त्री कमला को बिना अपराध हो उनकी दयामयी माता जी और बहिन कठोर वाक्य-वाणों से बेधा करती हैं, जिन्हें कमला विचारी चुपके सहन कर लिया करती है। कमला के ऊपर जो उन लोगों की इतनी कृपादृष्टि थी उसे केवल रमानाथ ही नहीं वरन् अड़ोस पड़ोस की सब स्त्रियाँ भी भली भाँति जानती थीं। रमानाथ ने सुना कि जननी देवी गरज कर श्रीमुख से कह रही हैं, "धनवान की बेटी है न, और तिसपर मालिक कमासुत ठहरा, बस इसी पर तो इतना दिमाग़ है, तभी तो आकाश पर पैर रखकर चलती है; दैया रे दैया! दिन रात पैर पर पैर धरे बैठी ही रहती है, मानो पैरों में मेहँदी लगी है। ख़राबी तो मेरी है। मर जाती तो जंजाल से तो छूट जाती। निगोड़ी मरे कहाँ से? यमराज तो मानो उसे भूल से गये हैं"।

पति के धनोपार्ज्जन करने और पिता के धनवान होने के उलहने छोटी बहू कमला के लिये जितने उपयुक्त थे उतने बड़ी बहू के लिये न थे। इन सब कारणों से रमानाथ का अनुमान ठीक उतरा।

रमानाथ थोड़ी देर तक संसार की निष्ठुरता के विषय में सोचते रहे। फिर धीरे से अपने सोने वाले कमरे में चले गये। और दिन तो प्रातः काल ही शौचादि से निवृत्त हो, कपड़े पहन, कुछ जल पान कर वे बाहर चले जाया करते थे किन्तु आज इस नियमित दिनचर्य्या के विरुद्ध एकान्त में पड़े कुछ सोच रहे हैं। इतने ही में कमला की कोठरी में उग्र चण्डी का रूप धारण किये उनकी माता जी सामने आकर खड़ी हुईं और

रमानाथ को सम्बोधन कर कहने लगीः—"अब तो घर चलाना कठिन हो गया है। बड़े आदमी की लड़की लाकर मैं देखती हूं कि मुझी को घर छोड़ कर अलग होना पड़ेगा। एक दिन की बात हो तो सही जाय, पर यहाँ तो नित्यही की यह लीला है। इस तरह कितने दिन चल सकता है। रोज़ सोचती हूँ कि चलो जाने दो। पर फिर वही बात है। अब मैं अच्छीतरह जान गई कि बिचारी बड़ी बहू का कोई कसूर नहीं है। उस बिचारी को मैं रोज़ही कितनी खरी खोटी सुनाया करती हूं। अगर आज मैं अपनी आँखों न देख लेती तो आज भी उसे ही सुनाती। बड़ी बहू बड़ी नेक है। उसे मैं इतनी उलटी सीधी सुनाती हूँ पर बेचारी कभी चूं तक नहीं करती, सब चुपके से सुन लेती है, मानो बिना ज़बान की है। तुम आगये हो। यह अच्छी बात हुई। अब तुम अपनी गृहस्थी आप सँभालो। मुझ से अब न सपरैगा। सुशीला माता जी के चुप होने पर रमानाथ ने पूँछाः—"अम्मा! क्या हुआ?" "हुआ क्या. हमारा कपार, और क्या होगा, तुम तो यही जानते हो कि मैं झूँठही खुचुर निकाला करती हूँ। इससे तुम्हीं न जाके अपनी आँखों से देखलो कि क्या हुआ है"। "अम्मा, हम क्या देखलें? क्या तुम झूंठ कहोगी"। "नहीं फिर पीछे तुम कहोगे कि मैं खुचुर करती रहती हूँ। छोटी बहू को मैं चाहती नहीं, इसीसे उसके पीछे पड़ी रहती हूं। बैठे २ झूँठ मूंठ गढ़ कर कलंक लगाया करती हूँ। अब भी उसी तरह सब पड़े हैं। हाथ कंगन को आरसी क्या? जाके देख न लो। सब आपही मालूम हो जायगा"। "भला हुवा क्या, कुछ कहो तो सही।" "मैं सब बातें किसी से कहती थोड़े ही हूँ। सोचती हूँ, जाने दो लड़किनी है, क्या सब दिन ऐसी ही थोड़ी बनी रहेगी, सयानी होगी तब आपही सँभलते सँभलते सँभल जायगी।

यह सोच कर मैं चुपचाप रह जाती हूँ। पर अब तो मैं देखती हूं कि दिन पर दिन वह और भी बिगड़ी जाती है। अभी उस दिन मैंने कहा कि छोटी बहू, जाओ दुशाला और ऊनी कपड़े सब घाम में डाल दो। साँझ को छत पर जाकर देखती हूं कि सब कपड़े लत्ते ज्यों के त्यों पड़े हैं। अगर कोई कुछ उठा ले जाता, या बन्दर ही चीथ डालते, तब? गृहस्थ की बहू बेटिया अगर ऐसा ही करने लगें तो कै दिन चले? एक तिनका भी इधर से उधर बिना सरकाये बनता है?"

रमानाथ ने उपर्युक्त बातों को सुन अतिशय चिन्ता युक्त और मर्म्माहत होकर शिर नीचा कर लिया। इतने ही में उनकी पूजनीया माताराम ने फिर अपना चर्खा उठाया "आज बड़ी बहू से डोह करके कड़ाही भर दूध बिल्ली का पिला दिया। अब मैं लड़के को क्या पिलाऊँ, चूल्हे की राख? बड़े आदमी की लड़की है न, ज़रा सी बात कहो कि रूठ जाती है। आगा-पीछा सोच कर रह जाती हूं कि क्या जाने कुछ भला बुरा हो जाय, इसी से चुप रह जाया करती हूँ। वह तो पढ़ी लिखी है, भला हम लोगों की बातें क्यों मानने लगी।"

कुछ देर के बाद रमानाथ अत्यन्त कातर स्वर से बोले। "अम्मा, बड़ी चाह से न बहू ले आईं रहीं। का[illegible] अब क्या करोगी, भाग्य में तो सुख लिखा ही नहीं, जब त[illegible] जियोगी दुःख ही भोगने पड़ेंगे।" माता जी बहू की औ[illegible] [illegible]हुत सी बुराइयाँ करके चली गईं।

रमानाथ बैठे बैठे बहुत सी बातें सोचने लगे-- [illegible]या सत्य ही वह अम्मा की आज्ञा पालन नहीं करती? [illegible] कमला ही का दोष है। नहीं तो भला अम्मा को झूँठ बो[illegible] क्या पड़ी थी। क्या माता कभी अपने बेटे या बहू को [illegible] [illegible]श दे सकती है? निःसन्देह कमला के आचरणों से मा[illegible] दुःख

पहुँचा होगा, नहीं तो इतनी बातें कभी न कहतीं।" कुछ देर के उपरान्त फिर सोचने लगे—"नहीं, कमला ऐसी नहीं है। यदि यह बात होती तो इतने दिन मैं घर में रह सकता? एक दिन दो दिन नहीं, आज सात वर्ष से देख रहा हूँ, कभी उसका कोई अन्याय कार्य नहीं देख पड़ा। कमला यथार्थ में संसार की कमला है। हाँ ठीक है, न उसी का कुछ दोष है, न माता जी का ही कुछ दोष है। दोष जो कुछ है वह केवल मेरे भाग्य का है और कुछ नहीं।"

[२]

गृहस्थी का काम काज हो जाने पर और सास ससुर जी के भोजन कर लेने के उपरान्त कमला अपने सोने की कोठरी में गई। वहाँ जाकर उसने देखा—रमानाथ के लिए जो भोजन वह रख गई थी वह ज्यों का त्यों रक्खा है। कमला ने भोजन करने के लिए पति से बहुत अनुरोध किया, पर रमानाथ भोजन से अनिच्छा प्रकट करके सोने के लिए पलँग पर लेट गये। कमला दुखित होकर चुप हो गई।

आज का वृत्तान्त ठीक ठीक जानने के लिए रमानाथ कमला से एक एक बात पूंछने लगे। उत्तर में कमला ने विशेष कुछ नहीं कहा। न तो अपने पक्ष-समर्थन में ही उसने कुछ विशेष युक्ति लड़ाई, न दूसरे के विपक्ष ही में कुछ वाक्यचातुर्य दिखलाया। स्वयं अपने ही ऊपर दोष लेने लगी। रमानाथ ने बहुत से पेंचीले प्रश्न किये, परन्तु उन्हें कोई सन्तोष-जनक उत्तर न मिला। यह बात रमानाथ आगे ही से जानते थे कि कमला से कोई सच्चा हाल न मिलेगा कारण यह कि ऐसी घटनायें प्रायः उनके घर हुआ ही करती थीं, कुछ आज नई बात न थी; पर उन्हें कभी कुछ न मालूम होता था।

कमला का कोई अपराध नहीं है—यह बात रमानाथ

अच्छी तरह समझ गये, क्योंकि वह भली भांति जानते थे कि यदि कमला का कुछ दोष होता तो वह इतनी उदास न होती, सहर्ष अपना दोष स्वीकार करके क्षमा माँगती। चाहे कमला का कुछ दोष हो वा न हो, जब सास जी क्रोध करके उसपर दोषारोपण कर रही हैं, तब अवश्य ही उसका दोष है। कमला के मन में यह खूब विश्वास है।

कुछ देर पीछे रमानाथ बोले—"कमला! मैं खूब जानता हूं कि तुम्हारा कोई अपराध नहीं है, तब भी ऐसी बातें क्यों होती हैं? क्या तुम बतला सकती हो?" कमला बोली, "मेरा दोष नहीं तो किसका दोष है?" जीजी जी को तो कोई कुछ नहीं कहता। मैं माँ जी के मन की नहीं हूँ, इसीसे मैं दोषी हूँ। मेरे कारण सबको दुख होता है। देखिये न, इतने दिन पर आप घर आये हैं। मेरे कारण आपको भी बातें सहनी पड़ रही हैं। यदि मैं मर जाऊँ तो सचमुच सब जंजाल छूट जायँ" यह कहते कहते कमला के आँसू निकल पड़े।

रमानाथ ने और कुछ नहीं कहा। कमला अत्यन्त दुखी हुई। कमला ने दूसरे को दोष देना सीखा हो न था। कमला भर-सक अपनी सास, ननंद और जेठानी को खुश रखने की चेष्टा करती रहती, परन्तु उसका श्रम कभी सफल न होता। उसको बड़ी बहू की तरह चिकनी चुपड़ी बातें करनी नहीं आती थीं। वह बड़ी बहू की तरह मुंह दिखाऊ भक्ति न जताकर जिन कर्तव्य-कर्म सम्पादन करके कभी अपनी कोठरी में जा बैठती कभी जेठानी के छोटे बेटे को लेकर उसे प्यार से खेलाने लगती और उसके साथ साथ स्वयं बच्चे की तरह खेलने लगती। इस पर घर के सब लोग और अधिक कुढ़ते और कमला को भला बुरा कहने तथा क्लेश पहुँचाने का उद्योग करने लग जाते। कमला के साथ सहानुभूति करने वाला ऐसा कोई नहीं था जिससे

वह अपना दुख कह कर के मन का बोझा हलका करती। यदि कमला के दुःख से सहानुभूति प्रकट करनेवाला उस घर में कोई था तो वह घर की पुरानी मज़दूरिन मुलिया की माँ थी। केवल यही बुढ़िया उसके दुःखमें सहानुभूति जताती थी। इसी लिए वह भी मालकिन के मन से उतर चुकी थी।

[३]

दुःखयातना से तड़फते, करवट बदलते, रमानाथ की रात किसी प्रकार कटी। कमला ने अपने हृदय की आग को छिपा कर, उनके मन को फेरने की अनेक चेष्टायें कीं। पर उसकी सब चेष्टायें व्यर्थ हुईं। सभी बातों की सीमा होती है। मालूम होता है, आज रमानाथ का धैर्य्य सीमा को उल्लंघन कर गया है। प्रातःकृत्यादि से ज्योंही निश्चिन्त हो के रमानाथ ने ड्योढ़ी में पैर रक्खा, त्योंही उनके पिता हरिहर बाबू ने गम्भीर स्वर से पुकारा "रमानाथ! सुनो"।

रमानाथ बिना कुछ उत्तर दिये चुपके से जा खड़े हुए। हरिहर बाबू हुक्के की नली मुख से हटाकर कहने लगे "देखो, नित्य रात दिन के लड़ाई झगड़ों से घरमें रहना कठिन हो रहा है। छोटी बहू अब कुछ लड़की नहीं है। हम लोग सबकुछ सहन कर सकते हैं। पर बड़ी बहू पराई लड़की है। वह क्यों उसकी बात सहन करने लगी? और रातदिन के इन झगडे बखेड़ों से अड़ोस पड़ोस वालों के सामने मुख दिखलाना कठिन हो रहा है। छीः छीः! कितनी लज्जा की बात है। थोड़ा तुम्हीं सोचो"।

रमानाथ इसका कुछ उत्तर न देकर पूर्ववत् खड़े ही रहे, तब हरिहर बाबू फिर कहने लगे. "यह बड़ी मुश्किल है। यदि तुम से कहता हूँ तो तुम हाँ, या नहीं, कुछ उत्तर ही नहीं देते।

तुम्हें जो कुछ अपने मन की बातें कहना हो, उन्हें खुलासा क्यों नहीं कहते ?"

रामनाथ ने शिर नीचा करके कहा, "क्या कहूँ आपही बताइए ?"

हरिहर बाबू ने रूखेपन से जवाब दिया, "तुम न अपने मन की बात कहोगे, न अपनी घरवाली ही को समझाओगे, तो क्या उसे ताड़ना देने को कोई दूसरा आवेगा ?"

रामनाथ ने चुप-चाप पिता की सब बातें सुनलीं। उनकी दृष्टि बचा कर आँसू पोछते अपने कमरे को चले गये।

दिन दोपहर से अधिक चढ़ आया है। रमानाथ बाहर के कमरे में अकेले तकिये के सहारे लेटे अपनी अदृष्ट की बातें सोच रहे हैं। कल रातको ब्यालू भी नहीं की, आज भी इतना दिन चढ़ आया है, और अब तक न तो कुछ भूख है न प्यास। अथवा यों कहिए कि भूख प्यास रहने पर भी उन्हें आहार पर रुचि नहीं है। माता कब तक पुत्र पर क्रोध कर सकती है, या उससे अभिमान दिखा सकती है। रमानाथ की माता से यह बात न देखी जा सकी और ज्येष्ठ पौत्र रामगोपाल को रमानाथ के बुलाने को भेजा। रामगोपाल ने आकर कहा, "चचाजी सो रहे हैं"। तब तो उन्होंने स्वयं जा कर रमानाथ को समझा कर स्नान करने के हेतु उठाया। रमानाथ नहा धोके बरामदे में खाने को बैठे थे कि कुछ ही देर पीछे अपनी बगलवाली कोठरी में किसी को धीमे स्वर से बातें करते सुना। रमानाथ समझ गये कि उनकी माता और पिता के मध्य उन्हीं के सम्बन्ध में कुछ बातें हो रही हैं। बूढ़े पिता जी कहते हैं, "अरे राम, राम, उस कमबख्त का तो मुँह भी न देखना चाहिए, उसके मारे तो हमारा शिर नीचा हो रहा है। लिखना, पढ़ना सिखाने का यही फल मिला है। हमारे सामने इतनी ढिठाई,

इतना बेहयापन, एकदम स्त्री के वशीभूत हो गया है। उसके कारण सारी गृहस्थी मिट्टी हो रही है, हरे ! हरे !! ”

रामनाथ भोजन कर सीधे अपने कमरे को चले गये। माता, स्त्री आदि जो अब तक उनके आसरे बैठी थीं, उनके चले जाने पर आहार करने को बैठीं।

मुलिया की माँ रमानाथ को अपने लड़के की तरह चाहती थी। नित्य ही उनके प्रति संसार के अन्याय, अत्याचार, और अविचार होते देखकर उसके अन्तर में व्यथा उत्पन्न होती थी। इसी अवसर पर बुढ़िया रमानाथ के कमरे में घुस धीरे से कहने लगी।

“देखः बेटा रामो ! हमार एक बात सुनः, बहू के अब एकौ घन्टा इहाँ मति रक्खः। काल्ह ओके अपने सङ्गे लिआये जा, अबहीं ओके ओकरे नैहरे पहुँचायदे फिर जौन होये देखा जाये”।

मुलिया की मां रमानाथ को बराबर “रामो” ही कह कर स्नेह से पुकारा करती। उसे आधुनिक सभ्यता के अनुसार सम्बोधन करना आता ही न था। रमानाथ उसे कभी “मुलिया की माँ” कभी “बूढ़ी” कहके पुकारते। उसे सहसा अपने निकट देख, और उसकी सहानुभूति-पूर्ण बातें सुन, उनको कुछ सुखानुभव हुआ। जबसे इसबार वे लौट के घर आये हैं तब से आजतक किसी ने ऐसे स्नेह और सहानुभूति के साथ बातें नहीं कीं जैसे आज इस बूढ़ी ने की है ! इसी कारण वृद्धा के मुख से सरल ममता पूर्ण बातें सुन रमानाथ सन्तुष्ट हुए, और कहने लगे:—

“इससे क्या होगा मुलिया की माँ, क्या उसे मैके भेज देने से करम खुल जायगा ?”

“का होए, तौन का तु नाहीं जनतः, हिंया जौ बहू के रक्खः तौ ओन्हने ओके दुःख दै के मारि नइहैं अउर का होए ?”

“ मां को और भाभी (बड़ी बहू) को तुम व्यर्थ गाली

मत दो" रमानाथ ने बूढ़ी से कहा, "क्या बिना उसके दोषके ही वे लोग उसे झूठी लांछना या दोष देती हैं ! यही क्यों, जब बाबू जी तक इतने नाराज़ हो रहे हैं, तब अवश्य ही कुछ उसका अपराध होगा ।"

"बाबू जी तौ मरद हयें, ओन्हें जवन समुझाय दिहा जाय तौनै समुझ लेथें । भितरां क हाल उ का जानैं, बताव: । जो तु हमार बात मान: तौ कलिपे ओके हियासे लेजा, नाहीं नौ ओन्हने ओके जीयतै मुआय डरिहैं ।"

"बिना कारण कोई किसी को दुःख नहीं दे सकता।"

" मेहरारुन की चरित्तर तु का जान: ? सास नन्द का आपन होलीं ? अइसइ केहू के भाग से नीक मिल जांय त दूसर बात हौ । छोटी दुलहिन के कौनो दुख नाहीं हौ, । तवन ओन्हने से देखा नाही जातै, जे में दुख पावे, तौने से खुचुरि लगाए रहथीं । काल जवने बात पर इतना धूम मचायन, ओमें ओकर कौनो दोस नाहीं रहल । छोटी बहू कड़ाही के समेत दूध कोठरी के भीतर धइके, सँकरि चढ़ाय, ओसारे में बैठि के तरकारी चारै लागीं । इतनेमें बड़ी जनी आय के ओके बहाने से टरकाय दिहिन, तब चुप्पे से सँकरी खोलि के धोरिके दूध लड़ाय दिहेन, आउर बिलारी के घरें में घुसेड़ के चली गईं । माँ जी आय के देखिन कि बिलार दूध पियत बाय, दूध अंवटि के धरे क काम छोटी जनी क हौ, बस ओकरे उप्पर रिसिआये लग्विन । बस इहे बात हौ" ।

" मुलिया की मां ! क्या यह बात सत्य है ? क्या तू ने अपनी आँख से देखा है ? "

"हम तौ इ घरे का हाल देखत, देखत, बुढ़ाय गये । काल अपनी आँख से नाहीं देखा तौ का झूठ कहत हईं । गोपालौ हम्द से सब बतिया चुप्पे से कहि दिहेस "।

"नहीं, यह सम्भव नहीं है, क्या भाभी उसकी दुश्मन हैं जो ऐसा काम करेंगी ? गोपाल लड़का है। वह योंही झूठी बात कहता होगा"।

"बेटा रामो! कुल बात सच्चे हौ, उहय तौ बिलार के पकड़ लियाय रहा, यह घरे अब नाहीं गुजरा होयेक हौ दूसरे के बिटिया के का जराय जराय के मरबः ? जो ससुरारी में न रहय-क-मन होय तौ एकठे भाड़ा क घर लेके रहः। कहः तौ हमहूँ तोहरे सङ्गे चलीं, अब हमरौ एक्कौ घन्टा रहे क मन नाहीं हौ।"

'रमानाथ थोड़ी देर मौन रहे फिर टूटे फूटे स्वर से बोले,:-

"तू सच कहती है मुलिया की माँ! अब यहाँ से चले जाने ही में सच्चा सुख मिलेगा। मैं तेरी सलाह मानूँगा।"

रमानाथ की बात अभी समाप्त भी न होने पाई थी कि इतने में बाहर से माता जी के आने की आहट मिली; चट मुलिया की माँ दूसरी खिड़की की राह से बाहर हो गई।

[४]

मुलिया के मां के चले जाने पर रमानाथ बाहर की एक निराली कोठरीमें जाकर बैठे। उनके मन में वारवार यह बात उत्पन्न होने लगी "इस संसार में सुख क्या है ?" इसी एक बात को उन्होंने अनेकवार सोचा था, आज भी एक बार सोचा। आज उन्होंने यह सिद्धान्त स्थिर किया कि सच्चा सुख वा शान्ति इस जगत् में नहीं है। यदि है भी तो बहुत ही कम। यहाँ केवल सुख की अलीक आशा और उसके प्रलोभन मात्र हैं। इस आशा और प्रलोभन ने जिस महात्मा को स्पर्श नहीं किया है वही सच्चा सुखी है। यदि रमानाथ मन में इतने सुख की आशा न करते तो इतने मर्म्माहत न होते। उनकी अवस्था इस समय शोचनीय है। एक ओर उनके मन में अपरिमित

सुख की आशा और आकांक्षा भरी है। दूसरी ओर उस आशा के मार्ग में कंटक दिखाई पड़ रहे हैं। एक ओर भ्राता, माता, पिता, दूसरी ओर निरपराध सरला पत्नी। एक ओर सुखतृप्ति और दूसरी ओर क्रूर और अनिवार्य संसार। रमानाथ ने स्पष्ट देखा कि उनकी आशा इस जन्म में पूरी होने वाली नहीं। शान्तिमय पवित्र राज्य में जाने के लिए कोई सुगम वा दुर्गम मार्ग नहीं है। सामने अनन्त निराशा मात्र है। जिस आशा का परिणाम हृदय में घोर नैराश्य है उस आशा को मनुष्य के हृदय में देकर परम दयामय जगत्-पिता अपनी कौनसी करुणा प्रकाश कर रहे हैं! क्षुद्र मनुष्य नहीं समझ सकता।

रमानाथ ने तटविहीन चिन्तास्रोत में बहते बहते अकस्मात् आँख उठा कर जो प्रकृति की ओर देखा, तो सन्ध्या हो गई थी। कुछ देर तक खड़े हो वे कुछ सोचने लगे, फिर घर के बाहर निकल गये।

दूसरे पहर जब मुलिया की माँ और रमानाथ में बात चीत हो रही थी, उस समय हरिहर बाबू उस कोठरी की बगलवाली कोठरी में से वे सब बातें सुन रहे थे। क्या मुलिया की माँ का कहना सत्य है? यदि मालकिन, बड़ी बहू और छोटी बहू पर षड्-यन्त्र करके उसे नाना प्रकार क्लेश देती हों तो बड़ी भयानक बात है। इन लोगों के कारण व्यर्थ निर्दोष पुत्र का तिरस्कार किया। फिर सोचने लगे कि यदि रमानाथ घर छोड़ कर चला जायगा तो महाअनर्थ होगा, यह सब सोच विचार कर वे बड़े घबराये।

रमानाथ के बाहर चले जाने पर उन्होंने जोर से पुकारा "गोपाल"! गोपाल ने अन्दर से ही उत्तर दिया "क्या है दादाजी"

तब हरिहर बाबू ने कहा, "ज़रा सुनतो जा"।

रामगोपाल पितामह का स्वर सुनकर समझ गया कि आज उनका चित्त कुछ खिन्न हो रहा है। इस हेतु डरते डरते उनके सामने जा खड़ा हुआ। हरिहर बाबू ने गोपाल को गत दिवस की दूधवाली घटना को आद्योपान्त कहने की आज्ञा दी। बालक गोपाल, माता जी से मारखाने के डर से रुक रुक कर जो कुछ जानता था कह गया, जिसे सुन हरिहर बाबू का भ्रम जाता रहा और वे समझ गये कि बड़ी बहू दानवी और छोटी बहू देवी है।

क्रोध, दुःख और मर्म्मवेदना से हरिहर बाबू को अत्यन्त मानसिक क्लेश का अनुभव होने लगा। वे सोचने लगे, रमानाथ का चरित्र कितना महान् है। अन्याय, तिरस्कार करने पर भी उसने मेरी बातों का कुछ उत्तर नहीं दिया। इस थोड़ी अवस्था में ही उसने अपना कर्त्तव्य समझ लिया। और मैंने बूढ़े होकर भी बे समझे बूझे योग्य पुत्र का अन्याय-तिरस्कार किया, अपना कर्त्तव्य भी न सोचा। हाय! मालूम नहीं कितने दिनों से इस भाँति अन्याय किया जा रहा है। छोटी बहू बालिका होकर कितना दुःख सह रही है। जो हो, कल सवेरे बेटा और बहू के निकट अपना अपराध स्वीकार करूँगा। पीछे जो उचित होगा, करूँगा।

सवेरे निद्राभंग होने पर हरिहर बाबू रमानाथ के उठने की अपेक्षा करने लगे। जब बहुत दिन चढ़ आया और रमानाथ बाहर न आये, तब वे उत्कंठित होकर रमानाथ के शयनगृह में पहुँचे, पर वहाँ पुत्र वा बहू किसी को भी नहीं पाया। तब उन्होंने तुरंत समझ लिया कि रमानाथ अत्यन्त क्लेशित होकर घर छोड़ कहीं चला गया।

रमानाथ का इस भांति घर छोड़ कर चलाजाना घरवालों को कोई अनहोनी घटना न जान पड़ी, और न उनके लिए किसी को विशेष दुःख ही हुआ। कोई कोई तो कहने लगे, "भला देखा जायगा ससुराल में के दिन निबहेगा"। यदि कुछ क्लेश हुआ तो केवल हरिहर बाबू को।

उन्हे अपनी गृहस्थी से घृणा होने लगी। उन्होंने तुरंत रमानाथ की ससुराल, जिस आफ़िस में वह नौकरी करते थे, और जहाँ जहाँ वह जाते थे पत्र वा आदमी भेजकर अनुसन्धान कराया, परन्तु कहीं भी पता न लगा। प्रायः एक सप्ताह पीछे डाक द्वारा उन्हें एक पत्र मिला जिस में यह लिखा हुआ था:—

परम पूजनीय पिता जी,

मैं आप की आज्ञा के बिना जो घर से चला आया हूँ मेरे इस महान् अपराध को आप क्षमा कीजिए। जिस पुत्र के कारण माता पिता का शिर नीचा हो, उनके सुख-शांति में बाधा पड़ती हो, ऐसे बैरी पुत्र का मरनाही अच्छा है। किन्तु खेद है कि आपका यह अधम पुत्र मृत्यु के अस्वाभाविक उपाय का अवलम्बन न कर सका। इसलिए अब उसने आप लोगों से बहुत दूर रह कर जीवन काटना बिचारा है। इसमें आपकी कुछ क्षति भी नहीं है, वरन् कुपुत्र और पुत्रबधू के न रहने से घर में शांति बिराजैगी। किन्तु मेरी कितनी ही अपूर्ण आशायें आजीवन के लिये जाती रही हैं। अब आपके श्रीचरणों के सन्निकट में यही भिक्षा माँगता हूँ कि एकबार अपने मन से मुझे यही आशीर्वाद दीजिए कि मैं मनुष्य जाति के विशद कर्त्तव्य को शिर पर रख कर इस कठिन नये मार्ग में अग्रसर हो सकूँ।

इस जीवन में आपकी आज्ञा और आशीर्वाद बिना मेरा कोई कार्य सिद्ध न होगा। परम पूजनीया माता जी के चरणों में मेरी "पैलगी" कह दीजिएगा। अब और अधिक क्या लिखूँ। अपनी अबोध सन्तान जान कर मेरे सब अपराधों को क्षमा कीजिएगा।

चरणसेवक,

रमा।

कुम्भ में छोटी बहू

[१]

मिरज़ापुर के पास "पँडरा" में पण्डित रामनारायण मिश्र वास करते हैं। जाड़े का मौसिम है। सवेरे का वक़् है। घर की मालकिन आँगन में बैठी घाम ले रही हैं। भोलवा की माँ (मज़दूरनी) गाय की सानी में लग रही है। मालकिन के पास ही उनकी दो पोतियाँ और एक पोता खेल रहे हैं। मालकिनजी न्यायाधीश बन कर उन लोगों के झगड़े का निपटेरा भी बीच बीच में करती जाती हैं। उधर क्षण क्षण में बड़ी बहू को जल्द रसोई बनाने की ताकीद भी करती जाती हैं।

रसोईघर में बड़ी बहू रसोई बनाती है। छोटी बहू एक थाल में रख कर चावल बिन रही है। दोनों, देवरानी जेठानी, में इधर उधर की बातें हो रही हैं। छोटी बहू बोली—"जेठानी जी, अब की तो कुम्भ का बड़ा भारी मेला है। चलो न हम लोग भी नहा आवें। फिर तो अब कहीं जाके बारह वर्ष में ऐसा कुम्भ पड़ेगा। तब तक तो न जाने 'कौन राजा, कौन योगी'। कहीं बीचही में मर गई तो चलो छुट्टी हुई। मन का हौसला मन ही में रह जायगा।"

बड़ी बहू ने एक ऊँची सी साँस लेकर कहा,—"अरे कहाँ

की बात? भला हम लोगों को कौन ले जायगा? सुनती हूँ वहाँ तो लाखों आदमियों की भीड़ होगी। तब भला हम लोगों का वहाँ ठिकाना कहाँ?"

"ए लो, जब तुम्ही ऐसी दिल तोड़ने वाली बातें कर रही हो तब तो उन लोगों का क्या कहा जाय? वहाँ तो तीरथ की जगह जाना है। जो ज़ोर देकर कहोगी तो क्या जेठ जी न ले जायँगे? मेरा मन तो कहता है, जरूर ले जायँगे। क्योंकि कहीं नातेदारी में तो जाना ही नहीं है, कि बिना बुलाये कैसे जायँ? रही भीड़ की बात, सो तुमने अच्छी कही। अरे भला तीरथ में भीड़ न होगी तो और कहाँ होगी? काशी में विश्वेश्वर और अन्नपूर्णा के मन्दिर में क्या कम भीड़ होती है? तो क्या हम लोग दर्शन करने को नहीं जातीं? और सब जाने दो, ग्रहण लगने पर भी तो कड़ोरों आदमियों की भीड़ होती है। फिर हम लोग कैसे नहा आती हैं?"

छोटी बहू की ऐसी दलीलों से भरी हुई बातें सुन, बेचारी बड़ी बहू लाचार हो कर बोली, "अच्छा भाई! तुम हमारे लाला जी (देवर) को कह सुन कर राज़ी करो। बस सब ठीक हो जायगा। जाने लगना तो मुझे भी साथ ले लेना। अब तो मैं दाल छौंकती हूँ। ए लो, तुमसे बातें करनी रही, दाल में नमक डाला कि नहीं, सो भूल ही गई।"

इतने ही में भोलवा की महतारी एक टोकरी गोबर लेकर आई और खड़ी होकर कहने लगी, "का हो बहू, का सलाह होत बाय? पयाग जी नहाए चलत जाबः का? हे भाई, हम हूं के लियावत चलः"। छोटी बहू उसपर नाराज़ होकर कहने लगीं; "मर निगोड़ी, इतना चिल्लाती है क्यों? क्या गले में बाँस अँटका है?"

भोलवा की महतारी कुछ धीरे से घिघिया कर कहने

लगी—"ए भोर बहू, अब मैं न चिलैइबों। तोहरे पच के गोड़ ले पड़त हयी। जाये लाग्यः तौ हमहूं के लेत जायः"।

बड़ी बहू, बोली, "अरे कहाँ की पागल है रे 'सूत न कपास, जुलहन से मटकोअल'। जा कौन रहा है? जब जायँगे तब देखा जायगा। अभी तक तू गोबर पाथने नहीं गई? जा"।

भोलवा की माई तो किसी सूरत टली। पर छोटी बहू के मन में ऐसी खलबली उठी कि, जैसे समुद्र में लहरें। कल छोटी बहू अपनी बुआ के घर गई थी। वहाँ सुन आई कि बुआ के घर के सब लोग और उनके अड़ोस पड़ोस के सब लोग कुम्भ के मेले में जायँगे। बस, अब छोटी बहू को चैन कहाँ? अब तो पेट में चुहियाँ कूदने लगीं। मन में छटपटी सी मच गई और रह रह के जाने का उपाय सोचने लगी। "हाय, मेरा जाना कैसे होगा?" आप किसी तरह घर के आदमियों को फुसला कर राज़ी भी करती हैं। और मन ही मन डर भी रही हैं, कि कहीं कोई रोक न दे। फिर बड़ी मुशकिल होगी। तब तो कोटि उपाय करने पर भी बारह वर्ष तक कुम्भ नहीं मिलने का। सबसे अधिक चिन्ता, जो छोटी बहू की जान मारे डालती है, यह है कि जब रामदेई और भाभी (फुफेरी बहिन और भौजाई) कुम्भ-मेले से लौट कर जब अनोखी अनोखी बातें कहेंगी तब हमको उनका मुँह ताकना पड़ेगा।

[२]

अब अमावस्या के दो ही चार रोज़ बाकी हैं। छोटी बहू को सिवा कुम्भ नहाने के और किसी बात का फ़िकर ही नहीं है। गोद में एक साल का बच्चा है। वह बेचारा अब समय पर दूध तक नहीं पाता। तब भला उसके तेल उपटन की कौन चलावे। उस दिन बच्चे को तेल उबटन किया ही नहीं; पर, हाँ, झट तेल उबटन की कटोरी लेकर सास के पास जाकर

आप बोलीं, "भाभीजी, इस साल तो तुम्हारे बहुत ही पैर फट गये हैं। लाओ ज़रा तेल उबटन करदें"। सासराम मन ही मन अकचका कर कहने लगीं,—अरे, आज बहू को कहाँ से इतनी भक्ति उमड़ पड़ी! आज पूरब से पश्चिम में तो सूरज नहीं उदय हुआ? और दिन तो बुलाने पर भी नहीं आती थी; उलटा बहाना करके चली जाती थी। आज क्या है? चलो, अच्छी बात है। ऐसे मौक़े को हाथ से न जाने देना चाहिए। वे बोलीं, "हां बेटा, आओ तुम लोगों को तो फ़ुर्सत ही नहीं मिलती"। यह कह कर वे पाँवपसार कर बैठ गईं। छोटी बहू हलके हाथों से उबटन लगाने लगी। उधर उनका बच्चा रोने लगा। सास ने बहुतेरा कहा. "रहने दो, जाओ, पहले लल्लू को चुप करो, तब लगाना" पर छोटी बहू ने एक न सुनी: पैर मलती ही रही। इधर उधर की बातें करते करते आप कहने लगीं,–"क्यों भाभीजी! तुम कभी कुम्भ नहाने गईं थीं कि नहीं?"

"नहीं बेटा, कहाँ का नहाना, कहाँ का धोना! तुम्हारे चाचाजी को तो यह कुछ भाता ही नहीं। वे तो कहते हैं "मन चङ्गा तो कठौती में गङ्गा"। घर में बैठी राम राम किया करो। एक बेर बड़ी मुश्किल से भाभी जी के संग प्रयाग जी गई थी। सो भी मेले में नहीं।"

"चलो इस बार नहा आओ और हम लोगों को भी नहला लाओ।"

"अरे बेटा! हम लोगों को कौन ले जायगा? तुम्हारे लाला का तो दम फूलता है। वे इस ठण्ढ में जाने से रहे। हरनारायण (बड़ा लड़का) तो घर ही पर नहीं। और होता भी तो उसे छुट्टी कहाँ? रहा शिवनारायण (छोटा लड़का) सो वह तो अँगरेज़ी पढ़ कर पूरा क्रस्तान ही बन गया है। दिन रात देवता, पित्तर को चूल्हे या भाड़ में फेंका करता है?"

इतने में मिश्रजी पोती का हाथ थाम्हे आ पहुँचे और हँस कर बोले—"लो, तुम्हारी कितनी सेवा होती है और तुम इतने पर भी झंखा करती हो कि मेरे हाथ पैर का करनेवाला कोई नहीं।"

मिश्रानी जी बोलीं,—"अरे नहीं सुना, छोटी बहू प्रयाग जाने को कहती हैं।"

"प्रयाग! कुम्भ के मेले में!! राम राम!!! वहाँ जाना बहू-बेटियों का काम नहीं।"

ससुर के मुँह से ऐसी बात सुनकर छोटी बहू मनही मन कुढ़ गई और झटपट काम ख़तम कर अपने कमरे में जा घुसी। वहाँ पति देवता से क्या क्या बातें हुईं सो तो मैं जानती नहीं। पर, हाँ, छोटी बहू को हमजोली सखी-सहेलियों से यह अवश्य मालूम हुआ कि अन्त में शिवनारायण खिजला कर कहने लगे—"कुम्भ कुम्भ करके तो तुमने हमारे नाकों दम कर दिया। न जाने कहाँ से तुम्हारे सिर पर कुम्भ-कर्ण की प्रेतात्मा सवार हो गई है। जाना हो तो अपने भाई के साथ चली न जाओ। मेरा सिर मत खाओ। जाओ, वहाँ बच्चे को ले कर जाड़े में मारना हो तो मार डालो।"

"वह लड़का तो तुम्हारेही घर पर मरा था न, तब मैं उसको कहाँ लेगई थी। सच तो यह है कि जिस को मौत आ जायगी, उसे कभी कोई रोक नहीं सकता।"

अन्त में छोटी बहू की बुआ और उनके बेटे के बहुत चि-रौरी बिनती करने पर, बड़ी मुश्किल से, लोग छोटी बहू को प्रयाग भेजने पर राज़ी हुए। अब छोटी बहू मारे खुशी के फूले अङ्ग नहीं समातीं। झट पट थोड़ा सा पकवान बना, सब सामान ठीक कर, गठरी मोटरी बाँध जाने के लिए तैयार हो गई। उनके फुफेरे भाई शंकरदयाल उन्हें बिदा कराने आये।

छोटी बहू घर में सब से बिदा होने गईं। बड़ी बहू बोलीं—"लो भाई, तुम तो पुन्य करने चलीं और हम सब जहाँ की तहाँ पड़ी रह गईं। जाव, राज़ी खुशी लौट आओ"। मिश्रानी जी लल्लु (छोटी बहू के लड़के) को गोद में ले कर दुलारने लगीं। शिबू की खोज कराई पर वे न मिले। तब वे शंकरदयाल से कहने लगीं—"देखो, मैं तुम्हारे भरोसे बहू को जाने देती हूँ। इस बच्चे की रक्षा का भार तुम्हारे ऊपर है। मेरे लल्लू को कोई तकलीफ़ न होने पावे।"

"नहीं माँजी; आप बेफ़िक्र रहिए। किसी बात की चिन्ता न कीजिए। मैं सबको बहुत आराम से ले जाऊँगा। और मेरे घर के लोग भी तो सब जा रहे हैं। ईश्वर की कृपा से, और आपके आशीर्वाद से, हम सब लोग राज़ी खुशी लौट आवेंगे।"

छोटी बहू जाकर इक्के पर बैठ गईं। मिश्रानी जी ने पोते का मुँह चूम कर उसे बहू की गोद में दे दिया। उनकी आँखें भर आईं।

करुणार्द्र स्वर से वे कहने लगीं,—"जिस दिन से लल्लू जनमा उस दिन से बराबर मेरे ही पास रहा है। आज पहिला दिन है कि मैं उसे अपनी आँखों से अलग करती हूँ। देखो शंकर, खबरदार रहना"।

छोटी बहू तो गईं; पर बेचारी भोलवा की माँ मुँह ताकते ही रह गई। उस रात को छोटी बहू अपनी बुआ के घर रहीं. दूसरे दिन उन्होंने वहाँ से प्रस्थान किया।

[२]

मिरज़ापुर के रेलवे स्टेशन के मुसाफ़िरख़ाने और प्लेट-फ़ार्म पर बड़ी भीड़ है। जिस ओर दृष्टि डालिए उस ओर नर-मुण्ड ही दृष्टिगोचर हो रहे हैं। जहाँ देखिए वहीं माल, असबाब और गठरियों का ढेर लगा है। यथासमय गाड़ी

अपना विशाल वपु लेकर आ खड़ी हुई। शङ्करदयाल ने बड़ी हिफ़ाज़त से सबको ले जाकर रेल में बिठा दिया। उनके साथ एक आहार-प्रिय ब्राह्मण देवता भी थे। उन्होंने गठरी, मोटरी, पिटारा आदि सब ढोकर गाड़ी में रख दिया। और आपभी एक कोने में जाकर बैठ गये। अभी गाड़ी छूटने में कुछ देर है। शङ्करदयाल लल्लू को गोद में लेकर प्लेटफ़ार्म पर खड़े हैं। इतने ही में शिवनारायण दौड़ते हुए आ पहुँचे। शङ्करदयाल अकचका कर पूछने लगे. "तुम कहाँ?" शिवनारायण ने कहा,—"लल्लू जब तुम्हारे साथ आया तब मैं घर पर न था। आने पर सुना कि सब लोग चले गये। लल्लू को देखने के लिए चित्त घबराया, सो आज सबेरे उठते ही सीधे स्टेशन पर उसे देखने चला आया"।

लल्लू तो पिता को पाकर बड़ा ही आनन्दित हुआ। मारे ख़ुशी के पिता के गले से वह जा लिपटा। इतने में पहली घंटी हुई। शिवनारायण शंकरदयाल से (छोटी बहूकी तरफ़ देखते हुए) बोले, "तुम लोग अच्छी तरह बैठ गये न,? अच्छा, मेरा नमस्कार लो। लल्लू! अब तुम अपने मामा के पास जाव"।

लल्लू भला पिता को क्यों छोड़ने लगा। उसने बड़े ज़ोरसे रोना शुरू किया। शङ्करदयाल हँसकर बोले, तुम्हे तो इस समय घबराया हुआ आते देख ऐसा मालूम हुआ कि मानो किसी ख़ूनी असामी को गिरफ्तार करने को तुम आ रहे हो। आख़िर को तुमने आके एक बखेड़ा खड़ा ही कर दिया। आओ बच्चा लल्लू, मेरे पास आओ, इन्हें जाने दो। मैं तुम्हें मिठाई दूँगा।

पिता-पुत्र परस्पर एक दूसरे की ओर प्रेम-भाव से देख ही रहे थे कि रेल-राँड़ ने सीटी दे दी। इतने ही में ब्राह्मण-

देवता ने घबराहट के स्वर में शिवनारायण से कहा-"भैया, मैं जल्दी में शङ्करदयाल के यहाँ पुजहाई और एक कटोरे में पेड़ा और थोड़ा सा दही भूल आया हूँ। जाकर उसे मेरी माता जी के पास गाँव में अवश्य भिजवा देना; नहीं तो खराब हो जायँगे।"

आग खाती, पानी पीती, धुआँ फेंकती, रेल हड़हड़ाती हुई चली। मानों वह संसार की अनित्यता का सजीव दृष्टान्त दिखला गई। जहाँ कुछ देर पहले इतना कोलाहल मचा था, जहाँ इतना चहल पहल था, अब वहाँ बिलकुल सन्नाटा छा गया। अब छोटी बहू भली भाँति सुचित्त होकर बैठीं और अपनी बहिन रामदेई से कहने लगीं-"सब लोग तो कहते थे, रेल में बड़ी भीड़ होगी, तुम लोगों को बैठने तक की जगह मुश्किल से मिलेगी। सो वह सब तो झूठी बात थी। सिर्फ़ लोगों का एक बहाना भर था, जिसमें मैं न जाऊँ। अरे हमारी सासराम, वे देखने को तो हैं सीधी, पर हैं बड़ी खोटी। खुटाई उनकी नस-नस में भरी है। उनकी ज़िन्दगी तो ताली कुंजी सँभालते और जेठानीजी को चूल्हा-चौका करते बीत जायगी। वे लोग कभी तीरथ, बरत, दान, पुन्न न करेंगी और न दूसरों को करने देंगी। उन लोगों का तो यह सब सोहाता ही नहीं।" राम-देई ने भी छोटी बहू की हाँ में हाँ मिला दी।

आज अमावस्या का दिन है। आज प्रयागराज में त्रिवेणी के तट पर एक अपूर्व दृश्य दिखाई दे रहा है। यदि सत्य ही मर्य्यादापुरुषोत्तम भगवान रामचन्द्रजी वन-यात्रा करते समय सबसे प्रथम यहीं पर टिके थे, तो क्या इसीसे तो नहीं इसकी महिमा इतनी ऊँची हो गई है? क्या इसीसे तो नहीं यह प्रयाग हिन्दू-सन्तान के पवित्र मुख से "तीर्थ-राज" के नाम

से पुकारा जाने लगा है ? धन्य हिन्दु-सन्तान, धन्य ! तुम्हारे इस दृढ़ धर्म्म-विश्वास को धन्य ! जिस समय अन्य धर्म्मावलम्बियों को लिहाफ़ से मुँह निकालना कठिन जान पड़ता है उस समय से लेकर सूर्य्यास्त तक बर्फ़ से भी अधिक ठंडे पानी में आबालवृद्धवनितायें सहर्ष, आनन्दपूर्वक, गोता लगाती हैं। धन्य हिन्दू-जाति ! धन्य हिन्दूकुल ! तुम्हारे पवित्र चरणों में इस क्षुद्र लेखिका का एक बार—नहीं, शत बार,—नहीं सहस्र बार—नहीं, कोटि बार सादर प्रणाम है। भाई हिन्दू ! तुम्हारे पास अब कोई बल नहीं है। है केवल धर्म्मबल ! ईश्वर तुम्हारे इस महान धर्म्मबल को अटूट रक्खे। केवल यही मुझ दासी की हार्दिक कामना है।

आज वेणी-तट की वालुका ने मानो सजीवता को प्राप्त कर लिया है। बेचारे दरिद्र भारतवासी कैसे आनन्द से त्रिवेणी में स्नान करके अक्षय्य पुण्य का सञ्चय कर रहे हैं। किसी के पास अङ्गाच्छादनोपयोगी वस्त्र है; तो किसी के पास वह भी नहीं। किसी के पास भर पेट खाने को है; किसी के पास वह भी नहीं। किन्तु इस समय, इस पवित्र भूमि में, सभी समभाव से आनन्द-उपभोग कर रहे हैं।

इसी अगण्य मानव-समूह के बीच हमारी पूर्व-परिचिता छोटी बहू भी दिखलाई पड़ीं। बाँध के नीचे जहाँ कुछ भीड़ कम थी वहीं पर भाई, भौजाई, ननद और बुआजी के सहित लल्लू को गोद में लिए आप खड़ी हैं। छोटी बहू ने शंकर-दयाल से कहा "भैया ! आज लल्लू ने अभी तक कुछ खाया नहीं। इसके लिये कुछ ला दो। शंकरदयाल ने कहा-अच्छा, ठहरो, ला देता हूँ।"

इतने में एक विशालाकार हाथी बिगड़ गया। उसके बिगड़ने के साथ ही सारे मेले में हलचल मच गया। शंकर-

दयाल ने लल्लू को अपनी गोद में ले लिया और आप भरसक सबकी हिफ़ाज़त करनेलगे। इसी धक्के में पड़कर शंकर-दयाल की माँ मुंह के बल जा पड़ीं, जिससे उनके घुटने में भारी चोट लगी। शंकरदयाल ने लल्लू को छोटी बहू के हवाले किया और आप माता की सेवा में लगे। इतने में पुलिसवालों ने, साधुओं का अखाड़ा निकल जाने पर, नहाने वालों के लिये रास्ता (जो अबतक रोक रक्खा गया था) खोल दिया। बस फिर क्या पूछना था; मानों मनुष्यरूपी महासागर में तूफ़ान आ गया। सभी के जी में यह तरंग उठी कि मैं ही सबसे पहले ग़ोता लगाकर पुण्य का ढेर उठा लूँ। आँधी की भाँति आदमी पर आदमी गिरने लगे। इस भीड़ में पड़कर बेचारी छोटी बहू अपने साथियों से अलग जा पड़ी। वह भीड़ में पड़कर कभी दस हाथ पीछे को जाती थी; कभी दस हाथ आगे। इस समय उस बेचारी की अवस्था बड़ी ही शोचनीय हो रही थी। इतने में एक ऐसा भारी धक्का आया कि लल्लू माँ की गोद से अलग जा पड़ा। छोटी बहू चिल्ला चिल्ला कर रोने लगीं; सबसे बच्चे को उठाने के लिये विनती करने लगीं; और रह रह कर द्रौपदी सुता की भाँति "भैया, भैया!" कहके पुकारने लगीं; पर "नक्क़ार-खाने में तूती की आवाज़ कौन सुनता है"? जब किसी ने भी उस निस्सहाय, दीन, अबला की गोहार न सुनी तब लाचार होकर वह आपही लड़के को उठाने के लिए झुकी थीं कि वह भी औंधे मुँह जा पड़ीं। ऐसी अवस्था में ज़रा सिर का उठाना भी बड़े बड़े पराक्रमी पुरुषों की सामर्थ्य से बाहर था। तब उस बेचारी अबला की कौन गिनती? इस शोचनीय करुणोत्पादक दृश्य का वर्णन करना लेखनी की शक्ति के बाहर है। सहृदय पाठक पाठिकायें आपही उसका अनुभव करलेंगी।

उधर शंकरदयाल की बुरी दशा थी। नहाना, धोना तो अलग रहा, दिन भर के भूखे प्यासे सबको खोज रहे हैं। दोपहर के बाद रामदेई और उनकी स्त्री रोती, कलपती क़िले के नीचे मिलीं। रामदेई के गले से चम्पाकली न जाने कहाँ गिर गई थी। उनकी स्त्री की नाक में नथ नदारद। साथही नाक का एक हिस्सा भी ग़ायब। मानों वे, शूर्पणखा की "ट्रू कापी" (सच्ची नक़ल) बन गई हों। बदन का तमाम कपड़ा खून से सरा-बोर हो रहा था। उधर झोंपड़े में पड़ी माताराम कह रही हैं, "भाई! किसी न किसी सूरत लँगड़े लूले सबका ही पता लगा; पर छोटी बहू का भी कहीं कुछ पता ठिकाना है? जो ब्राह्मण देवता सँग आये थे, गठरी, और सन्दूकचा गाड़ी पर उतारते, चढ़ाते तो उन्होंने बड़ी मुस्तैदी दिखाई थी; पर इस समय शायद पेट की ज्वाला बुझाने के लिए चुपके से कहीं मुँह छिपा बैठे हैं। आख़िर ठहरे तो पेड़े-दही वाले ही न?"

अब छोटी बहू के लिए शंकरदयाल को बड़ी घबराहट पैदा हुई। वे सोचने लगे; "शिवनारायण और उनके घर के लोग सुनेंगे तो क्या कहेंगे? हाय! अब मैं उन लोगों के सामने कौनसा मुँह लेकर जाऊँगा? और मुझे जाने का साहस ही कैसे होगा? वे लोग क्या न कहेंगे कि आप तो चले आये, पर मेरी बहू को कहाँ छोड़ आए? ऐसे वक़ में मैं क्या जवाब दूँगा? वे लोग यही समझेंगे कि हम लोगों ने पराया जान कर, संग छूट जाने पर, ज़ियादा खोजने की चेष्टा न की होगी।"

हे भगवान! मैंने कौनसा ऐसा घोर पाप किया था जिसके बदले मेरे सिर पर यह कलङ्क का भारी बोझ रक्खा जा रहा है? हाय स्त्रियों की बात में पड़ कर मुझे कैसी दुर्गति भोगनी

पड़ी है ! मुझे मौत आके गोद में रख लेती तो अच्छा था। अब मैं कहाँ जाऊँ ? कहाँ ढूँढ़ूँ ? कहीं भी तो उनका पता नहीं लगता।"

इस तरह तन क्षीण मन मलीन होकर पागल की तरह एक एक जगह को वे दस दस बार ढ़ूंढने लगे। कभी त्रिवेणी के तीर, कभी झोंपड़ों के भीतर, कभी मुर्दों के ढेर में और कभी पुलीस वालों के यहाँ। अन्त में एक बुढ़िया की ज़बानी यह पता मिला कि पुलिस ने ज़ियादा घायल होने के कारण छोटी बहू को अस्पताल भेज दिया। यह सुनने के साथ ही शङ्करदयाल वहाँ जा पहुँचे तो देखा कि छोटी बहू एक खाट में पड़ी हैं। उनके कलेजे में ऐसी गहरी चोट लगी है मानो किसी ने एक भारी पत्थर से कुचल डाला हो। शङ्करदयाल को देखते ही ज़ख़मी छाती को दोनों हाथों से पीट पीट कर लल्लू लल्लू कहके वे रोने लगीं।

"भैया, भैया ! तुम मेरे लल्लू को ला दो। हाय ! अभी तक मेरे लल्लू ने कुछ खाया न होगा। लाओ, जल्दी जाकर उसे ले आओ। मैं उसे खिलाऊँगी, अब अँधेरा हो रहा है। लल्लू किसके पास सोवेगा ? मैं कौन सा मुँह लेकर घर जाऊँगी ? जब भाभीजी लल्लू को गोद से लेने आएँगी; तब मैं क्या कहूंगी ? भैया ! एक बार जाकर तुम फिर खोजो। कहीं इधर उधर पड़ा होगा। उठा लाओ।"

अरी अभागिन छोटी बहू ! अब तेरे बच्चे का इस धरा-धाम में एक चिह्न भी नहीं। उसका वह मक्खन सा कोमल शरीर लाखों आदमियों के पैर तले पड़कर सत्तू हो गया ! इस समय इस शोकातुरा माता की व्याकुलता और मर्म्म-भेदी कातरोक्ति लिखने में यह जड़ लेखनी समर्थ नहीं। आख्यायिका-पाठक और पाठिकाओं में जिस किसी ने इस

करुणोत्पादक दृश्य को अपनी आँखों देखा होगा, वही इस पुत्र-वियोगिनी जननी के हार्दिक भाव का कुछ कुछ अनुभव कर सकेंगे। छोटी बहू को रोते रोते रक्तवमन होने लगा और कुछ ही देर बाद वे बेहोश हो गईं।

दूसरे दिन तार पाने पर शिवनारायण प्रयाग पहुँचे। वहाँ यह शोकदायक घटना सुनकर पहले तो वे ख़ूब रोये। छोटी बहू भी उन्हें देखते ही मुँह ढाँप कर रोने लगीं। थोड़ी देर बाद शिवनारायण, शङ्करदयाल से कहने लगे—"पुण्य का फल तो हाथों ही हाथ मिल गया। अब किसी सूरत से इन्हें घर ले चलने का बन्दोबस्त होना चाहिए।" छोटी बहू रोती हुई कहने लगीं—"अब मैं घर न जाऊँगी। मैं अपने लल्लू के ही पास जाऊँगी।" छोटी बहू की दशा देखने से ज्ञात भी यही होता था कि उन्हें ईश्वर शीघ्रही उनके लल्लू के पास भेज देगा।

अपूर्व प्रतिज्ञापालन

हिम्मतसिंह अभी बालक है, उसकी उमर पन्द्रह सोलह वर्ष से ज्यादा न होगी पर इसी कम उमर में उसपर विद्रोहिता का अपराध लगाया गया है। दस बारह विद्रोही सिपाहियों के संग उसको भी फाँसी का हुक्म हुआ है।

मैं आज से बहुत दिन पहले की बात कहती हूँ। तब भारत में चारों ओर जो विद्रोहाग्नि जल उठी थी, सो एक तरह बुझ्सी गई थी। जो एक-आध दल सिपाही बलवा मचाते वे शीघ्रही सरकारी सिपाहियों के हाथ पकड़े जाते. और उनमें से कितने ही प्राण से हाथ धो बैठते थे।

इसी तरह के एक विद्रोही दल के संग दिल्ली में हिम्मत भी पकड़ा गया है। और उन लोगों के साथ उसे भी फाँसीका हुक्म हुआ है। सज़ा पाने का नियत समय निकट आ रहा है। दिल्ली के अंग्रेजी फौजों के बड़े बड़े अफ़सर अपने दल-बल सहित फाँसी के मैदान में उपस्थित थे। उस समय चारों तरफ मानो शोक की नदी बह रही थी। फाँसी की सज़ा पाने वालों के घरवाले और नातेदार जो उन लोगों से आखिरी भेट करने आये थे, सिर धुन कर रो रहे थे। इस रुलाई को देखकर सभी अधीर हो गये थे। जो लोग फाँसी पर लटकाये जायँगे, जो दस पन्द्रह मिनट के लिये इस दुनियाँ के मेहमान हो रहे थे,–उन सभों

बलवाइयोंकी फाँसी

के हृदय की शोचनीय दशा का अनुमान सहज में हो सकता है। उस समय सभी अधीर हो रहे थे। यदि कोई उस समय अविचलित भाव से स्थिर शान्त था तो यह बालक हिम्मत! इसके मन में एक यही दुःख था कि मरने के पहले अपनी बूढ़ी माता के साथ इसकी अन्तिम भेंट न हुई।

इन बलवाइयों के संग मिलने की हिम्मत की ज़रा भी इच्छा न थी जब वे लोग हिम्मत को घर से बलपूर्वक घसीट लाये तब, हिम्मत की माँ रोगशय्या पर पड़ी पड़ी कातरता से विनय करके बोली "क्यों तुम लोग मेरे बच्चे को ले जा रहे हो? मेरा बच्चा अभी कम उम्र का है, क्या वह लड़ने लायक़ है। और इस लड़ाई से तुम लोगों को क्या नफ़ा है? क्यों व्यर्थ ख़ून ख़राबी करते हो?" बुढ़िया की इस न्याय-भरी बात पर बलवाइयों ने ध्यान न दिया। वे सब बोले,-"जो हथियार ढोने लायक़ हैं, वे भी लड़ाई में जायँगे। ऐसी मजाल किसकी है कि लड़ाई में न जाकर खोपड़ी सम्हाल घर पर बैठा रहे?"

इस कठोर बात को सुनकर हिम्मत की माता के प्राण सूख गये। हिम्मत बिचारा करुणाभरी दृष्टि से माँ की तरफ़ देखने लगा। बिचारी बुढ़िया कुछ उपाय न देखकर हिम्मत से बोली "जाओ बेटा! यदि ईश्वर दया करके तुमको बचाये रक्खेगा तो फिर तुम को गोद में लेऊँगी, नहीं तो यही आख़िरी भेंट है। यदि तुम घर पर रहे भी तो ये लोग तुम्हें जीता न छोड़ेंगे। विपद् में भगवान को याद करना, वही तुम्हारी रक्षा करेंगे। देखो बेटा! मेरी मौत के पहले एक बेर मुझसे मिलजाना।"

इस मृत्यु के समय हिम्मत को वही सब बातें याद आ रही थीं। हिम्मत एकाग्रचित्त से भगवान को याद कर रहा था।

वह परमेश्वर से यही प्रार्थना करता था कि अब उसकी बूढ़ी माता को एक पल भर भी इस संसार में न रहना पड़े। उस अभागिनी को अब पुत्र-शोक से पीड़ित न होना पड़े। और हिम्मत को फाँसी की भीषण दण्डाज्ञा के सुनने से पहले ही उसके प्राणान्त हो जायँ।" इसी चिन्ता से बालक हिम्मत का शान्तचित्त इस समय कुछ व्याकुल हो रहा है।

बालक के सरल सुन्दर शान्त मुख को देखकर सेनापति महाशय कुछ आश्चर्य्य युक्त हो कर हिम्मत के सन्निकट आकर पूँछने लगे "लड़के, क्या तुम मौत से नहीं डरते? क्या तुम्हें अपनी ज़िन्दगी की मोहब्बत नहीं है? तुम किसीसे भेंट करना नहीं चाहते?" हिम्मत बोला, "महाशय! ईश्वर जानता होगा, मैं किस के लिये रो रहा हूँ। मौत से मुझे ज़रा भी डर नहीं है, मुझे केवल इस बात का दुःख है कि मैं किसी का कुछ भला न कर सका। सेनापति महाशय! मेरी यह विनती है कि अब देर न करके मेरा काम समाप्त कीजिये। इस असीम यन्त्रणा से मृत्यु कहीं अच्छी है।"

सेनापति कठोरहृदय होने पर भी हिम्मत की सरल भावपूर्ण बातों को सुनकर, और उसकी धीरता देख कर मुग्ध हो गये। उनकी आज्ञानुसार कुछ देर के लिये हिम्मत को फाँसी दी जानी रोक दी गई। और सब कैदियों को फाँसी के स्थान पर ले जाने का हुक्म हुआ। हिम्मत की कोठरी के बग़ल ही में फाँसी देने का स्थान था। मनुष्यों के आर्त्तनाद सुनकर और फाँसी पाने की आहट पाकर, हिम्मत जान गया कि उसके एक एक साथियों का जीवनान्त होरहा है। हिम्मत की मौत भी निकट आ रही है। हिम्मत हाथ जोड और आँखें मूँद कर भगवान को स्मरण करने लगा। इसी दशा में हिम्मत मौत की बाट जोह रहा था। अचानक हिम्मत ने आँख खोल

कर देखा कि सेनापति महाशय दो साथियों समेत उसके पास खड़े हैं। कुछ अकचका और खड़ा हो कर हिम्मत कहने लगा "हुजूर! मैं तैयार हूँ!"

सेनापति—"क्यों लड़के, क्या मौत तुम्हारे लिये आराम की चीज़ है; जो तुम उसके लिए इस तरह तैय्यार होरहे हो?"

हिम्मत—"हाँ महाशय, मेरे लिये मौत बड़े सुख की चीज़ है। लेकिन एक दुःख-"

सेनापति—"अच्छा तुम्हें दरवाज़े के पास ले जाकर अगर कहूँ कि तुम धीरे से भाग जाओ तब कैसा हो?"

हिम्मत—"महाशय! मैं नहीं जानता इस मृत्यु के समय आप मुझ से हँसी क्यों कर रहे हैं। किन्तु यदि दो घण्टे के लिये मुझे बाहर जाने की आज्ञा मिले तो मैं सुख से मर सकूं। दो घण्टे पीछे अवश्य इस भाग्यहीन को इसी स्थान पर सज़ा पाने के लिए हाज़िर पाइयेगा। इस शहर के बाहर ही मेरा घर है।"

सेनापति हँसकर बोले,—"क्यों लड़के क्या तुमने मुझे ऐसा बेवकूफ़ समझ लिया है कि तुम्हारी इस बातपर एतबार कर मैं तुम्हें छोड़ दूँगा? तुम्हारे कहने का मतलब यह है कि दो घण्टे के बाद तुम जान देने के लिये मेरे पास आओगे, क्यों?"

हिम्मत—"महाशय! आप एक बार परीक्षा करके देख सकते हैं। मेरे समान एक अभागे के मरने वा जीने से आप लोगों का कुछ हानि-लाभ न होगा। महाशय! आपकी भी एक स्नेहमयी जननी होगी! यदि आज मेरी सी आपकी अवस्था होती तो शायद आपकी भी यह इच्छा होती कि इस जन्म में उनसे अन्तिम भेंट कर लूँ। एक दुःखिनी

माता को छोड़ मेरे और कोई नहीं है। यदि मैं उनको एक बार देख लूं तो खुशी से मर सकूँ।"

सेनापति सदय होकर बोले-"लड़के! बातों से तो तुम बहुत नेक मालूम हो रहे हो, तब क्यों अपनी दुखिया माँको छोड़ कर बलवाइयों के संग आ मिले थे? क्या तुम्हारे बाप नहीं है?"

हिम्मत—"मेरे पिता सिक्खों की दूसरी लड़ाई में मारे गये मेरे दादा पहली सिक्खों की लड़ाई में मारे गये थे। वे लोग जो स्वदेश के लिए प्राण देकर धन्य हुए हैं। खेद है कि मैं उन लोगों के समान न मर सका।" इतना कहकर विद्रोही कैसे बलपूर्वक हिम्मत को उसके घर से खींच लाये थे, उसने वह सब ब्यौरेवार सेनापति से कह सुनाया। सेनापति ने देखा, हिम्मत की अवस्था दया करने के योग्य है, इस सरलचित्त बालक पर विश्वास करना अनुचित न होगा। निज साथियों के संग कुछ सलाह करके हिम्मत से बोले "लड़के! मैं तुम्हें अब से आठ बजे रात तक के लिए फुरसत देता हूँ। लेकिन देखना अपनी बात के खिलाफ़ मत होना। अपनी माँ से मुलाक़ात करके ठीक आठ बजे रात यहाँ पर आजाना। अभी दिन के दस बजे हैं, मैं तुम्हें दस घंटे की मोहलत दे रहा हूं। याद रखना अपने सिर पर कितनी बड़ी जवाबदेही लेकर मैं तुम्हें छोड़ रहा हूँ।"

हिम्मत—"भगवान् आपका भला करें, हम लोग कभी झूठ नहीं बोलते। यदि आपको सन्देह हो कि मैं आपसे दग़ाबाज़ी करूँगा, तो आप मेरे संग सिपाही कर दीजिए, वे लोग मुझे पकड़ लावेंगे।"

सेनापति महाशय कुछ लज्जित हो गये। वे एक बालक के सन्मुख उदारताहीन होना नहीं चाहते, उन्होंने हिम्मत को अकेले घर जाने की अनुमति दी।

हिम्मत सेनापति को हार्दिक धन्यवाद देता हुआ घर को चला। उस समय की उसकी अवस्था का सहजही में अनुमान हो सकता है। घर पर जाके वह अपनी माँ को जीवित पावेगा यह आशा हिम्मत को न थी। उसने घर पहुँच कर देखा कि एक पड़ोसिन स्त्री उसके घर से बाहर आरही थी। हिम्मत को देख कर स्त्री बोली "कौन! बेटा हिम्मत! आगये! बुढ़िया तुम्हें देखने के लिये अभी तक जीती है। अभी भीतर मत जाओ, बिचारी अभी सो रही है। वैद्यजी ने कहा है कि सोने से कुछ आराम होगा। कल सारी रात नहीं सोई। तुम्हारे जाने के उपरान्तही उसकी बीमारी बढ़ गई। तुम्हें देख कर शायद अच्छी होजाय। वह दिनरात तुम्हारा ही नाम लिया करती है।"

इतने में हिम्मत ने सुना कि भीतर से कोई कराह रहा है। बुढ़िया जाग कर धीमे स्वर से कह रही थी, "बेटा हिम्मत! मैं फिर तुम्हें गोद में न ले सकी। हाय! बेटा फिर तुमसे भेंट न हुई।" हिम्मत से न रहा गया, दौड़ कर छाती पर पड़ के बच्चे जैसा सिसक सिसककर रोने लगा। बिछुड़े हुए पुत्र को पाकर, हिम्मत की माँ के शरीर में मानो बल आ गया, उसकी आधी बीमारी उसी क्षण जाती रही। बूढ़ी स्नेह से हिम्मत के शिर पर हाथ फेरती हुई बोली, "क्यों रो रहे हो बेटा? भगवान् ने मेरे खोये हुए रत्न को मिला दिया है। धन्य है उनकी महिमा! बेटा अब मैं तुझे कहीं न जाने देऊँगी। अब और तुम तनिक सयाने हो जावो तो तुम्हारा ब्याह करा दूंगी। बहू आकर मेरी सेवा टहल करेगी, तुम जो दो चार पैसा कमाओ-गे उसी में सुख से गुज़रान करूँगी। बस यही अब मेरी मनोकामना है।"

माँ की एक एक बात हिम्मत के कलेजे में तीर सी लग रही थी। यदि बिचारी बुढ़िया यह जानती कि हिम्मत किस

अवस्था में घर पर आया है, कई घंटे बाद उसकी कौन दशा होगी, तो क्या वह ऐसा सुखस्वप्न देखती ? बल्कि इस रुग्ण अवस्था में क्षण भर भी न जीती। हिम्मत ने देखा कि अब अधीर होने से काम न चलेगा। अब यदि वह मन को दृढ़ न करेगा तो अपनी प्रतिज्ञा की पूर्ति न कर सकेगा। बड़ी मुश-किल से आँसू पोंछ कर हिम्मत बोला, "माँ ! तुम बड़ी दुर्बल होगई हो। बातें करने से बीमारी बढ़ जायगी। यह लो, मैं तुम्हारे हृदय से लग रहा हूं, तुम ज़रा सोओ।"

हिम्मत की माँ तन के दुःख और मन के सुख के कारण शीघ्र ही सो गई। ऐसी गहरी नींद उसे बहुत दिन से नहीं आई थी। हिम्मत ने देखा, ऐसा अवसर अब न मिलेगा। माता के जागने पर लौट कर जाना कठिन होगा। कुछ देर लों हिम्मत एक टक माँ को देखता रहा, उसकी आँखें भर आईं। अब देर करना अनुचित जानकर वह बाहर आया। फाँसी पर लटकने के लिये तैयार होकर सेनापति के पास लौट आया। ऐसी थोड़ी उम्र में ऐसी कठोर प्रतिज्ञा का पालन !

अचानक हिम्मत को लौट आते देख सेनापति कुछ अचम्भे में हो गये। उन्होंने तो पहले ही हिम्मत की बातों से समझ लिया था कि यह लड़का कुछ ऐसा वैसा नहीं है। उन्हों ने हिम्मत से पूछा—"क्यों लड़के ! तुम तो बड़ी जल्दी आये ?"

हिम्मत—"मैं तो कहही गया था कि मैं जल्दी लौट आऊँगा।"

सेनापति—"हां कह तो गये थे, पर मैंने तुम्हें दस घण्टे की मोहलत दी थी, तुम इतनी जल्दी क्यों चले आये ?"

देर करने से शायद मैं नहीं आ सकता था। मेरी माँ मृत्यु-शय्या पर लेटी हुई हैं। मुझे पाकर वह मानो खोये हुये धनको पागईं। हाय! उनके मनमें बड़ा आनन्द हुआ, किन्तु यदि

उनको मेरी प्रकृतावस्था मालूम हो जाती तो शायद वह क्षण भरभी न जीतीं। मुझे छाती से लगा कर वह आराम से सो रहीं थीं, इस अवसर में मैं उन्हें सोती छोड़ चला आया हूँ। सेनापति महाशय, मैं विनती करता हूँ कि अब शीघ्र मेरे सब दुःखों की समाप्ति कर दीजिये।"

हिम्मत के सत्य व्यवहार से सेनापति बड़े आश्चर्यित और मोहित होगये। वे अपनी आँखों के आँसू न रोक सके। हिम्मत को पास बुलाकर बोले, "तुम अब तैय्यार हो गये हो न, अब तुम्हें कुछ डर वा कहने को तो नहीं है ?"

हिम्मत–" नहीं, आपने मुझ पर बड़ी कृपा की। भगवान् अवश्य आपका भला करेगा।"

सेनापति—" यदि मैं तुम्हें माफ़ करके छोड़ दूँ ?"

हिम्मत—"तब तो शायद दो आदमियों के प्राण-दान करने का पुण्य आप संचय करेंगे। मेरे संग मेरी दुःखिनी माँ को भी आप बचावेंगे। नींद से जाग कर जब वह देखेंगी कि उनकी गोद खाली है, और मुझे ढूँढ कर भी न पावेंगी, तब वह अवश्य मर जायँगी।"

सेनापति बोले, "लड़के, मैं तुम्हारे बर्ताव से बहुत खुश हूँ। उसका नतीजा यह है कि तुम्हें जाँ बक़्शी दे रहा हूँ। अब देर मत करो। जाओ, देखो तुम अपनी माँ की नींद टूटने के पहिले ही घर पर पहुँच जाना। तुम माँ के आराम होने पर मेरे पास आना। मैं तुम्हें अपनी पलटन में एक अच्छी नौकरी दूँगा। अब दौड़े हुए घर जाओ।" हिम्मत साहब को सलाम करके घर की ओर दौड़ा। वह मानो हवा से बातें करने लगा। सेनापति अपने साथियों से कहने लगे ".खुदा की मेहरबानी से लेफ्टिनेन्ट गवर्नर साहिब ने मेरे कहने से इसकी जाँ बख्शी

की। नहीं तो इस बेगुनाह की जान लेनी बड़ी बे-इंसाफ़ी की बात होती।"

हिम्मत ने घर पहुँच कर देखा कि उसकी माँ अभी तक सो रही है वह भी पास जा कर सो रहा। अचानक बुढ़िया नींद में डर उठी और बोली "बेटा! हिम्मत, तू कहाँ जाता है? मैं तुझे कहीं न जाने दूंगी।" हिम्मत माँ की छाती पर सिर रख कर बोला, माँ मैं तो तुम्हारी गोद में सोया हूँ।"

"आह! बेटा तुम यहाँ ही हो। बाप रे बाप! मैं कैसा भयानक सपना देखती थी, कि तुम्हें लोग बलपूर्वक फाँसी देने के लिए लेजा रहे हैं। आह! अब शरीर में प्राण आये।" यह कह कर बुढ़िया ने उसे अपनी छाती से लगा लिया।

दुलाईवाली

[१]

काशी दशाश्वमेध घाट पर स्नान करके एक मनुष्य बड़ी व्यग्रता के साथ गोदौलिया की तरफ़ आ रहा था। एक हाथ में एक मैली सी तौलिया में लपेटी हुई भीगी धोती और दूसरे में सुरती की गोलियों की कई डिबियाँ और सुँघनी की एक पुड़िया थी। उस समय दिन के ग्यारह बजे थे। गोदौलिया की बाँई तरफ़ जो गली है, उसके भीतर एक और गली में थोड़ी दूर पर, एक टूटे से पुराने मकान में वह जा घुसा। मकान के पहले खण्ड में बहुत अँधेरा था; पर ऊपर की जगह मनुष्य के रहने लायक़ थी।

नवागत मनुष्य धड़धड़ाता हुआ ऊपर चढ़ गया। वहाँ एक कोठरी में उसने हाथ की चीजें रखदीं और, "सीता! सीता!" कह कर पुकारने लगा। "क्या है?" कहती हुई एक दस बरस की बालिका आ खड़ी हुई। तब उस पुरुष ने कहा, "सीता! जरा अपनी जीजी को बुला ला।" "अच्छा" कह कर सीता गई, और कुछ देर में एक नवीना स्त्री आकर उपस्थित हुई।

उसे देखते ही पुरुष ने कहा,—"लो हम लोगों को तो आज ही जाना होगा।" इस बात को सुन कर स्त्री कुछ आश्चर्य्य-युक्त होकर और झुँझला कर बोली—

"आज ही जाना होगा! यह क्यों? भला आज कैसे जाना हो सकेगा? ऐसा ही था तो सबेरे भैया से कह देते। तुम तो जानते हो कि मुँह से कह दिया; बस छुट्टी हुई। लड़की कभी बिदा की होती तो मालूम पड़ता। आज तो किसी सूरत से जाना नहीं हो सकता।"

"तुम आज कहती हो! हमें तो अभी जाना है। बात यह है कि आज ही नवलकिशोर कलकत्ते से आ रहे हैं। आरे से अपनी नई बहू को भी साथ ला रहे हैं। सो उन्होंने हम से आज ही चलने के लिए इकरार किया है। हम सब लोग मोग़लसराय से साथ ही इलाहाबाद चलेंगे। उनका तार मुझे घर से निकलते ही मिला। इसीसे मैं झट नहा धोकर लौट आया। बस अब करना ही क्या है? कपड़ा वपड़ा जो कुछ हो बाँध बूँध कर, घण्टे भर में खा पीकर, चली चलो। जब हम तुम्हें बिदा कराने आये ही हैं तब कल के बदले आज ही सही।"

"हाँ यह बात है! नवल जो चाहें करावें। क्या एकही गाड़ी में न जाने से दोस्ती में बट्टा लग जायगा? अब तो किसी तरह रुकोगे नहीं, ज़रूर ही उनके साथ जाओगे। पर मेरे तो नाकों दम आ जायगी!"

क्यों? किस बात से?"।

"उनकी हँसी से और किससे! हँसी ठट्ठा भी रहा से अच्छी लगती है उनकी हँसी मुझे नहीं भाती। एक रोज़ मैं चौके में बैठी पूड़ियाँ कर रही थी. कि इतने में न जाने कहाँ से आकर नवल चिल्लाने लगे, "ए बुआ! ए बुआ! देखो तुम्हारी बहू

पूड़ियाँ खा रही है।" मैं तो मारे सरम के मर सी गई। हाँ भाभी जी ने बात उड़ा दी सही। वे बोलीं, 'खाने दो, खाने पहनने के लिए तो आई ही हैं।' पर मुझे उनकी हँसी बहुत बुरी लगी।"

"बस इसीसे तुम उनके साथ नहीं जाना चाहती? अच्छा चलो मैं नवल से कह दूँगा कि यह बेचारी कभी रोटी तक तो खाती ही नहीं, पूड़ी क्यों खाने लगी!"

इतना कहकर वंशीधर कोठरी के बाहर चले आये, और बोले, मैं तुम्हारे भैया के पास जाता हूँ। तुम रो रुलाकर तैयार हो जाना।"

इतना सुनते ही जानकीदेई की आँखें भर आईं। और असाढ़ सावन की ऐसी झड़ी लग गई।

[२]

वंशीधर इलाहाबाद के रहने वाले हैं। बनारस में ससुराल है। स्त्री को बिदा कराने आये हैं। ससुराल में एक साले, साली और सास के सिवा और कोई नहीं है। नवलकिशोर इनके दूर के नाते में ममेरे भाई हैं। पर दोनों में नाते से मित्रता का ख़याल अधिक है। दोनों में गहरी मित्रता है। दोनों एक जान दो क़ालिब हैं।

उसी दिन वंशीधर का जाना स्थिर हो गया। सीता, बहन के संग जाने के लिए रोने लगी। माँ रोती धोती लड़की की बिदा की सामग्री इकट्ठी करने लगी। जानकीदेई रोती ही रोती तैयार होने लगी। कोई चीज़ भूलने पर धीमी आवाज़ से माँ को याद भी दिलाती गई। एक बजने पर स्टेशन जाने का समय आया। अब गाड़ी या इक्का लाने कौन जाय? ससुराल वालों की अवस्था अब आगे की सी नहीं कि दो चार नौकर चाकर हर समय बने रहें। सीता के बाप के न रहने से काम

बिगड़ गया है। पैसेवाले के यहाँ नौकर चाकरों के सिवा और भी दो चार खुशामदी घेरे रहते हैं। 'बूढ़े को कौन पूछे' ? एक कहारिन है; सो भी इस समय कहीं गई है। सालेरामकी तबीयत अच्छी नहीं। वे हर घड़ी चारपाई से बातें करते हैं। तिस पर भी आप कहने लगे–"मैं ही धीरे धीरे जाकर कोई सवारी ले आता हूँ। नज़दीक तो है।" वंशीधर बोले,–"नहीं, नहीं, तुम क्यों तकलीफ़ करोगे ? मैं ही जाता हूँ।"

जाते जाते वंशीधर विचारने लगे कि इक्के की सवारी तो भले घर की स्त्रियों के बैठने लायक नहीं होती। क्योंकि एक तो उतने ऊँचे पर चढ़ना पड़ता है, दूसरे पराये पुरुष के साथ बैठना पड़ता है। मैं एक पालकी गाड़ी ही करलूँ। उसमें सब तरह का आराम रहता है।" पर जब गाड़ीवालों ने डेढ़ रुपया किराया माँगा, तब, वंशीधर ने मन में कहा—"चलो इक्काही सही। पहुँचने से काम। कुछ नवलकिशोर तो यहाँ से साथ हैं नहीं। इलाहाबाद में देखा जायगा।" वंशीधर इक्का ले आये, और जो कुछ असबाब था इक्के पर रख कर आप भी बैठ गये। जानकीदेई बड़ी विकलता से रोती हुई इक्के पर जा बैठी। पर इस अस्थिर संसार में स्थिरता कहाँ ? यहाँ कुछ भी स्थिर नहीं। इक्का जैसे जैसे आगे बढ़ता गया, वैसे ही वैसे जानकी की रुलाई भी कम होती गई। सिकरौल के स्टेशन के पास पहुँचते पहुँचते जानकी अपनी आँखें अच्छी तरह पोंछ चुकी थी। दोनों चुपचाप चले जा रहे थे, कि अचानक वंशीधर की नजर अपनी धोती पर पड़ी; और "अरे एक बात तो हम भूलही गये।" कह कर पछताने लगे। इक्केवाले के कान बचाकर जानकी ने पूछा, "क्या हुआ ? क्या कोई जरूरी चीज़ भूल आये ?"

"नहीं, एक देशी धोती पहन कर आना था सो भूलकर विलायती ही पहन आये। नवल कट्टर स्वदेशी हुए हैं न ? वे

बंगालियों से भी बढ़ गये हैं। देखेंगे तो दो चार सुनाये बिना न रहेंगे। और, बात भी ठीक है। नाहक विलायती चीजें मोल लेकर क्यों रुपये की बरबादी की जाय? देशी लेने से भी दाम लगेगा सही; पर रहेगा तो देश ही में।"

जानकी जी ज़रा भौंहें टेढ़ी करके बोलीं, "उँह धोती तो धोती; पहनने से काम क्या यह बुरी है?"

इतने में स्टेशन के कुलियों ने आ घेरा। वंशीधर एक कुली करके चले, इतने में इक्केवाले ने कहा, "इधर से टिकट लेते जाइए। पुल के उस पार तो ड्योढ़े दर्जे का टिकट मिलता है।"

वंशीधर फिर कर बोले "अगर मैं ड्योढ़े दरजे ही का टिकट लूँ तो?"

इक्केवाला चुप हो रहा। "इक्के की सवारी देखकर इसने ऐसा कहा"—यह कहते हुए वंशीधर आगे बढ़े। यथा समय रेल पर बैठकर वंशीधर राजघाट पार करके मुग़लसराय पहुँचे वहां पुल लांघ कर दूसरे प्लैटफ़ार्म पर जा बैठे। आप नवल से मिलने की खुशी में प्लैटफ़ार्म के इस ओर से उस ओर तक टहलते रहे। देखते देखते गाड़ी का धुआँ दिखलाई पड़ा। मुसाफ़िर अपनी अपनी गठरी सँभालने लगे। रेलदेवी भी अपनी चाल धीमी करती हुई गम्भीरता से आ खड़ी हुई। वंशीधर एकबार चलती गाड़ी भी में शुरू से अखीर तक देख गये। पर नवल का कहीं पता नहीं। वंशीधर फिर सब गाड़ियों को दोहरा गये; तेहरा गये; भीतर घुस घुस कर एक एक डिब्बे को देखा। किन्तु नवल न मिले। अन्त को आप खिजला उठे, और सोचने लगे कि "मुझे तो वैसी चिट्ठी लिखी, और आप न आया। मुझे अच्छा उल्लू बनाया। अच्छा जायँगे कहाँ? भेंट होने पर समझ लूँगा।" सबसे अधिक सोच तो इस बात का था कि जानकी सुनेगी तो ताने पर ताने मारेगी। पर अब

सोचने का समय नहीं। रेल की बात ठहरी। वंशीधर झट गये और जानकी को लाकर ज़नानी गाड़ी में बिठाया वह पूछने लगी, "नवल की बहू कहाँ है?" "वह नहीं आये, कोई अटकाव हो गया" कह कर आप बग़ल वाले कमरे में जा बैठे। टिकट तो ड्योढ़े का था; पर ड्योढ़े दरजे का कमरा कलकत्ते से आनेवाले मुसाफ़िरों से भरा था। इसलिए तीसरे दर्जे ही में बैठना पड़ा। जिस गाड़ी में वंशीधर बैठे थे उसके सब कमरों में मिलाकर कुल दसही बारह स्त्री-पुरुष थे। समय पर गाड़ी छूटी। नवल की बातें, और न जाने क्या अगड़ बगड़, सोचते सोचते भरमे गाड़ी कई स्टेशन डाक कर मिर्ज़ापुर पहुँची।

[२]

मिर्ज़ापुर में पेटराम की शिकायत शुरू हुई। उसने सुझाया कि इलाहाबाद पहुँचने में अभी देरी है। चलने के झंझट में अच्छी तरह उसकी पूजा किये बिनो ही वंशीधर ने बनारस छोड़ा था। इसलिए आप झट प्लेटफ़ार्म पर उतरे; और पानी के बम्बे से हाथ मुँह धोकर, एक खोनूचे वाले से थोड़ी सी ताज़ी पूड़ी और मिठाई लेकर, निराले में बैठ आपने उन्हें ठिकाने पहुँचाया। पीछे से जानकी की सुध आई। सोचा कि पहले पूछलें, तब कुछ मोल लेंगे। क्योंकि स्त्रियाँ नटखट होती हैं। वे रेल पर खाना पसंद नहीं करतीं। पूछने पर वही बात हुई। तब वंशीधर लौट कर अपने कमरे में आ बैठे। यदि वे चाहते तो इस समय ड्योढ़े में बैठ जाते; क्योंकि अब भीड़ कम हो गई थी। पर उन्होंने कहा, थोड़ी देर के लिये कौन बखेड़ा करे।

वंशीधर अपने कमरे में बैठे तो दो एक मुसाफ़िर अधिक देख पड़े। आगेवालों में से एक उतर भी गया था। जो लोग थे सब तीसरे ही दरजे के योग्य जान पड़ते थे; अधिक सभ्य कोई थे तो वंशीधर ही थे। उनके कमरे के पासवाले कमरे में

एक भले घर की स्त्री बैठी थी। वह बेचारी सिर से पैर तक ओढ़े, सिर झुकाये, एक हाथ लंबा घूँघट काढ़े, कपड़े की गठरी सी बनी बैठी थी। वंशीधर ने सोचा इनके संगवाले भद्र पुरुष के आने पर उनके साथ बात-चीत करके समय बितावेंगे। एक दो करके तीसरी घंटी बजी। तब वह स्त्री कुछ अकचका कर, थोड़ा सा मुँह खोल, जँगले से बाहर देखने लगी। ज्योंही गाड़ी छूटी, वह मानों काँप सी उठी। रेल का देना लेना तो होही गया था अब उसको किसी की क्या परवा? वह अपनी स्वाभाविक गति से चलने लगी। प्लैटफ़ार्म पर भीड़ भी न थी। केवल दो चार आदमी रेल की अन्तिम बिदाई तक खड़े थे। जब तक स्टेशन दिखलाई दिया तब तक वह बेचारी बाहरही देखती रही। फिर अस्पष्ट स्वर से रोने लगी। उस कमरे में तीन चार प्रौढ़ा ग्रामीण-स्त्रियाँ भी थीं। एक, जो उसके पास ही थी, कहने लगी।

"अरे इनकर मनई तो नाहीं अइलेन। हो देखः हो! रोवल करथईन।"

दूसरी—"अरे दुसरे गाड़ी में बैठा होइहैं।"

पहली—"दुर बौरही! ई जनानी गाड़ी थोरे है।"

दूसरी—"तउ हो भल त कहिउ।" कह कर दूसरी भद्र-महिला से पूछने लगी, "कौने गाँव उतरबु बेटा! मीरजैपुरा चढ़ी रहेऊ न?" इसके जवाब में उसने जो कहा सो वह न सुन सकी। तब पहली बोली—

"हटः हम पूँछिलेई"; हम कहा "कहां ऊतरबू हो? आयँ, ईलाहाबास?"

दूसरी—"ईलाहाबास कौन गाँव हौ गोइँयाँ।"

पहली—"अरे नाहीं जनलू? पयाग जी, जहाँ मनई मकर नहाए जाला।"

दूसरी—" भला पयाग जी काहे न जानीथ; ले, कहैके नाहीं, तोहरे पच के धरम से चार दाँई नहाए चुकी हई। ऐसों हो सोमबारी, अउर गहन, दका, दका, लाग रहा तउन तोहरे कासी जी नहाय गइ रहे।"

पहली—" आवै जाय के तो सब अउतै जात बटले बाटन। फुन यह सायत तो बेचारो विपत में न पड़ल बाटिन। हे हम पचाहइ; राजघाट टिकस कटऊली; मोंगलके सराये उतरलीह; होदे पुन चढ़लीह।"

दूसरी—" ऐसे एकदाँइ हम आवत रहे। एक मिली औरो मोरे सँघे रही। द कौने टिसनिया पर ओकर मलिकवा उतरल कि जुरतँइहैं गड़िया खुलिगै। अब भइया उः नटई फारि फारि नरियाय,—ए साहब गड़िया खड़ी कर! ए साहबगड़िया तनी खड़ीकर।" भला गड़िया दहिनातो काहे का खड़ीहोय?

पहली—" उ मेहररुआ बड़ी उजबक रहल। भला केहू के चिल्लाए से रेलिऔ कहूँ खड़ी होला?"

इनकी इस बात पर कुल कमरे वाले हँस पड़े। अब जितने स्त्री-पुरुष थे एक से एक अनोखी बातें कह कर अपने अपने तजरुबे बयान करने लगे। बीच बीच में उस अकेली अबला की स्थिति पर भी दुःख प्रकट करते जाते थे।

तीसरी स्त्री बोली—" टिकसिया पल्ले बाय दों नाहीं! सहेबवा देखी तो कलकत्ते ताँइ के मसुलिया लेई। अरे इहो तो नाहीं कि दूर से आयत रहलेन, फरागत के बदे उतरलेन।

चौथी—"हम तो इनके सँघे के आदमी के देखबो न किहा गोइयाँ!"

तीसरी—" हम देखे रहली हो, मज़ेक टोपी दिहले रहलेन हो!"

इस तरह उनकी बेसिर पैर की बातें सुनते सुनते वंशीधर

ऊब उठे। तब वे उन स्त्रियों से कहने लगे—

"तुम तो नाहक उन्हें और भी डरा रही हो। जरूर इलाहाबाद तार गया होगा और दूसरी गाड़ी से वे भी वहाँ पहुंच जायँगे। मैं भी इलाहाबाद ही जा रहा हूँ। मेरे सँग भी स्त्रियाँ हैं। जो ऐसा ही है तो दूसरी गाड़ी के आने तक मैं स्टेशन ही पर ठहरा रहूँगा। तुम लोगों में से यदि कोई प्रयाग उतरे तो थोड़ी देर के लिए स्टेशन पर ठहर जाना। इनको अकेले छोड़ देना उचित नहीं। यदि पता मालूम हो जायगा तो मैं इन्हें इनके ठहरने के स्थान पर भी पहुँचा दूंगा।"

वंशीधर की इन बातों से उन स्त्रियों की वाक्य-धारा दूसरी ओर बह चली,—"हाँ ई बात तो आप भल कहा।" "नाहीं भइया! हम पचे काहीके केहुसे कुछ कही। अरे एक क एक करत न बाय तो दुनिया चलत कैसे बाय?" इत्यादि ज्ञान-गाथा होने लगी। कोई कोई तो उस बेचारी को सहारा मिलते देख खुश हुए और कोई कोई नाराज़ भी हुए। क्यों, सो मैं आपसे नहीं बतला सकती। उस गाड़ी में जितने मनुष्य थे सभी ने इस विषय में कुछ न कुछ कह डाला था। पिछले कमरे में केवल एक स्त्री जो फ़रासीसी छींट की दुलाई ओढ़े अकेली बैठी थी, कुछ नहीं बोली। कभी कभी घूँघट के भीतर से एक आँख निकाल कर वंशीधर की ओर वह ताक देती थी और, सामना हो जाने पर, फिर मुँह फेर लेती थी। वंशीधर सोचने लगे कि "यह क्या बात है? देखने में तो यह भले घर की मालूम होती है पर आचरण इसका अच्छा नहीं।"

गाड़ी इलाहाबाद के पास पहुँचने को हुई। वंशीधर उस स्त्री को धीरज दिलाकर आकाश-पाताल सोचने लगे। यदि तार में कोई ख़बर न आई होगी तो दूसरी गाड़ी तक स्टेशन पर ही ठहरना पड़ेगा। और जो उससे भी कोई न आया तो

क्या करूँगा? जो हो गाड़ी नैनी से छूट गई अब साथ की उन अशिक्षिता स्त्रियों ने फिर मुँह खोला। "क भईया, जो केहु बिन टिकस के आवत होय तो ओकर का सजाय होला?" "अरे ओन्हे ई नाहीं चाहत रहा कि मेहरारू के तो बैठा दिहेन, अउर अपुआ तौन टिकस लेइ के चल दिहेन।" किसी किसी आदमी ने तो यहाँ तक दौड़ मारी कि रात को वंशीधर इसके ज़ेवर छीन कर रफूचक्कर हो जायँगे। उस गाड़ी में एक लाठीवाला भी था। उसने खुल्लम खुल्ला कहा—"का बाबू जी! कुछ हमरो साझा?" इसकी बात पर वंशीधर क्रोध से लाल हो गये। उन्हों ने उसे खूब धमकाया। उस समय तो वह चुप हो गया; पर यदि इलाहाबाद उतरता तो वंशीधर से बदला लिये बिना न रहता।

[४]

बंशीधर इलाहाबाद में उतरे। एक बुढ़िया को भी वहीं उतरना था। उससे उन्होंने कहा कि, "उनको भी अपने संग उतार लो।" फिर उस बुढ़िया को उस स्त्री के पास बिठाकर आप जानकी को उतारने गये। जानकी से सब हाल कहने पर वह बोली— "अरे जाने भी दो; किस बखेड़े में पड़े हो।" पर बंशीधर ने न माना। जानकी को और भद्र महिला को एक ठिकाने बिठाकर आप स्टेशन मास्टर के पास गये। बंशीधर के जातेही वह बुढ़िया, जिसे उन्होंने रखवाली के लिये छोड़ा था, किसी बहाने भग गई। स्टेशन मास्टर से पूछने पर मालूम हुआ कि कोई तार नहीं आया। अब तो वंशीधर बड़े असमञ्जस में पड़े। टिकट के लिये बखेड़ा होगा। क्योंकि वह स्त्री बे-टिकट है। लौट कर आये तो किसी को न पाया। "अरे ये सब कहाँ गईं?" यह कह कर चारों तरफ देखने लगे। कहीं पता नहीं इसपर वंशीधर घब-राये और "आज कैसी बुरी साइत में घर से निकले कि एक के

सरी आफत में फँसते चले आ रहे हैं।" इतने में आपने
बाद उस दुलाईवाली को आते देखा। "तू ही उन स्त्रियों को
सामने गई है। इतना कहना था कि दुलाई से मुँह खोलकर
कहीं ले शोर खिलखिला उठे।
नवलकि रे यह क्या? सब तुम्हारी ही करतूत है! अब मैं समझ

"अ कैसा गजब तुमने किया है? ऐसी हँसी मुझे नहीं
गया। कती। मालूम होता है वह तुम्हारी ही बहू थी।
अच्छी लग वे लोग गईं कहाँ?"
अच्छा तो तो पालकी गाड़ी में बैठी हैं। तुम भी चलो।"

"वे लोग सब हाल सुन लूँगा तब चलूँगा। हाँ यह तो

"नहीं मैं-जापुर में कहाँसे आ निकले?"
कहो, तुम मिर नहीं मैं तो कलकत्ते से, बल्कि मुगलसराय से,

"मिरजापुर आरहा हूं। तुम जब मुगलसराय में मेरे लिये
तुम्हारे साथ चल मैं ड्योढ़े दरजे में बेंच पर लेटे लेटे तुम्हारा
चक्कर लगाते थे त। फिर मिरजापुर में जब तुम पेट के धन्धे में
तमाशा देख रहा स से निकल गया पर तुमने न देखा। मैं
लगे थे; मैं तुम्हारे ड़ा। सोचा कि तुम्हारे आने पर प्रकट
तुम्हारी गाड़ी में जा देखलें, करते करते यहाँ तक नौबत
होऊँगा। फिर थोड़ा अ पा सो माफ करो!"
पहुंची। "अब चलो, जो

यह सुन वंशीधर प्रस हो गये। दोनों मित्रों में बड़े
प्रेमसे बात चीत होने लगी शीधर बोले—

"मेरे ऊपर तो जो कुछ ी सो बीती पर वह बेचारी, जो
तुम्हारे से गुनवान के संग ी ही बार रेल से आरही थी,
बहुत ही तंग हुई। उसे तो नाहक़ रुलाया। वह बहुत
ही डर गई थी।"

"नहीं जी! डर कि त की थी? हम, तुम, दोनों
गाड़ी में न थे?"

"हाँ पर, यदि मैं स्टेशनमास्टर से इत्तिला कर देता साथ की उन
बखेड़ा खड़ा हो जाता न ?" भईया, जो केहु

"अरे तो क्या मैं मर थोड़े ही गया था ! चार हज़ाय होला ?"
ढुलाई की बिसात ही कितनी ?" तो बैठा दिहेन,

इसी तरह बात-चीत करते करते दोनों गाड़ी ।" किस
आये। देखा तो दोनों मित्र-वधुओं में ख़ूब हँसी हो की वंशीध के पास
जानकी कह रही थी--" अरे तुम जानो क्या ! इन गाड़ी रही है।
हँसी ऐसी ही होती है। हँसी में किसी के प्राण —"का लोगों को
जायँ तो भी इन्हें दया न आवै।" वंशीध भी निकल
या।

ख़ैर दोनों मित्र अपनी अपनी घरवाली उतरता को लेकर राज़ी
ख़ुशी घर पहुँचे और मुझे भी उनकी यह राम -कहानी लिखने
से छुट्टी मिली।

दान-प्रतिदान ।

बड़ी बहू जिन बातों की बाण-वर्षा कर रही थी, उनकी धार ही तीखी नहीं, वे बाण विष से भी बुझे हुए थे। जिस अभागिन के ऊपर वे बाण चलाये जा रहे थे उसके तन मन में आग सी लग गई। यह बाण-वर्षा प्रकट-रूप में तो श्यामा पर होती सी जान पड़ती थी, पर असल में उसके लक्ष्य श्यामा के पति राधेमुकुन्द ही थे। जिस समय बड़ी बहू यह तीरन्दाजी कर रही थी उस समय राधेमुकुन्द उनसे थोड़ी ही दूर पर बैठे तम्बाकू की सहायता से अन्न पचा रहे थे। बड़ी बहू की कड़ाके-चूर बातों से उनके काम में कुछ भी विघ्न होता न देख पड़ा, उसी अविचलित गाम्भीर्य के साथ तम्बाकू पी कर वे सोने को चले गये।

राधेमुकुन्द की सी परिपाक-शक्ति ईश्वर ने सबको नहीं दी। उनको देखते ही खिजलाई हुई श्यामा ने उसके संग ऐसा बर्ताव किया जैसा कि और कभी करने का उसने साहस भी नहीं किया था। और दिन तो शान्त भाव से पति की चरण-सेवा करने में वह तत्पर हो जाती थी, परन्तु उस दिन (अथवा उस रात) आंसुओं की प्रबल धारा बहा कर उसने सारा बिछौना भिगो दिया।

राधेमुकुन्द इन बातों पर ध्यान देकर न चुपचाप नींद देखने लगे। पर अपनी इस उदासीनता से स्त्री क बढ़ते देख उन्होंने धीरे से कहा "किसी काम के लिये सबेरे ही मुझे कहीं जाना है। इसलिये अब थोड़ी लेने दो।" इन शब्दों को सुनना था कि श्यामा में गङ्गा की भदईं बाढ़ आगई। वह फूट फूट कर इस दृश्य को देख राधेमुकुन्द घबरा कर पूछने ल यह क्या हुआ?" श्यामा ने रोते रोते कहा "क्या कुछ सुना भी नहीं?" राधे ने कहा, "सब सुन चुका हूँ; पर भाभी जो कुछ कहती थीं वह सब झूठ थोड़े ही है? क्या भैया ने मुझे खिला पिला कर नहीं पाला पोसा है? और तुम्हारे ही पास जो कुछ गहने कपड़े हैं वे सबकिसके हैं? क्या मैं कहीं से कमा के लाया हूँ? यदि अन्नदाता दो चार बातें कहें तो उसे उसी खाने पहिनने में शामिल कर लेना चाहिये।"

"ऐसा खाना पहिनना किस काम का?"

"किसी सूरत से जीना भी तो चाहिये।"

"ऐसे जीने से तो मरना ही अच्छा।"

"अच्छा जब तक मात न आये तब तक थोड़ा सो लो। नींद आ जाने से देह की जलन जाती रहेगी"—यों कहकर राधेमुकुन्द अपने उपदेश को दृष्टान्त-द्वारा समझाने में तत्पर हुए।

बालमुकुन्द और राधेमुकुन्द न तो सगे भाई ही हैं न चचेरे, न फुफेरे। यह भाई भाई का रिश्ता सिर्फ़ एक गाँव में वास करने से है। पर ये लोग जिस प्रीति के बन्धन में परस्पर बँध रहे हैं। वह सहोदर भ्राता से भी बढ़ कर है। बड़ी बहू को इन लोगों की इतनी आत्मीयता अच्छी नहीं लगती। पर इसके लिए बालमुकुन्द को ही ज़िम्मेदार बनना चाहिए, क्योंकि वे

बाद इ जेठानी को बराबर गहने कपड़े बनवा देते हैं। यदि
सामने ज़ एक जोड़ा न मिलती तो वह छोटी बहू को ही दी
कहीं ले । इसके सिवा बालमुकुन्द बड़ी बहू की बातों की
नवलकि धेमुकुन्द की सलाह पर अधिक ध्यान देते थे।
द कुछ ढीलेपन के आदमी थे। ज़िमींदारी आदि
का भार उन्होंने राधेमुकुन्द के ही सिर पर छोड़
। बड़ी बहू के मन में सदा यह सन्देह होता था कि राधेमुकुन्द भीतर भीतर अपनी मुट्ठी गर्म कर रहे हैं। पर हज़ार सिर पटकने पर भी बड़ी बहू को कभी इस बात का प्रत्यक्ष प्रमाण न मिला। इस कारण से उनका सन्देह और भी दृढ़ होता गया, और धीरे धीरे सुलगता हुआ उनका हृदय, ज्वालामुखी पर्वत की भाँति, कभी कभी भूकम्प के साथ कटुभाषणरूपी अग्नि उगलने लगा। उस दिन रात को राधेमुकुन्द को नींद आई कि नहीं, सो वही जानें, पर सबेरे वे उदास-चित्त होकर बालमुकुन्द के पास जा खड़े हुए। बालमुकुन्द उनके उदास चेहरे को देख घबरा कर पूछने लगे "तुम आज ऐसे क्यों हो? तबीयत तो अच्छी है न?"

"भैया, अब मैं यहाँ पर नहीं रह सकता"—कह कर राधेमुकुन्द गत रात की बड़ी बहू की सब बातें संक्षेप और शान्त भाव से कह गये।

बालमुकुन्द हँसकर कहने लगे-"बस, इसी के लिए इतने उदास? क्या यह बात आज की है? अरे, वह तो दूसरे के घर की लड़की है। कुछ इधर उधर सुन सुना के एक दो बातें कह देगी तो क्या उसके लिए घर छोड़ देना होगा? ऐसी ऐसी बातें दो चार मुझे भी कभी कभी सुननी पड़ती हैं, पर घर छोड़ के कहाँ जाऊँ?"

"भैया, भाभी के कहने का मुझे कुछ भी ख़याल नहीं है।

मुझे खाली इस बात का ख़याल है कि कहीं आपकी गृहस्थी में अशान्ति की आग न भड़क उठे।"

बालमुकुन्द ने उत्तर दिया;—"क्या तुम्हारे चले जाने से मुझे शान्ति मिलेगी ?" एक लम्बी सी साँस लेके राधेमुकुन्द अपने कमरे की तरफ़ चले गये। पर उनके मन का बोझ हलका न हुआ।

इधर बड़ी बहू की डाह दिन दूनी रात चौगुनी बढ़ने लगी। वह बात बात में राधेमुकुन्द को ताना देने लगी, बात बात में छोटी बहू को खिझाने और रुलाने लगी। राधेमुकुन्द भी शान्तभाव से सब सहन करते रहे। श्यामा की मोहर्रमी सूरत देखते ही वे नींद के बहाने आँख मूँद लेते थे। पर अब उन्हें भी बड़ी बहू की बातें असह्य होने लगी थीं।

राधेमुकुन्द से बालमुकुन्द का आज नया सम्बन्ध नहीं है। जब दोनों भाई जौ की रोटियाँ खाकर, हाथ में तख़्ती और ख़ालिकबारी लेकर, एक साथ मकतब में जाते थे, जब दोनों ही मौलवी साहब की आँखों में धूल डाल कर चरवाहों के लड़कों के साथ खेलने जाते थे; जब एकही पलंग पर लेट कर बुड्ढी दादी की कहानियाँ सुनते थे; जब घर वालों से छिपाकर रात को दूसरे गाँव में जाकर स्वाँग तमाशा देखते थे और सबेरे पकड़े जाने पर दोष और दण्ड का हिस्सा दोनों बराबर बाँट लेते थे, उस समय श्यामा और उनकी जेठानी जी कहाँ थीं ? क्या जीवन के इतने दिन के बन्धन को तोड़ कर चला जाना उचित है ? किन्तु यह प्रीतिबन्धन स्वार्थपरता का बन्धन है। यह प्रीति पराश्रप्रत्याशा का रूपान्तर है। इस प्रकार के सन्देह भी राधे को विषवत् प्रतीत होते थे। कुछ काल और व्यतीत होजाने से क्या होता, सो नहीं कहा जा सकता; पर इसके बीच ही में एक भारी घटना संघटित होगई।

जिस समय की बात मैं कह रही हूँ, वह आजसे पचास साठ साल पहिले की बात है। उस समय नियत समय में सूर्यास्ततक मालगुज़ारी न दाख़िल करने से ज़िमींदारी नीलाम हो जाती थी *। एक दिन ख़बर पहुँची कि बालमुकुन्द की एक मात्र ज़िमींदारी, परगना "इनायतशाही," मालगुज़ारी न पहुँचने से नीलाम हो गई। राधेमुकुन्द निज स्वाभाविक मृदुता से कहने लगे, "हमारे दोष से यह बात हुई" बालमुकुन्द ने कहा, "इसमें तुम्हारा क्या दोष है ? तुमने तो ठीक समय पर मालगुज़ारी भेज दी थी; रास्ते ही में लुटेरों ने रुपया लूट लिया। इसमें भला तुम क्या कर सकते थे ?"

दोष किसका है, इस बात का विचार करने से इस समय कुछ लाभ नहीं। अब किसी सूरत से गृहस्थी का ख़र्च तो निबाहना होगा। बालमुकुन्द का स्वभाव और उनकी शिक्षा इस भाँति की न थी कि वे शीघ्र किसी काम काज में हाथ लगावें। वे तो मानों एक दम ऊपर की सीढ़ी से पानी में जा गिरे हैं। उनकी तो यह दशा है कि पहले ही से निज स्त्री के गहने गिरवीं रखने को उद्यत हो गये हैं। राधे ने एक थैली रुपया उनके सामने ला कर डाल दिया। उसने पहले ही से निज स्त्री का गहना गिरवी रखकर यथेच्छ अर्थ-संग्रह कर रक्खा था।

अब बालमुकुन्द के संसार में एक महत् परिवर्तन दिखाई देने लगा। सम्पद्-काल में गृहणी-देवी, अर्थात्, बड़ी बहू, जिसे घर से निकालने की सहस्र सहस्र चेष्टायें करती थीं, अब विपद्-काल में उसी पर व्याकुलता से अवलम्बन करने

---

* यह नियम पहिले बङ्गदेश में प्रचलित था और शायद अब भी है—अनुवादिका।

लगीं। इस समय दोनों भाइयों में किस पर अधिक भरोसा किया जा सकता है, इस बात के समझने में उन्हें ज़रा भी बिलम्ब न हुआ। अब तो किसी भाँति भी यह बात मालूम ही नहीं होती कि बड़ीबहू राधे से तिलमात्र भी कभी डाह रखती थीं, अथवा कुटिल नीति की चाल चलती थीं।

राधेमुकुन्द तो पहले ही से स्वाधीन आजीविका के लिए तैयार थे। गाँव के पास किसी नगर में मुख्तारी करने लगे। उन दिनों वकीलों की आज कल की तरह भरमार न थी। इससे इस व्यवसाय में उनको अच्छी आमदनी होने लगी। तीक्ष्ण बुद्धि सावधान, राधेमुकुन्द ने शीघ्र ही अपनी उन्नति कर ली। धीरे धीरे उस ज़िले में जितने बड़े बड़े ज़िमीदार, तालुकेदार थे, प्रायः सभी उन्हें अपना अपना काम सौंपने लगे।

अब छोटी बहू की दशा आगे से बिलकुल विपरीत होगई है। अब उसके पति के उपार्जित धन द्वारा ही बालमुकुन्द और उनकी स्त्री प्रतिपालित हो रहे हैं। इस विषय में उन्होंने प्रकट रूप में कभी कभी कुछ गर्वाहंकार प्रकाशित किया था कि नहीं, सो तो मैं जानती नहीं; पर शायद कभी इशारे से मन का भाव उन्होंने प्रकाश कर दिया होगा। एक दिन किसी काम को बड़ीबहू की इच्छा के प्रतिकूल निज इच्छानुसार उन्होंने करडाला। किन्तु उसके दूसरे ही रोज से उन्होंने पूर्वापेक्षा भी अधिक नम्रता धारण कर ली। यह बात राधेमुकुन्द के कानों तक जा पहुँची। इससे उन्होंने किस युक्ति से पत्नी को समझाया सो तो वही जानें। पर हाँ उसके दूसरे ही दिन से छोटी बहू के मुँह से एक बात तक न निकली; वह बड़ीबहू की दासी सी बनकर रहने लगी। सुना जाता है कि उसी रात को राधेमुकुन्द स्त्री को उसके मायके भेजने का प्रबन्ध करने में तत्पर हो गये थे। उन्होंने एक अठवारे तक

श्यामा का मुखावलोकन तक नहीं किया था। अन्त में बड़ी बहू ने मध्यस्था होकर देवर को बहुत कुछ कह सुनकर मनाया और दोनों में मेल करा दिया। वे कहने लगीं—"छोटी बहू तो अभी कल आई है और मैं तो बहुत दिनों से तुम लोगों के घर आई हूँ। हमारे तुम्हारे बीच में जो प्रीति का सम्बन्ध है, भला उसकी मर्य्यादा वह क्या जानेगी? अभी तो वह कल की छोकड़ी है। उसका अपराध क्षमा करो।"

राधेमुकुन्द गृहस्थी के खर्च बर्च का रुपया सब बड़ी बहू के ही हाथ में देते थे। छोटी बहू अपना ज़रूरी ख़र्च नियमानुसार अथवा माँगने पर बड़ी से पाती थीं। इस समय बड़ी बहू पहले की अपेक्षा अधिक खुश है। मैं पहले कह चुकी हूँ कि बालमुकुन्द स्नेहवश बहुतेरे विषयों में छोटी बहू का ही पक्षपात किया करते थे।

यद्यपि बालमुकुन्द के उस स्वाभाविक प्रफुल्लित मुख पर हँसी की कमी न थी; किन्तु छिपी बीमारी से वे दिन दिन दुर्बल होते जाते थे। उनके इस मानसिक रोग की तरफ़ और कोई तो उतना ध्यान न करता था; पर भैया का मुँह देख देख कर राधे की आँखों से नींद जाती रही थी। बहुत रात बीतने पर छोटी बहू नींद टूटने पर देखती क्या हैं कि उनके स्वामी, राधेमुकुन्द गहरी साँस लेते हुए अशान्त-भाव से पलंग पर पड़े इधर से उधर करवटें ले रहे हैं। राधेमुकुन्द बहुधा बालमुकुन्द से कहा करते थे कि भैया आप कुछ सोच मत करें। आप की पैतृक ज़िमींदारी मैं शीघ्र ही लौटा लूँगा। उसे हम किसी भाँति न छोड़ेंगे। अब बहुत देर नहीं है।" वास्तव में बहुत देर भी नहीं हुई। जिस मनुष्य ने बालमुकुन्द की ज़िमींदारी नीलाम में ख़रीदी थी, वह जाति का बनिया था। ज़िमींदारी के काम से वह बिलकुल अनजान था। ज़िमींदार बन कर सरकार से

प्रतिष्ठा तथा पदवी पाने की लालसा से उसने उसे ख़रीदा था। आमदनी उसे एक पैसे की न थी। बेचारा घर से मालगुज़ारी भरता था। राधेमुकुन्द साल में दो चार लट्ठबाजों को साथ लेकर मालगुज़ारी वसूल करते थे। सब रैयत भी ज़िमींदार से मनही मन बहुत घृणा करते थे। अन्त में उस बेचारे ने रोज़ रोज़ की मुक़द्दमेबाज़ी से हैरान होकर इस बखेड़े से अपना पिण्ड छुड़ाना ही उचित समझा। बहुत ही थोड़े दाम पर उसे राधेमुकुन्द ने फिर ख़रीद लिया।

लिखने में जितना कम समय मालूम हो रहा है असल में उतना कम समय नहीं हुआ। इसके होने में दस वर्ष लग गये। दस वर्ष पहले बालमुकुन्द युवावस्था की सीमा और प्रौढ़ता के आरम्भ में थे। किन्तु अब उनको देखने से विदित होता था कि मानो वह "मोटरकार" (हवा-गाड़ी) में बैठकर जल्दी से वृद्धावस्था के बीच में आगये हैं। जब उन्होंने अपनी पुश्तैनी ज़िमींदारी को फिर से प्राप्त किया, तब न जानें क्यों वे यथोचित सुखी न हो सके। पर इससे क्या? आत्मीय, परिचित, गाँव के सभी लोग इस आनन्द में एक दावत देने के लिए बालमुकुन्द को दिक़ करने लगे। बालमुकुन्द ने राधे से पूछा-"कहो भाई क्या कहते हो?" राधे ने उत्तर दिया,—अवश्य, आनन्द मनाने की तो बात ही है।"

उस गाँव के बीच ऐसी भारी दावत कभी किसी ने नहीं दी थी। ब्राह्मण देवता पेड़ा-दही के साथ साथ मनमानी दक्षिणा पाकर, दीन दरिद्री पैसा और वस्त्र पाकर, दोनों हाथ उठा उठा कर आशीर्वाद देने लगे। उस समय उस गाँव की आब हवा अच्छी न थी। तिस पर तीन चार दिन लगातार परिश्रम पड़ा। इस कारण बालमुकुन्द बीमार पड़ गये। बड़े ज़ोर से जूड़ी देकर ज्वर हो आया। वैद्य ने नाड़ी देखकर

कहा—"रोग तो कठिन जान पड़ता है
सब लोगों को बाहर जाने का आदेश राधे ने दिया ... मुकुन्द के पास बैठकर वे कहने लगे, भैया आपके पीछे जायदाद का हिस्सा किसको कितना दिया जायगा? इस विषय में आपका क्या हुक्म है?"

"भाई, मेरे पास क्या है कि मैं किसी को दूँ?"

"आपही का तो सब कुछ है। एक दिन मेरा सब कुछ था, पर अब मेरा नहीं।"

राधेमुकुन्द चुपचाप बिछाने को झाड़ने लगे। इतने ही में बालमुकुन्द को साँस लेने में कष्ट मालूम होने लगा। राधे चट खाट पर जा बालमुकुन्द के दोनों चरणों को पकड़ कर कहने लगे, "भैया मैंने जो अपने जीवन में महान् पातक का काम किया है, उसे मैं आज आपके श्रीचरणों के सम्मुख प्रकट करूँगा। हाय! अब तो समय नहीं रहा।"

बालमुकुन्द ने इन बातों का कुछ उत्तर न दिया। राधे निज स्वाभाविक शान्त-भाव से धीरे धीरे कहने लगे। बीच बीच में गहरी साँस लेते हुए बोले—"भैया, भली भाँति सब वृत्तान्त कहने की क्षमता तो मुझमें नहीं है। मेरे मन की यथार्थ बातें तो भगवान् ही जानते होंगे। और यदि किसी में अनुभव करने की शक्ति है तो केवल आप में। बाल्यावस्था में आपके और मेरे मन में किसी बात का अन्तर न था। यदि कुछ भेद था तो वह बाहर ही था। पहला भेद तो यही था कि आप धनी और मैं निर्धन था। जब मैंने देखा कि केवल इसी एक बात पर मेरे और आपके बीच में विछोह होने की सम्भावना है, तब मैं उस भेद के नाश करने पर तत्पर हुआ। भैया, मैंने ही मालगुज़ारी के रुपये को लुटवा कर जायदाद को नीलाम करवा दिया था।"

कुछ भी आश्चर्य न प्रकट करके, पर कुछ हँस कर, धीरे

दालिया

[१]

जब शाहशुजा, औरंज़ेब के डर से भागकर आराकान-नरेश का मेहमान हुआ उस समय उसके साथ उसकी तीन कन्याएँ भी थीं। आराकान-नरेश की इच्छा थी कि उन शाहज़ादियों को वह अपनी पुत्र-वधू बनावे। किन्तु शाहशुजा इस छोटे मुँह से बड़ी बात को सुनकर बहुत ही नाराज़ हुआ। आराकान-नरेश भी "रस्सी जल गई पर ऐंठन न छूटी" देखकर मन ही मन कुढ़ा, और किसी बहाने नाव पर चढ़ाकर उन चार, पिता-पुत्रियों, को जलप्रवाह कर देनाही उन अतिथियों का योग्य सत्कार समझा। जब शाहशुजा को अपने ऊपर आनेवाली विपद् की सूचना हुई तब उसने अपनी छोटी लड़की "अमीना" को अपने ही हाथ से नदी में डुबो दिया। बड़ी लड़की ने खुदकुशी कर डाली और मँझली लड़की जुलेख़ा पानी में जा कूदी। किन्तु रहमतख़ाँ नामक शुजा के एक विश्वास-पात्र नौकर ने नदी में तैर कर जुलेख़ा की प्राणरक्षा की और उसे लेकर कहीं भाग गया। अमीना एक मछुवे के जाल में जा फँसी और उसीके घर प्रतिपालित होने लगी। इसके कुछ दिनों बाद आराकान-नरेश की मृत्यु हुई और उसका पुत्र राज्याधिकारी हुआ।

[२]

एक दिन, सबेरे, बुड्ढा मछुवा कहीं से आकर कुछ रूखेपन से कहने लगा,—"तिन्नी ! *तुझे आज क्या हो गया है कि अब तक काम-धन्धे में तूने हाथ नहीं लगाया और न नाव ही—"

अमीना बूढ़े के पास जाकर प्यार से कहने लगी,—"आज मेरी हमशीरा साहबा (जीजी) न आई हैं। इसीसे आज छुट्टी है।"

"तेरी जीजी कौन हैं री ?"

ज़ुलेखा झट न जाने कहाँ से आकर बोल उठी, "मैं हूँ।"

पहले तो बूढ़ा निर्वाक् सा हो रहा; पीछे ज़ुलेखा के अति निकट जाकर उसे भली भाँति घूर कर देखने लगा: और झट सवाल कर बैठा,—" तू काम काज कुछ जानती है।"

अमीना ने जवाब दिया, "अब्बा ! मेरी हमशीरा काम न कर सकेंगी; उनके बदले मैं ही काम कर दूँगी"।

मछुवे ने कुछ सोच कर ज़ुलेखा से पूछा,—"तुम रहोगी कहाँ ?" "अमीना के पास, और कहाँ ?"

बूढ़े ने सोचा, यह कहाँ की चुड़ैल आई ! फिर उसने पूछा- "खाओगी क्या ?"

ज़ुलेखा ने कहा "इसके लिए कौन सी चिन्ता है ? यह लो"-कह कर झट उसके सामने एक अशर्फी उसने फेंक दी। अमीना उसे मछुवे के हाथ में देकर कहने लगी; "अब बहुत दिन चढ़ आया; तुम अपना काम करने जाओ।"

ज़ुलेख़ा वेश बदल कर बहुत जगह घूम फिर कर, अन्त में अमीना का पता पाकर, मछुवे की झोंपड़ी में आई है। उधर रहमतखाँ गुप्त रूप से आराकान-नरेश के दर्बार में काम करने लगे हैं।

---

*मछुवे ने अपनी भाषा में (प्यार से) अमीना का नाम तिन्नी रक्खा था।

[२]

ग्रीष्म ऋतु में प्रातःकाल के परम रमणीय समय में एक छोटी सी नदी के तीर एक पेड़ की छाया में बैठ कर जुलेख़ा अमीना से कह रही है,—"ख़ुदा ने जो हम दोनों बहनों की जाँ-बख़्शी की है यह फ़क़त वालिद के मारे जाने का बदला लेने के लिए है; नहीं तो इसकी और दूसरी कोई वजह नहीं दिखाई देती।"

मेरी प्यारी बहन ! अब उन गुज़श्त बातों का ज़िक्र छोड़ो। मुझे तो अभी इस दुनिया में रहना मंज़ूर है जिसे मरना हो वह जाकर लड़-झगड़ करे। मुझे तो यहाँ किसी बात की तकलीफ नहीं है।"

ज़ुलेखा ने कहा, "छिः छिः, अमीना तू क्या शहज़ादे की लड़की नहीं है? कहाँ देहली का शाही तख्त और कहाँ यह एक मछुवे की झोंपड़ी !"

अमीना हँस कर कहने लगी—"मुझ सी एक नाचीज़ लड़की को अगर यह झोंपड़ी और पेड़ की छाया ही ज्यादः पसन्द हो तो इस रंज के वक़्त में भी देहली के तख्त के लिए आँसू बहाने की क्या जरूरत ?"

ज़ुलेख़ा कुछ अनमनी सी हो कर कहने लगी,—"इसके लिये मैं तुझे गुनहगार नहीं समझती। पर ज़रा तू सोच तो सही अमीना ! मरहूम वालिद साहब सबसे ज्यादः तुझी को प्यार करते थे। इसी लिए तुझे अपने हाथों से उन्होंने दरिया में फेंक दिया था। उनकी दी हुई उस मौत से तू ज़िन्दगी बेहतर न समझ ! अगर तू वालिद के मारे जाने का पूरा बदला ले सकेगी तो तेरी यह थोड़े दिनों की ज़िन्दगी कुछ काम भी आ जायगी।"

इन बातों को सुन कर अमीना चुप हो रही ! यह तो

स्पष्ट ही विदित हो रहा है कि उस नदी तीर की सघन वृक्षावली और उसके इस नवीन वय ने उसे आत्मविस्मृता कर रक्खा था। कुछ देर बाद अमीना बोली—"बहन, तुम बैठो; मैं आती हूँ। अगर मैं खाना न पका रक्खूँगी तो बूढ़ा भूखों मर जायगा।"

[४]

ज़ुलेखा अमीना की इस हार्दिक दुर्बलता को देख अत्यन्त उदास हो रही थी कि इतने में पीछे से किसी के पैरों की आवाज़ आई। उसने आकर पीछे से उसकी आँखें मूँद लीं।

ज़ुलेखा ने अकचकाकर पूछा—"कौन है?" ज़ुलेख़ा का स्वर सुनते ही वह युवक ज़ुलेख़ा की आँखों से झट अपना हाथ हटा सामने आकर खड़ा होगया, और ज़ुलेख़ा को ओर देख कर कहने लगा, "यह क्या? तुम तो तिन्नी नहीं हो!"

ज़ुलेख़ा अपने वस्त्र संभाल कर उठ खड़ी हुई और आँखों से मानो आग की चिनगारियाँ बरसा कर पूछने लगी,—"तुम कौन हो?"

युवा ने उत्तर दिया—"तुम हमें नहीं पहिचानोगी; तिन्नी पहचानती है। तिन्नी कहाँ है?"

तिन्नी इन दोनों का शोर गुल सुन कर बाहर निकल आई। ज़ुलेख़ा का क्रोध से भरा हुआ चेहरा और युवा की अकचकाई हुई सूरत देख कर अमीना क़हक़हा मार के कहने लगी,—"बहन! तुम इसकी बातों से ख़फ़ा न हो। यह आदमी नहीं है। इसे एक जंगली जानवर समझो। अगर आपसे इसने कुछ बेअदबी की हो तो मैं इसे अभी सज़ा देती हूँ। दालिया, तूने क्या किया! नामाक़ूल, नाशाइस्तः कहीं का।"

युवा ने झट उत्तर दिया,—"किया क्या! कुछ तो नहीं; सिर्फ़ आँखें मूँद दीं थीं। मैंने जाना वह तिन्नी है।"

तिन्नी सहसा कुपित होकर कहने लगी,—"फिर वही छोटे मुँह बड़ी बात कहता है। अब तू बड़ाही निडर और ढीठ होता जाता है। कब तूने तिन्नी की आँखें मूंदी थीं?"

शुबा ने कहा—"आँखें मूंदने के लिए तो कुछ साहस का प्रयोजन नहीं दीखता; तिस पर यदि पहले से अभ्यास किया गया हो। पर आज तो मैं सचमुचही कुछ डर सा गया था।" ज़ुलेख़ा दालिया से अँगुली का इशारा करके चुपके से हँसने लगी।

अमीना ने कहा—"तुम बड़े बेवक़ूफ़ हो। तुम शाहज़ादियों के पास रहने लायक़ नहीं हो। अब तुम्हें कुछ अदब, क़ायदे की तालीम दी जायगी। देखो, इस तरह सलाम करो।"

अमीना ने सिर झुकाकर, ज़ुलेखा को अभिवादन किया। दालिया ने बड़ी कठिनाई से उस अभिवादन की थोड़ी बहुत नक़ल कर दिखाई। अमीना ने कुछ पीछे हट कर फिर उसे सलाम करनेको कहा। शुबा ने तुरन्त उसकी आज्ञा का पालन किया। अमीना उसे झोंपड़े के पास लेजाकर कहने लगी,—"भीतर चलो।" उसके भीतर घुसने पर वह कहने लगी "जाओ आग सुलगा दो। मैं आती हूँ।" अमीना ने बाहर से दरवाज़ा बन्द कर दिया।

ज़ुलेख़ा के पास बैठ कर अमीना कहने लगी—"बहन, यहाँ के आदमी सब इसी तरह के नाशाइस्तः होते हैं। ये तहज़ीब से कोसों दूर हैं। मुझे तो इन लोगों ने बहुतही तंग कर रक्खा है।"

अमीना के व्यवहार से तो तंग होने का कुछ भी लक्षण नहीं प्रतीत होता था। बल्कि ऊपर से वहाँ वालों पर उसका कुछ अन्याय और पक्षपात ही प्रकट होता था। ज़ुलेखा अत्यन्त रुष्ट हो कर कहने लगी—"सच कहती हूँ, अमीना, तेरी चाल चलन देख कर मैं हैरान हूँ। उस जंगली आदमी की यह मजाल कि वह तेरा बदन छुवे!" अमीना ज़ुलेखा की हाँ में हाँ मिला-

कर कहने लगी "देखो तो सही, खुदानख्वास्तः आज कोई शाहज़ादा या नव्वाबज़ादा अगर ऐसी बेअदबी करता तो उसे मैं जहन्नुम रसीदः कर देती।"

इस बात पर ज़ुलेखा की हँसी रोके न रुकी। वह कहने लगी—"सच बता, अमीना, तू जो कहती थी कि मुझे यह दुनिया प्यारी लगती है, उस बात से इस जंगली का तो कुछ तअल्लुक़ नहीं है?"

"सच कहती हूँ बहन! मैं इस वहशी दालिया की बड़ी ही अहसानमन्द हूँ। वह मेरे लिए फूल तोड़कर ला देता है; मेरे लिए ताज़ेताज़े मेवे ला देता है; जब तब मेरे सोने के कमरे में झाड़ू देता है; और अगर मैं किसी काम के लिए बुलाऊँ तो फ़ौरन कुत्ते की तरह दौड़कर चला आता है। मैं बहुत चाहती हूँ कि इसे डाटूँ, पर वह ग़ुस्से के बदले लड़कों की तरह हँस देता है, या रोने लग जाता है। अगर उसे दो चार थप्पड़ लगाये भी जाते हैं तो मारे खुशी के वह उछलने लगजाता है। इसकी भी मैं आज़माइश कर चुकी हूँ। अभी उसे भीतर बन्द कर आई हूँ; जाके देखूँगी कि वह निगोड़ा खुशी से चूल्हा फूँकरहा है। मैं इस वहशीके जंगलीपन से हैरान रहा करती हूँ।"

ज़ुलेखा कहने लगी—"मैं इसका जंगलीपन छुड़ाने की कोशिश करूँगी।"

अमीना ने हँस कर और विनयपूर्वक कहा—"नहीं, बहन! तुम उसे कुछ मत कहो।" इन बातों को अमीना ने इस ढँग से कहा मानो दालिया अमीना का अभी थोड़े दिन का पालतू मृगशिशु है; अभी दूसरे मनुष्यों को देख कर जंगल में भाग जाने की उसको आदत बनी है। इतने में मल्लुवे ने आकर पूछा "बिबी! आज दालिया नहीं आया?"

"आया तो है!"

"कहाँ है?"

"बहुत दिक़ कर रहा था, इसीसे कोठरी में बन्द कर आई हूँ।"

बूढ़े ने कुछ सोच कर कहा,—"अगर उसने दिक किया तो नाराज़ मत हो। कम उम्र में सभी ऐसे चुलबुले होते हैं। कभी तू भी ऐसी ही रही होगी। इसलिए उस पर कठोर शासन मत कर। दालिया ने कल एक थलु* देकर तीन आम ख़रीदे थे।"

"इसको क्या परवा है? बिना आम लिये ही उससे अभी दो थलु दिलवा दूँगी।"

बूढ़े ने अपनी पालिता कन्या की इस अल्पावस्था में ही ऐसी चालाकी और बुद्धिमानी देखकर बहुत खुशी ज़ाहिर की और तिन्नी के मस्तक पर वह अपना हाथ प्यार से फेरने लगा।

*　　　*　　　*　　　*

आश्चर्य की बात है कि अब दालिया के आने जाने में ज़ुलेखा को विशेष आपत्ति नहीं रही। पर थोड़ा सा विचार पूर्वक देखने से स्पष्ट बोध हो जायगा कि इसमें कुछ भी आश्चर्य की बात न थी। दालिया जननी प्रकृति देवी का एक उच्छृङ्खल सन्तान था शाहज़ादियों के पास आने में वह अपने हृदय में कुछ भी सङ्कोच न करता था। दालिया का स्वभाव बड़ा ही हँसोड़, सरल, कौतुक-प्रिय और उद्दण्ड था। वह सब अवस्था में निडर रहता था। वह रात भर सघन अरण्य में पर्वतों के शिखरों पर निर्द्वन्द्व विचरा करता था।

---

* थलु मुहर को कहते हैं।

एक दिन प्रातःकाल दालिया के आने पर ज़ुलेख़ा उसका हाथ पकड़कर कहने लगी, "दालिया! इस देश के जो राजा हैं उन्हें तुम दिखा सकते हो?"

"क्यों नहीं दिखा सकता? पर यह तो बताओ कि तुम उन्हें देख कर क्या करोगी? ज़ुलेख़ा ने कहा मेरे पास एक जहर का बुझा हुआ ख़ंजर है। उसे मैं राजा के सीने में घुसेड़ना चाहती हूँ।"

ज़ुलेख़ा की बातें सुन कर दालिया पहले तो कुछ अचम्भे में आया। फिर ज़ुलेख़ा की हिंसा-पूर्ण आकृति देखकर उसके मुँह पर मुस्कुराहट आ गई मानो इस प्रकार की रहस्य-पूर्ण बातें उसने इसके पहले कभी सुनी ही न थीं। यह परिहास अवश्य शाहज़ादी के योग्य था। यदि सचमुच ही कहीं राजा साहब के दुर्भाग्य से उनकी ज़ुलेख़ा के साथ भेंट हो गई, और इसने निज प्रतिज्ञानुसार उनका सत्कार किया, तो उस समय राजा महाशय कितने आनन्दित होंगे और उस समय उन्हें क्या सूझेगी, यह सोच कर दालिया क़हक़हा मार कर हँसने लगा।

[५]

ऊपर लिखी हुई घटना के दूसरे ही दिन रहमतन्नों ने चोरी से ज़ुलेख़ा को एक पत्र लिखा कि—"आराकान के नवीन महाराज मछुवे के झोंपड़े में दोनों बहिनों के रहने का पता पा चुके हैं। वे छिपकर अमीना को देख भी आये हैं और उसे महारानी बनाने के लिये जल्द राजमहल में लायेंगे। बदला लेने का इससे बढ़ कर और मौक़ा न दस्तयाब होगा।

पत्र पढ़ कर ज़ुलेख़ा, दृढ़ता से अमीना का हाथ पकड़ कर कहने लगी—"ख़ुदा की मर्ज़ी तो साफ़ मालूम हो रही है।

अमीना, अब नादानी मत कर। अब अपनी ज़िन्दगी के फ़र्ज़ को अदा कर। लड़कपन छोड़ दे।"

दालिया भी वहीं उपस्थित था। अमीना ने देखा, वह बड़े ही कौतुक के साथ हँस रहा है। उसकी उस हँसी से अमीना मर्म्माहत होकर कहने लगी—"जानते हो, दालिया! मैं आज महारानी बनने जाती हूँ।"

दालिया ने हँसते हँसते कहा—"बहुत देर के लिये तो नहीं न?"

अमीना पीड़ित और विस्मित चित्त से सोचने लगी—'इस जंगली हिरन के सङ्ग आदमी का सा बर्ताव करना मेरी भूल है।" फिर भी अमीना से न रहा गया। दालिया को और भी सचेत करने के लिये वह यों कहने लगी—"दालिया, क्या राजा को मारने के बाद मैं फिर लौटकर तुझसे मिल सकूँगी?"

[६]

बहुत बाजे, गाजे, हाथी, घोड़े, लश्कर के साथ राजमहल से दो बहुमूल्य पालकियाँ दोनों बहनों के लिए आगईं।

अमीना ज़ुलेख़ा के हाथ से उस छुरे को लेकर भली भाँति देखने लगी। एक बार अपने हृदय स्थल पर रख कर उसने उसके धार की परीक्षा ली। जीवन मुकुल के वृन्त के पास एक बार स्पर्श कराके उसे फिर उसने म्यान में धरके कपड़े के भीतर छिपा लिया। अमीना की अत्यन्त इच्छा थी कि मृत्यु यात्रा के प्रथम एक बार दालिया से और भी भेंट हो जाय तो उत्तम है। किन्तु कल सायंकाल से दालिया का कहीं भी पता नहीं है। दालिया जो कल हँस रहा था, क्या उसके संग अभिमान की ज्वाला तो नहीं छिपी थी?

पालकी पर चढ़ने के पहले अमीना ने अपने बचपन के आश्रय को प्रबल अश्रुधाराओं से तर आँखों से एक बार देखा। अमीना रोती मछुवे का हाथ पकड़कर कहने लगी—"बूढ़े बाबा! मैं तो जाती हूँ। तिन्नी के न रहने से तेरा घर अब कौन सँभालेगा।" मछुवे ने बालकों की भाँति रोना शुरू कर दिया। अमीना बोली—"बाबा, अगर दालिया आवे तो यह अँगूठी उसे दे देना और कहना अमीना जाते वक़्त तुझे दे गई है।"

इतना कह के अमीना झट पालकी में जाकर बैठ गई। राज-कर्मचारी लोग धूमधाम से अपनी होने वाली रानी को लेकर चलते हुए। अमीना की वह पर्ण-कुटी, वह नदी-तीर, वह तरु-तल, सब अन्धकार में लीन हो गया।

यथा समय पालकी राजमहल के अन्दर जा पहुँची। दोनों बहनें पालकी से उतारी गईं। अमीना के मुँह पर न तो हँसी है, न आँखों में आँसू हैं। ज़ुलेख़ा की सूरत फीकी पड़ गई है। जब तक कर्तव्य-क्षेत्र दूर था तब तक उत्साह की तीव्रता थी। अब ज़ुलेख़ा कम्पित-हृदय से अमीना को गले लगा कर सोचने लगी—"आज इस खिले हुए गुलाब को किस ख़ून की नदी में बहाने जाती हूँ।

पर अब कुछ सोच विचार करने का समय नहीं रहा। परिचारिकायें दोनों बहनों को उस कमरे में ले गईं जिसमें राजा साहब उनकी अपेक्षा कर रहे थे। द्वार के समीप जाकर अमीना थोड़ी देर के लिये ठहर गई और बोली, "बहन!" ज़ुलेख़ा ने उसे चट गले से लगा लिया।

अन्त में दोनों बहनें कमरे के भीतर गईं। राजा साहब मसनद पर राजसी ठाठ से बैठे थे। अमीना तो मारे लज्जा के द्वार के पास ही खड़ी रह गई। पर ज़ुलेख़ा बीबी आगे

बढ़ गईं और राजा के पास जाकर चिल्ला उठी—"दालिया!"

अमीना इस आश्चर्य्यमय दृश्य को देख वहीं मूर्छिता हो कर गिर पड़ी।

चेत होने पर अमीना ज़ुलेख़ा की ओर और ज़ुलेख़ा दालिया की ओर देखने लगी। दालिया दोनों का मनोगत भाव समझ कर हँसने लगा। वह कहने लगा—"मैं वही दालिया हूँ जो तुम लोगों के चूल्हे का मुँह फूँका करता था!"

भाई-बहिन।

आज नाटी इमली का भरत-मिलाप है। पं० महादेव प्रसादजी अपने पोता पोती को लेकर मेला देखने को जा रहे हैं। दोनों भाई बहन दादा के दोनों हाथ पकड़ कर बड़ी खुशी के साथ जा रहे हैं। भाई का नाम चाहे जो हो पर रंग खूब गोरा होने से सब लो उसे साहब कह कर पुकारते हैं। साहब की उमर कोई ग्यारह साल की है और तउसकी बहन की उमर कोई छः सात वर्ष की होगी। उसका पड़प तो गंगादेई है पर लोग प्यार से उसे गंगिया कहा करते तीव्रता कृ आने की पूंजी लेकर गंगा मेला देखने चली थी। लगा कर गरोसे जो चीज़ें देखती थी उसी पर टूट पड़ती थी। किस खून भोलेपन पर साहब बिचारे को बड़ी हँसी आती पर अब कु दस बारह चीज़ों का नाम लेकर कहने लगी, परिचारिकायें देंगी, वह मोल लूँगी" तब साहब ने कहा—वाह राजा साहब उनको तो कुल तीन चार पैसे हैं तुम इतनी चीज़ें अमीना थोड़ी देर के लि पास बहुत से पैसे हैं। मैं सब कुछ जुलेखा ने उसे चट गले अमरूद, रेवड़ी, नानखताई, वगैरः।

अन्त में दोनों बहनें क बात का कुछ भी प्रभाव न पड़ा मसनद पर राजसी ठाठ से ब से कहा करती थी—"बेटी तुम के द्वार के पास ही खड़ी रह ग चीज़ों में पैसा से कमती

हिस्सा लेना चाहिए।" माँ की ये बातें गंगा हमेशा ध्यान में रखती थी। और उसे यह भी दृढ़ विश्वास था कि मैं चार ही पैसे में सब मोल ले सकती हूँ। इन सब कारणों से साहब का हौसला पूरा न हुआ। जिसके हृदय में संतोष है उसी ने सब कुछ भर पाया। सब को सब है और मेरा कुछ नहीं है, यह बात उसे कभी दुःख नहीं दे सकती। अपनी अवस्था पर सन्तुष्ट रहना और उसीके अनुसार चलना बुद्धिमानों का काम है।

साहब गंगा की मूर्खता की बातें दादा से कहने लगा। वह बिचारे साहब के मतलब को न समझ कर बोले—"हाँ बेटा पहले मेला देख लो, फिर लौटते समय ले देंगे।" लाचार होकर साहब मदरसे के मोलवी जी की तरह अथवा स्कूल के नीचे दरज़ों के मास्टरों की भाँति बहन को समझाने लगा। गंगिया के चार पैसे अपने हाथ में लेकर एक एक चीज़ का नाम कहता हुआ वह एक एक पैसा गंगा को दे कर बोला—"लो हो न गया! चार पैसे में चार ही चीजें मिलेंगी कि ज्यादा?" फिर साहब अपना सब पैसा एक हाथ में ले कर एक एक चीज के नाम से दूसरे हाथ पर रखता गया, और बोला, देखो मैं तो सब चीजें ले सकूँगा न, तब बिचारी गंगादेई बड़े भोलेपन से भाई के मुँह की ओर ताकती हुई बोली "तो क्या उसमें से थोड़ा सा मुझे भी न दोगे भय्या?" गंगा की इस बात पर साहब को लज्जित होना पड़ा। मेला देखकर अपनी इच्छानुसार चीज़ें लेकर भाई-बहन दोनों पिता के संग घर लौट आये।

[२]

एक दिन शाम को साहब के बड़े भाई श्रीराम दिये के उजियाले में बैठ कर किताब पढ़ रहे थे। इतने में साहब और

Missing Page

बात का प्रभाव मनुष्य पर पड़ जाता है। बड़े होने पर वह उसी के अनुसार व्यवहार करता है। यदि तुम अभी से देशी चीज़ें काम में लाओगे तो मैं स्वदेश की बनी हुई कोई उत्तम चीज़ तुम्हें इनाम दूँगा।"

* * * *

ऊपर लिखी हुई बातों को हुए आज कोई बीस वर्ष हो गये हैं। अब पण्डित बेनीमाधव शरण बी. ए. एल. एल. बी., बनारस के एक नामी वकीलों में से हैं। यद्यपि बनारस में कई अच्छे अच्छे पुराने वकील हैं किन्तु देश की भलाई के सब कामों में अगुआ होने से बेनीमाधव सबसे ऊपर हो रहे हैं। उन्होंने निज व्यय से "मातृभाण्डार" नामक एक बहुत बड़ी दुकान खुलवाई है। उसमें हर मनुष्य के काम लायक़ सब स्वदेशी चीज़ें मिलती हैं। पं० श्रीराम अपने छोटे भाई में इस भाँति स्वदेश-प्रेम और अपने उपदेश का प्रभाव देख कर बहुत ही सुखी होते हैं।

गंगादेई भी ग्यारह वर्ष की अवस्था में एक ज़मींदार की पतोहू हो गई। उसके पति भी एक देशहितैषी सज्जन हैं। अब गंगादेई अपने घर की मालकिन हुई है और अपने पति के सद्गुणों और अच्छे कामों की सहकारिणी बनी है।

तिल से ताड़

[१]

बाल्यावस्था से सुनते आते हैं कि किसी चीज़ को छोटी जानकर उसकी उपेक्षा करनी उचित नहीं है। बहुतेरों ने तो इस बात को बहुत से दृष्टान्तों के द्वारा प्रमाणित किया है। एक तुच्छ आग की चिनगारी से कितने ही बृहत् नगर भस्म हो जाते हैं। एक तुच्छ बीमारी मनुष्य की मृत्यु का कारण हो जाती है। एक क्षुद्र झूठी बात से कितने मनुष्यों का सर्वनाश हो जाता है। इसी भाँति 'तिल से ताड़' की सृष्टि होती है। हमारे हाथ से जिस भांति 'तिल से ताड़' हुआ था, सो हम आज तक नहीं भूले हैं।

आज से कोई बीस वर्ष पहले कुछ विशेष सरकारी काम के लिए हम लोगों का मुहकमा, बंगाल गवर्नमेंट से बंबई गवर्नमेंट में, बदल गया। बङ्गाली सहज में अपनी मातृभूमि को छोड़ना नहीं चाहते। परन्तु यौवनावस्था के उमङ्ग और भविष्यत् में गौरव पाने की उज्वल आशा में मुग्ध हो हम लोग—कई एक बंगाली युवक बम्बई प्रान्त में जासूसी करने पर राज़ी हुए। पूना में हम लोगों का सदर मुक़ाम हुआ। सरकारी काम के लिए हमको अकसर देहात में घूमना पड़ता था। थोड़े ही दिन में हम अच्छे जासूस कहलाने लगे। किसी काम में यश लाभ करना तो भाग्य के ऊपर निर्भर है।

हम भाग्यवान् थे कि नहीं सो तो नहीं मालूम। किन्तु अपने महकमे में हम बड़े होशियार आदमी समझे जाते थे।

पूस के महीने में एक दिन, सबेरे मैं अपने कमरे में बैठा था। अचानक हमारे बड़े साहब का एक पत्र मुझको मिला। पत्र तीनही पंक्तियों में समाप्त हुआ था। उसमें साहब ने हुक्म दिया था कि तुम अभी डाक्टर शंकरनारायण पाठकर से मिलो। यद्यपि डाक्टर पाठकर से मेरा परिचय न था। पर पूना में कौन उनको नहीं जानता ? पूना के देशी डाक्टरों में उनकी तरह सम्मान और आमदनी किसी को न थी।

शीघ्र एक ताँगा मँगाकर आध घन्टे के भीतर मैं डाक्टर पाठकर के घर पर पहुँचा। कार्ड भेजने पर डाक्टर स्वयं आकर अपनी नवीन हवेली की एक बड़ी सी निराली कोठरी में मुझे ले गये। मुझको यह विदित न था कि मैं किस लिए यहाँ पर आया हूँ। पर डाक्टर से हाथ मिलाते समय मैंने उनके मुख पर तीक्ष्ण दृष्टि डालकर अनुमान कर लिया कि वह किसी भारी विपद् में फँसे हैं। उनके चित्त में जो चिंता के समुद्र बह रहे थे उसकी दो चार लहर उनके मुख पर स्पष्ट दिखाई दे रही थीं। मैं एक कुर्सी पर बैठ गया। एक कुर्सी लेकर डाक्टर भी मेरे सामने बैठ गये।

डाक्टर पाठकर कहने लगे "कल रात को एक ऐसी घटना हुई है जिससे हमारे ऊपर मानो विपत् का पहाड़ टूट पड़ा है। हम क़रीब बीस वर्ष से डाक्टरी कर रहे हैं पर ऐसी विपत् में हम और कभी न फँसे थे।"

मैंने उत्सुक होकर पूछा "क्या मामिला है ? जी खोलकर कहिए यदि मुझसे कुछ प्रतिकार हो सकेगा तो मैं उसके लिए कुछ उठा न रक्खूंगा।"

डाक्टर फिर कहने लगे "इस शहर में गोविन्दराव

सिन्धे एक बड़े जागीरदार थे, कुछ दिन से उनको बुख़ार आता था। मैं ही उनका फेमिली-डाक्टर हूँ। कल रात को उनकी मृत्यु होगई। अत्यन्त शोचनीय मृत्यु! मैंने कल रात को उनका ज्वर छुड़ाने के वास्ते एक दवा भेजी थी, उसके सेवन करने से मृत्यु हुई है। दवा में विष मिला हुआ था, ऐसा जान पड़ता है। क्या मेरी आप बात समझ रहे हैं?"

मैंने कहा "हाँ समझ रहा हूँ। वह दवा आपने हाथ से बनाई थी?"

"जी हाँ।"

"क्या आप सब दवायें अपने हाथ से बनाते हैं?"

"नहीं जब हमारा कम्पाउन्डर कार्यवश नहीं रहता तब हमी दवाएँ बनाते हैं। कल रात को जब सिन्धे साहब की दवा बनाने की आवश्यकता हुई तब हमारा कम्पाउण्डर हाज़िर नहीं था। हमने दवा तैयार करके सिन्धेजी के नौकर बाबाजीराव जोशी के हाथ उनके घर पर भेजवा दिया। न जाने दवा में ज़हर कहाँ से आ गया। हमारी बुद्धि कुछ कामही नही करती है। इस मृत्यु में अवश्य कुछ गुप्त रहस्य है। यदि आप उस रहस्य को खोलकर हमारी निर्दोषता प्रमाणित कर सकें तो मैं आजीवन आपका बेदाम का दास हो जाऊँगा। संभव तो यह है कि मैं ही अपराधी कहला कर दौरेसुपुर्द होजाऊँगा। इस वृद्धावस्था में मान सम्मान सब कुछ तो गया। ऊपर से ख़ूनी कहलाऊँगा।"

वृद्ध डाक्टर की आवाज़ अत्यंत उद्वेगपूर्ण और कातर थी।

मैं कहने लगा "आप घबड़ाइए मत। विपद् में अधीर न होना चाहिए। अवश्य इस हत्या में बहुत से भेद भरे हैं। आप सब हाल तो साफ़ साफ़ कहिए।

डाक्टर कहने लगे "सिन्धे साहब को कुछ दिनों से ज्वर आता

था। वह हमरे एक संभ्रान्त मित्र थे। मैं कल संध्या को जब उन्हें देखने गया, तब भी उनको ज्वर था। मैं कह आया था कि ज्वर छुड़ाने के लिए मैं एक दवा भेजूँगा। तीन तीन घंटे के बाद उसे सेवन करना होगा। घर में आकर मुझे दवा भेजने में कोई रात के दस बज गये। रात ग्यारह बजे जब मैं खा पीकर सो रहा था तब सिन्धे साहब के एक सवार ने आकर ख़बर दी कि उनकी बीमारी बहुत बढ़ गई है। वह छट-पटा रहे हैं। आपको उन्होंने शीघ्र बुलाया है। मैंने चट गाड़ी तैयार कराने को कहा। मेरे मन में कुछ संदेह सा हुआ। रात को आठ बजे मैं उनको जैसा देख आया था उससे तो एकाएक बीमारी बढ़ जाने की आशङ्का न थी। कोई पन्द्रह मिनट के बाद मैं उनके घर पर पहुँच गया। सिन्धे साहब के शयना-गार में जाकर मैंने देखा कि वह बिछौने पर तड़फ रहे हैं। मैं एक तरफ़ उनके बिछौने पर बैठ गया। उन पर हाथ रखकर देखा तो शरीर ठण्डा मालूम हुआ। साथही सारा शरीर पसीने से तर था। नाड़ी देखने से विदित हुआ कि इनकी मृत्यु में अब देर नहीं है। सिन्धे साहब को उस समय होश था। मुझको देखकर कहने लगे "डाक्टर! हम तो भाई अब बचेंगे नहीं। मालूम होता है हम ज़हर खा गये हैं। तुम्हारी दवा में ज़हर? ऊह, बड़ी ज्वाला हो रही है। सम्पूर्ण शरीर जला आ रहा है।" वह और कुछ न कह सके। उनके हृदय की गति थम गई। आँखें ऊलट गईं। दोही एक मिनट में, उनके रोगयन्त्रणामय देह-पिंजर से प्राण-पक्षी उड़ गया।"

"मैं किंकर्त्तव्यविमूढ़ होकर कुछ देर तक अवाक् सा हो रहा। सम्पूर्ण घटना मुझको भूतलीला सी मालूम होनेलगी।"

"मैंने उनके कमरे में ही जाकर एक अजब अनुभव किया था। उनके लक्षणों को देख कर मैं स्पष्ट समझ गया कि किसी

प्रकार के तीव्र एसिड सेवन से उनकी मृत्यु हुई है।"

[२]

डाक्टर पाठकर फिर लंबी साँस लेकर बोले—"मैंने सबसे पहले उस दवा की परीक्षा की जो मैंने सिन्धे साहब को दी थी। तीन खूराकों में एक खूराक खर्च हुई थी। बाक़ी दो शीशी ही में थी। मैं शीशी का कार्क खोल उसे नाक के पास लेगया। उसे सूँघ कर तो मेरी बुद्धि ही जाती रही। दवा के संग भयङ्कर प्रूसिक एसिड मिला हुआ था। मैं धीरे से शीशी को रख के बाहर आया। मेरा सब शरीर पसीने पसीने हो गया था। मैंने फ़ौरन एक घुड़सवार को कोतवाली में ख़बर देने के लिए भेजदिया आध घंटे के भीतर सबइन्स्पेक्टर, आकर सब हाल लिख ले गये। ज़िले के डाक्टर साहब ने आकर लाश की जाँच की। उन्होंने भी कहा कि प्रूसिक एसिड ही इनकी मृत्यु का एक मात्र कारण है।"

"डाक्टर साहब ने मुझ से कुछ विशेष बातें न पूछ कर जो कुछ ज़रूरी नोट करना था सो कर लिया। धनी मनुष्य की लाश होने के कारण वह सरकारी हास्पिटल में नहीं पहुंचाई गई। हवेली में पुलिस का पहरा बैठाया गया है। अभी तक मृत देह का संस्कार नहीं हुआ है। आज दिन के तीन बजने के समय करोनर की परीक्षा होगी। करोनर तथा जूरी न जाने क्या निश्चय करेंगे! डाक्टर तथा औरों का शक हम्हीं पर है। हमारी इतने दिन की मान सम्भ्रम प्रतिष्ठा सभी मिट्टी होगई।" डाक्टर पाठकर मेरा हाथ पकड़ कर आवेग से कहने लगे "हमारे मान यश की रक्षा कीजिए! हमारा सर्वस्व लेकर हमारी प्रतिष्ठा बचाइए। और नहीं तो यही बताइए कि किस भाँति मरने से मेरा मान सम्भ्रम अटूट रह सकता है। मरने

को हम नहीं डरते "महाराष्ट्र ब्राह्मण" मृत्यु को नहीं डरते।"

"मैं बंगाली; और डाक्टर, महाराष्ट्र; भिन्न भिन्न प्रदेश के होने पर भी हम और वह दोनों एकही जाति अर्थात् ब्राह्मण और एकही देश के रहनेवाले थे। इसीसे डाक्टर के संग सहानुभूति से मेरा हृदय पूर्ण हो गया। फिर निर्दोष को दण्ड देना क़ानून में भी नहीं है। बहुत दिन से मैं जासूसी कर रहा हूँ। क्या मुझ में अभी तक मनुष्य को पहचानने की शक्ति नहीं हुई है? डाक्टर निर्दोष हैं यह मैं उनके आँखही से जान गया था। मैंने मन में प्रतिज्ञा करली जैसे होसके डाक्टर को बचाना। प्रकट में कुछ न कहकर अँधेरे में ही रास्ता टटोलने लगा।"

"मुझे और भी काम थे इससे मैंने डाक्टर से कहा "आप के तक़ाज़ा करनेवाले नौकर को मैं एकबार देखना चाहता हूँ।"

डाक्टर महाशय ने पुकारा "राघोबा"

सिर पर बड़ी सी पगड़ी रक्खे और मिरज़ई पहने अरदली राघोबा ने आकर डाक्टर को सलाम किया।

डाक्टर ने उसे तक़ाज़ा करनेवाले को बुलाने के लिए कहा।

प्रायः पाँच मिनट के बाद कोई पचीस वर्ष का एक युवक हमारे समीप आकर खड़ा हो गया। उसके सिर पर बड़े बड़े बाल थे, मूँछ और डाढ़ो से मुँह भरा हुआ था। सच तो यह है कि इतने बड़े डाढ़ी मूँछवाले मनुष्य को मैंने कभी नहीं देखा था। डाढ़ी मूँछों से वह कुछ अधिक वय का मालूम होता था। मैंने तीक्ष्ण दृष्टि से उसकी ओर देखा। इस हत्या-रहस्य के सम्बन्ध में कोई चिह्न उसके अपरिवर्तनीय भाव में देख सकूँ इसी लिए फिर से दो तीन बार उसे शिर से पैर तक अच्छी तरह से देख लिया। युवक हमारे उस मर्म्मभेदी कटाक्ष से किञ्चित् मात्र संकुचित न होकर दृढ़ता से खड़ा रहा।

मैंने उसका नाम पूछा, उसने चट पट, निज नाम, रहने के स्थान और जिले का परिचय देडाला। उससे मैं कुछ विशेष बात नहीं पासका। उसने कहा कि मैं दवा लेजाकर सिन्धे साहब के नौकर रघुवीर के हाथ दे आया था। उसने यह भी कहा कि जब मालिक ने मुझे दवा की शीशो दी, उस समय उनमें कुछ अधीरता के लक्षण नहीं पाये गये थे।

मैंने एक बार फिर से उसके सिर से पैर तक देख कर कहा "अच्छा तुम अब जा सकते हो" वह उसी क्षण सलाम करके चला गया।

हम दोनों ही को विश्वाश हुआ कि सिन्धे साहब के प्राणनाश में इस नौकर का कुछ संबन्ध नहीं है, इस हेतु उसके चले जाने के साथ ही हम लोग उसकी बातों को भूल गये।

कुछ देर पीछे मैंने डाक्टर से पूछा "सिन्धे साहब के नौकर लोग विश्वासी हैं न? उनके घर में कौन कौन नौकर हैं?" सब नौकर लोग सिन्धे साहब को अपने माँ बाप की भाँति जानते थे। उनकी भाँति दयालु मालिक वे लोग और कहाँ पावेंगे?" मैंने पूछा उनके घरवालों में अब कोई है कि नहीं? "उनकी स्त्री बहुत दिन हुए मर गई। वह निःसन्तान थीं। सिन्धे साहब ने फिर विवाह नहीं किया था। रत्नागिरि में उनकी एक विधवा बुआ है। और एक असच्चरित्र गवाँर भाई; उसका भी तीन चार वर्ष से कुछ पता नहीं है।" यह डाक्टर का उत्तर था।

मैंने पूछा "क्या यह भाई ही उनका एक मात्र उत्तराधिकारी है?"

डाक्टर ने उत्तर दिया "हाँ, यदि जीता है। और तब, जीवित रहने पर वह इस दुर्घटना को सुन कर अवश्य आवेगा। सिन्धे साहब की मृत्यु छिपी थोड़ी ही रहेगी। और पचास

हज़ार आमदनी की जागीर की उपेक्षा करना सम्भव नहीं है।

"ये बातें तो ठीक हैं" कह कर मैं खड़ा हो गया और मैंने कह दिया कि करोनर की जाँच होने के पहले मुझको ख़बर दीजियगा। आप निराश मत होइए। जासूसी करने में मैं बालक नहीं हूँ। अपराधी को पकड़ने का मैं उपाय शीघ्र ही मुझमें जितनी शक्ति है उसे मैं आपके लिये ख़र्च करूँगा।"

डाक्टर ने कृतज्ञतापूर्वक मुझसे हाथ मिलाया। मैं भी भांति भांति की चिन्ता रूपी लहरों में डूबता उतराता अपने डेरे पर लौट आया।

[२]

मैं यथा समय आफ़िस में आया। परन्तु मेरा मन उसी चिंता सागर में डूबा हुआ था। हत्यारे के पकड़ने में जो कुछ बातें जानी गई हैं उनसे मेरा रास्ता कुछ भी साफ़ नहीं हुआ। डाक्टर के प्रतिकूलही सब प्रमाण हैं। जूरी लोग एक बारही कहेंगे कि डाक्टर ने दवा तैयार करते समय जान अथवा अनजान से उसमें ज़हर मिलाया है। और वही दवा रोगी के मरनेका कारण हुई है। डाक्टर का भविष्यत् अन्धकारमय दिखलाई दे रहा है।

दिन के दो बजे आफिस में बैठा था कि डाक्टर का एक पत्र पाया। उन्होंने तीन बजे के समय हमको स्मिथ साहब के घर पर जाने के लिए विशेष अनुरोध किया था। उसमें लिखा था कि इस विपत् समुद्र में मैं ही उनका एक मात्र आधार हूँ। फिर अन्त में लिखा था कि और एक नई ख़बर यह है कि हमारा तक़ाज़ा करने वाला नौकर आपके इजहार लेने के पीछे ही न जाने कहाँ चला गया है, हमारे यहाँ उसका एक

बेग था उसे भी लेता गया है। उसके चले जाने के साथ इस भेदमय हत्या का कुछ सम्बन्ध है वा नहीं सो तो मैं नहीं जानता किन्तु इस घटना से सबके मन में यह बात उत्पन्न होगी कि मैंने ही अपने किसी गुप्त अभिप्राय को सिद्ध करने के लिए उसे कहीं छिपा दिया है। उस के पकड़ने का यदि कुछ उपाय हो तो कृपा कर कीजिये, हम देखते हैं ईश्वर हम पर सब भाँति प्रतिकूलही है।

पत्र पढ़कर "नौकर के भाग जाने का क्या कारण है मैं जान सकता हूँ?" यही बात मैं सोचने लगा। उसके संग इस हत्याकाण्ड का क्या सत्य ही कुछ सम्बन्ध है? किसी स्वार्थी के कहने से लोभवश उसने यह हत्या तो नहीं की? कुछ भी समझ में नहीं आया। ढाई बजने के समय मैं अप्रसन्न-मन सिन्धे साहब के घर पहुंचा।

डाक्टर पहले से ही वहाँ आये थे किन्तु कारोनर व जूरी लोग तब तक नहीं आये थे। डाक्टर के मलिन मुख को देख कर मुझे बड़ा दुःख हुआ, मैंने उनसे कहा कि इतने थोड़े समय में मैं उनके नौकर की कुछ खोज न कर सका।

डाक्टर पानी से भरे हुए बादल की भाँति गम्भीर होकर कहने लगे "जो कुछ थोड़ी आशा थी, वह भी जाती रही, अब मेरे बचने का कोई उपाय नहीं है।"

डाक्टर को समझाना वृथा जान, मैं चुप हो रहा। इतने ही में जूरियों के सहित कारोनर मिस्टर म्याकार्थी आये। डाक्टर और मैंने चुपके से कारोनर का अनुसरण किया।

जूरी लोग नियमानुसार प्रतिज्ञा कर विचार करने बैठे, गवाहों का इज़हार होने लगा। गवाह बहुत न थे, डाक्टर पाठकर, एक घुड़सवार, एक नौकर और सिन्धे साहब के नवागत भ्राता—जागीर के वर्त्तमान अधिकारी 'भिजाजीराव

सिन्धे, बस यही चार आदमी थे।"

सवार और नौकर के इज़हार में विशेष कुछ बातें नहीं मिलीं। उन लोगों के इज़हार के पश्चात् डाक्टर का इज़हार लिया गया। कारोनर उनसे जिस भाँति सवाल कररहे थे उससे मुझे स्पष्ट मालूम हुआ कि वह डाक्टर को ही अपराधी समझ रहे हैं। उनको विश्वास हो रहा था कि जानकर वा भ्रम से दवा के साथ तीव्र विष मिलाकर वह सिन्धे साहब की मृत्यु के कारण हुए हैं। डाक्टर कारोनर की बात समझ गये। वह इज़हार हो जाने के पीछे अधीर होकर बैठगये। छूटने की आशा उनके हृदय से लुप्त होगई। उस बिचारे के लिये मैं बड़ा ही व्याकुल हो रहा था। आखिरी गवाह भिखाजीराव सिन्धे थे।

भिखाजीराव पच्चीस छब्बीस वर्ष के युवक हैं। डाढ़ी मूंछ साफ़ हैं। सिर पर भी बाल नदारद, उस पर सच्चा जरी की हासियादार पगड़ी एक लम्बा सा रेशमी कोट एक चौड़े किनारे का नागपुरी दुपट्टा, वैसी ही धोती और मराठी जूता वे पहने हुए थे।

भिखाजीराव इज़हार देने के लिये खड़े हुए। उनका स्वर कुछ दबा हुआ था। वे अंग्रेजी कम जानते थे इसलिये मराठी में ही इज़हार देने लगे। उनकी बात का भावार्थ यह था कि तीन वर्ष पहले वह विदेश गये थे इतने रोज तक भिन्न भिन्न शहरों में भ्रमण कर रहे थे। प्रायः दस दिन हुए कि वे बम्बई में आकर अपने किसी धनी नातेदार के यहां ठहरे थे। उसी दिन सबेरे पूना आये हैं। आतेही अपने भाई की मृत्युका समाचार सुना है उनके भाई के आत्म—हत्या करने का कोई कारण न था इस दुर्घटना का कुछ दूसरा ही कारण हो सकता है। पर उनको विदित नहीं है। उनका यह विश्वास है कि भाई के मारने में डाक्टर पाठकर का कुछ स्वार्थ नहीं है।

इतना कह कर फिर कारोनर के पूछने पर कहने लगे " देश से चले जाने का कारण और कुछ न था, केवल भ्रमण करने के हेतु ही विदेश गया था, उनका भाई के संग कुछ वैमनस्य न था। ज़मीदारी उनके पिता की नहीं है, भाई ने अपने ससुराल से पाई थी। उनका दूसरा कोई अधिकारी न होने के कारण अब वही उत्तराधिकारी हुए हैं। भाई के फिर विवाह करने की इच्छा थी या नहीं, सो वह नहीं जानते। वह किसी बालक को गोद लेने की इच्छा रखते थे या नहीं सो भी उनको विदित न था। यदि सिन्धे साहब के कोई पुत्र वर्तमान होता तो यह जायदाद उनको मिलने की कुछ सम्भावना न थी। मृत सिन्धे साहब उनको जिस भांति चाहते थे इससे वह वसीयत करके अवश्य कुछ धन अपने छोटे भाई को दे जाते। मरने के पहले सिन्धे साहब ने अपनी सम्पत्ति का कुछ दान-पत्र लिखा है वा नहीं, यह खबर वह नहीं रखते। रुपये पैसे को वह मिट्टी के बराबर समझते हैं बाहर रहने के हेतु उनके व्यय के वास्ते उनके बड़े भाई भेजते थे। इसमें वह कृपणता नहीं दिखलाते थे।

भिखाजीराव का इज़हार ख़तम हुआ। कारोनर जूरियों से परामर्श लेने के हेतु उठ खड़े हुए।

[४]

मैं गवाहों का इज़हार मन लगा कर सुन रहा था। क्या मैं भिखाजीराव को कहीं पर पहले देख चुका हूँ? स्मरण नहीं हुआ, पर यह शख़्स मुझसे अपरिचित नहीं है। तीक्ष्ण दृष्टि से मैंने भिखाजी को सिर से पैर तक लक्ष किया! भिखाजी के भीतर से बाहर जाते ही मैं आगे बढ़ कर खड़ा हो गया

और दृढ़ता से कारोनर से कहा।

"कारोनर महाशय! आप इस जाँच को मुलतवी रक्खें, मैं नया गवाह दूँगा?"

कारोनर विस्मयपूर्ण दृष्टि से हमको देखने लगे। उन्होंने पूछा आप कौन हैं? इस मुक़द्दमे को मुलतवी कराने का आप को क्या अधिकार है?"

"मैं एक सरकारी जासूस हूँ। सिन्धे साहब की मृत्यु ज़हर खाने से हुई है। इस हत्या का भेद खोलने के लिए मैंने भार लिया है। सत्य और न्याय के अनुरोध से मैं आज की पेशी मुलतवी रखने की प्रार्थना करता हूँ। मैं हत्याकारी का सन्धान पा गया हूँ।

सहसा हमारी दृष्टि डाक्टर के मुँह पर जा पड़ी। घने बादल से घिरे हुए आकाश में क्षण भर के लिए सूर्य्यकिरणों से आलोकित होने पर प्रकृति जैसी उज्ज्वल हो जाती है उसी भाँति डाक्टर के मुख पर भी प्रसन्नता का भाव लक्षित हो रहा था। भिखाजीराव वज्राहत की भाँति स्तम्भित हो कर खड़े रहे।

कारोनर कहने लगे "आप के नये गवाह कहाँ हैं? उन लोगों के द्वारा किस बात का प्रमाण मिलेगा?।"

मैंने गम्भीर स्वर से उत्तर दिया "गवाह स्वयं भिखाजी-राव सिन्धे हैं। भिन्न मूर्त्ति में यह अपने भाई गोविन्दराव सिन्धे के हत्याकारी हैं। स्वेच्छा से सम्पत्ति के लोभ में पड़कर जान बूझ कर नरहत्या की है।"

घर में बैठे हुए जितने मनुष्य थे सब कठपुतली की भाँति भिखाजी की ओर देखने लगे। कारोनर तीक्ष्ण दृष्टि से उसकी ओर देखने लगे। मेरी बातें सबको अत्यन्त रहस्य-पूर्ण मालूम होने लगीं। भिखाजी का मुँह पहले तो लाल और पीछे पीला

हो गया, तब भी वह सम्भाल कर कहने लगा ।

"बङ्गाली डिटेक्टिव ! तुम अपना बङ्गला मुलुक छोड़ कर क्यों महाराष्ट्रों को बहादुरी दिखाने आये हो ? तुम एक प्रतिष्ठित पुरुष पर अति कुत्सित और भयानक कलंक लगा रहे हो । यदि यह बात प्रमाणित न कर सके तो तुम क्या दण्ड पाओगे, शायद तुम उसे नहीं जानते ।"

"भेष बदल कर हमारे आँखों में धूल डालने की चेष्टा वृथा है। बातें बनाने से छुटकारा पाने की आशा करना भ्रममात्र है। बङ्गाली बुद्धिहीन नहीं हैं। इतना कह कर मैंने बनावटी दाढ़ी मोछ और बाल भिखाजी के सिर और मुँह में पहना दिया । भेष बदलने के लिए एक उत्तम "ब्रीफबेग" हम लोग सदैव अपने पास रखते हैं वह इस समय भी मेरे पास ही था ।

भिखाजी ने पहले तो बहुत कुछ आपत्तियां उठाईं, पर इतने मनुष्यों के सामने वह कुछ पेश न आई । मैंने उत्साह भरे शब्दों में डाक्टर से कहा "डाक्टर ! आप अपने विश्वास-पात्र नौकर को पहचानते हैं ?"

डाक्टर हँस कर कहने लगे "क्या भयानक बात है, भिखाजी रावने हमारे नौकर बन कर प्रुसिक-एसिड खिला कर सिन्धे साहब की हत्या की है ! यह बात तो मैं कभी कल्पना में भी नहीं ला सकता ।"

पर कल्पना में न आनेवाली बातें भी कभी कभी सत्य हो जाया करती हैं । भिखाजी के हाथ में उसी समय हथकड़ी डाल दी गई, अदालत के सामने उसके अपराध सहज ही में प्रमाणित हो गये । और पूना सेशन जज के इजलास से उसे फाँसी की आज्ञा हुई ।

* * * *

एक रोज़ डाक्टर मुझ से पूछने लगे "भिखाजी भेष बदल

कर मेरी नौकरी कर रहा था यह बात आपने कैसे जान ली ?"

मैंने कहा हम लोगों को ऐसे कामों में चारों ओर दृष्टि रखनी पड़ती है। भिखाजी से और बाबाजी से कुछ मत भेद है, इसे तो मैं पहले ही स्पष्ट समझ गया था, पर दोनों एक ही मनुष्य हैं,पहले मुझे यह विश्वास न था। भिखाजी की बायीं आँख के नीचे एक छोटा सा तिल देख कर मेरा सन्देह प्रबल हो गया। क्योंकि उसके पहले दिन मैं आप के नौकर बाबाजी की आँख के नीचे एक तिल को ताड़ चुका था। कारोनर के सामने उसे धीमी आवाज़ से बातें करते देख मेरी पूर्व्व स्मृति जाग उठी। मैंने जिस भाति भिखारी को गिरफ़्तार किया है सभी पक्के डिटेक्टिव उसी भाँति असामी को पकड़ा करते हैं अवश्य उसने अपने भ्राता को मारने का सङ्कल्प पहले ही से स्थिर कर लिया था और पूना में आकर गुप्त रूप से वास करने के हेतु लम्बी लम्बी डाढ़ी मोछें और बाल रखाये था, क्योंकि बनावटी डाढ़ी मोछों से बहुत दिनों तक छद्मभेष में रहना असम्भव है।

इस घटना के पीछे डाक्टर पाठक और उनकी पत्नी श्रीमती नीरद बाई मुझे पुत्रवत् स्नेह और समय समय पर आमंत्रण देकर अनुगृहीत किया करती हैं। मैं प्रवास में कभी किसी का इतना स्नेह-भाजन हुआ था कि नहीं इसके कहने में मुझे पूर्ण सन्देह है।

गृह

इस संसार में "गृह" की सृष्टि करनेवाली एक मात्र नारी ही है। गृह से समाज, और समाज से, जाति की सृष्टि हुई है। गृह के द्वारा गृहस्थाश्रम और समाज के द्वारा जातीयजीवन का गठन हुआ है। और इनके गठित होने का मूल कारण केवल नारी ही हैं। क्या गृह, क्या समाज, क्या जातीयजीवन सब का प्रधान एक हेतु मात्र नारी ही कही जा सकती हैं। जिस नारी जाति को कोषकारों ने अबला नाम से पुकारा है, जिन कोमलाङ्गिनियों से एक फूल की चोट भी नहीं सही जा सकती है, भला फिर संसार का कोई कठिन काम उनके लिए कैसे हो सकता है? आधुनिक तत्त्ववेत्ता पण्डितों ने नारी आत्मा को अपूर्ण और अविकासित कहा है। क्या यही स्त्रियाँ गृह की मर्य्यादा स्थापन करनेवाली वा आदि-सृष्टिकारिणी हैं? क्या यही अबलाएँ गार्हस्थ्य और जातीयजीवन की प्रधान शक्ति रखती हैं! हाँ, यही नारीगण इस संसार की गृह सञ्चालिका होने की प्र[illegible] शक्ति रखती हैं। यदि कोई पूछे "गृह क्या है? उस[illegible] ईंट पत्थर काठ आदि के ढेर के अतिरिक्त और [illegible] है? मैं कहती हूँ इनके सिवा कुछ और भी [illegible] केवल ईंट, पत्थर, काष्ठादि का ढेर ही नहीं है [illegible]

[illegible] -जाति [illegible] की उन्नति [illegible] पूरा परिचय [illegible] है कि हमारे पूर्व [illegible] ते थे कि ना[illegible] गृह से

तो गृह के अस्थि-पञ्जर (ठट्टर) मात्र हैं। घर में बसने वाले कुटुम्बी ही इसके रक्त-मांस-मय शरीर हैं। और नारी ही गृहिणी रूप में गृह का प्राण है। जिस घर में दयावती करुणामयी जननी देवी नहीं है; जिस गृह में स्नेहमयी सहोदरा भगिनी नहीं हैं, जिस घर में मृदुहासिनी आनन्ददायिनी कन्या नहीं हैं, जिस घर में स्नेहमयी, स्वास्थ्यसम्पादिनी, सरस्वती स्वरूपा भार्य्या नहीं है, वह उजाड़ जंगल के समान ही है। यह कहावत " बिन घरनी घर भूत का डेरा " लोक में प्रसिद्ध ही है। मेरे उपर्युक्त कथन का समर्थन निम्नलिखित वाक्य भी करते हैं।

" माता यस्य गृहे नास्ति, भार्य्या च प्रियवादिनी।
अरण्यं तेन गन्तव्यं, यथारण्यं तथा गृहम् ॥"

अर्थात् जिसके गृह में माता नहीं है, जिनके गृह में प्रिय और मीठे वचन बोलने वाली प्रेमदायिनी पत्नी नहीं है, उन को अरण्य में वास करना ही सर्वथा उचित है क्योंकि उनके लिए घर और वन दोनों एक से हैं। इन्हीं उपर्युक्त बातों को ही किसी महात्मा ने इन शब्दों में कहा है " दोर्टे भोजन, मठे निद्रा " और मैं भी अनुरोध करती हूँ कि ऐसे व्यक्ति को उक्त वाक्य के अनुसार इस क्षणभंगुर जीवन को किसी न किसी प्रकार झट से काट देना ही उचित है।

मृत्यु के पीछे जीव शून्य शरीर जिस भांति अपवित्र हो जाता है वैसे ही स्त्री के बिना घर भी अशुद्ध सा हो जाता है। ...की हास्यरूपी चन्द्रिका से जिस गृह में प्रकाश नहीं होता ...का आँगन नारियों के कुसुम के समान कोमल चरणों ... नहीं होता, जिस घर की वायु नारियों में केश ...श्रित नहीं होती वह घर सर्वसम्पन्न होने पर ... है। उसे श्मशान ही कहना चाहिये। वह

घर मनुष्यों के रहने योग्य कदापि नहीं है। वह स्थान सर्वथा कुटिलात्मा, भूतप्रेतों के ही आश्रय योग्य है।

सुनिए, इस आर्य्यावर्त देश के मानवतत्त्वदर्शी महर्षिगण किस उदार और गम्भीर वाणी से घोषणा कर रहे हैं। "गृहिणी गृहमुच्यते" अर्थात् गृहिणी गृह है। केवल एक स्त्री के ही न रहने से घर घर नहीं कहा जा सकता। इस देशमें यदि किसी की स्त्री मर जाती है तो लोग प्रायः यही कहते हैं कि 'उस बेचारे का घर वा गृहस्थी बिगड़ गई' तो क्या और सब कुटुम्ब तो जीवित हैं न। माता, पिता, भ्राता, पुत्रादि तो सब हैं तब फिर घर कैसे उजड़ गया। गृहिणी का जो गृह से अटूट सम्बन्ध है, वह तो ऊपर लिखी बातों से भली भाँति स्पष्ट हो गया।

अब इस पर कोई कोई पाठक गण यह कह सकते हैं कि गृहिणी को गृह कहना तो एक साधारण बात है। हाँ ! मैं भी इस बात को सहर्ष स्वीकार करती हूँ। किन्तु इस साधारण सी बात में जो छिपा हुआ गूढ़ तत्व भरा हुआ है, वह उपेक्षा के योग्य नहीं। संसार के घटाटोप पर्दे के अँधेरे में कितनी ही ऐसी सूक्ष्म बातें छिपी हुई हैं जिनका उद्घाटन कर सर्व साधारण के सामने लाकर दिखलाना तत्ववेत्ता विद्वानों का ही काम है। मैं तो ऐसी योग्यता नहीं रखती हूँ कि उन सूक्ष्म (गुप्त) भेदों को स्पष्ट रूप से अङ्कित करके प्रिय पाठिकाओंको दिखाने की चेष्टा कर सकूँ।

"गृहिणी गृहमुच्यते" इस साधारण वाक्य में मानव-जाति की उन्नति का पूरा इतिहास भरा है तथा मनुष्य की उन्नति करने वाली नारी जाति की प्रबल शक्ति का पूरा परिचय पाया जाता है। मैं तो ऐसा विश्वास करती हूँ कि हमारे पूर्व आर्य्य ऋषी इस बात को भली भाँति जानते थे कि नारी गृह से

पृथक् नहीं हैं। चाहे महल हो चाहे झोंपड़ी, एक स्त्री के बिना वह ईंट पत्थर फूस का ढेर ही है।

मर्य्यादा-पुरुषोत्तम भगवान श्रीरामचन्द्रजी जब अपना राज पाट छोड़ सीताजी को लिये वन वन फिरते थे उस समय भी वे पूरे गृहस्थ थे। जब श्रीजानकीजी को दशानन हर ले गया तब अपने प्रिय अनुज लक्ष्मणजी के रहते भी वह यथार्थ बनवासी होगये और उसी समय से उन्हें बनवास के कष्ट का भी अनुभव होने लगा। आर्य्य महर्षिगण घोर वन में सामान्य कुटी में बास करके भी अपनी भाग्यवती पत्नियों के साथ में यथार्थ सुखी और आदर्शगृहस्थ थे। तात्पर्य्य यह कि नारी ही गृह का जीवन धन है, नारी ही गृहस्थाश्रम की एक मात्र अधिष्ठात्री लक्ष्मी है। बिना गृहिणी के गृहस्थाश्रम का निर्वाह होना सर्वथा असम्भव है।

पक्षियों को भी जब घर बनाना पड़ता है तब स्त्रियों ही के लिए। जब उन्हें बच्चा अण्डा रखने की आवश्यकता होती है तभी वे घोंसला बनाते हैं। इस स्थान पर कितने पाठक गण कह उठेंगे कि वे बच्चों के लिए घोंसला बनाते हैं। न कि अमादाओं के हेतु। यह बात ठीक नहीं है क्योंकि यदि मादाओं का अभाव होता तो बच्चों का उत्पन्न होना ही कब सम्भव होता। अतएव इसमें कोई सन्देह नहीं कि संसार में गृह का मूल कारण नारी ही कही जा सकती है।

इस स्थान पर यह भी कहा जा सकता है कि संसार में जितने जीव-जन्तु हैं सभी अपने बच्चों के लिए आश्रम (गृह) नहीं बनाते अतः जो बात समस्त जीव-धारियों में नहीं पाई जाती उसे साधारण नियम मान लेना सर्वथा अनुचित होगा।

मैं भी इस बात को स्वीकार करती हूँ परन्तु घर बनाने वाले और न बनाने वाले जन्तुओं में बड़ा अन्तर है चाहिये। उदाहरण

में गाय, भैंस हरिन घोड़ा आदि देखिए। यहाँ पर उन जीवों की बात मैं नहीं कहती हूँ जो पिंजड़े वा जँगले में बन्द रहा करते हैं। मेरा कथन उन जीवों के विषय में है जो स्वेच्छाचारी कहे जाते हैं। उपर्युक्त जीवों को इसलिए घर बनाने की आवश्यकता नहीं होती कि वे सब प्रसव होने के साथ ही चलने, फिरने, खाने, पीने और देखने की सामर्थ्य पा जाते हैं। उस जगदाधार जगत्पिता के दिए हुए कौशल के बल से वे अपनी माता और पिता से भी अधिक वेग के साथ दौड़ सकते हैं और विपत्ति का खटका होने के साथ ही पल भर में दृष्टि के बाहर हो जाते हैं।

सिंह, व्याघ्र, भालू आदि एक प्रकारसे जन्मही के अन्धे होते हैं। यही कारण है कि वे सब वेग के साथ नहीं दौड़ सकते। अतः कुछ काल पर्य्यन्त इन्हें आश्रय पाने की खोज होती है। इसी कारण वे सब घने जंगलों में रहना अधिकतर पसन्द करते हैं। घने जंगलों से अच्छादित पर्वतों की गुफाओं में अपने बच्चों को रख वे स्वयं चरने फिरने को चले जाया करते हैं। जब तक बच्चों की आँख नहीं खुलती और भली भाँति वे चलने फिरने योग्य नहीं हो जाते तब तक गुफा या मांद ही इनका घर रहता है। अब यहाँ पर यह बात विचारने के योग्य है कि इन्हें जो कुछ काल के लिए गृह बनाने की आवश्यकता हुई तो किस लिए? केवल स्त्री ही के हेतु न? यदि स्त्री न होती तो उन्हें गृहनिर्म्माण करने की आवश्यकता क्यों पड़ती? केवल बन्दरों को छोड़ प्रायः सभी छो[illegible] बड़े जीव-जन्तु, कीड़े-मकोड़े तक को बच्चों और अंडों [illegible] रक्षा करने के निमित्त घर बनाने की ज़रूरत पड़ती है।

[illegible] उपर्युक्त दृष्टान्तों को देख कर हमारी प्यारी पाठिकाओं ने [illegible] हमारे "शीर्षक" (विषय) को भली भाँति समझ लिया होगा

कि चाहे अन्य किसी समय आश्रय लेने की भलेही आवश्यकता न हो पर असहाय अवस्था में सन्तानों के रक्षणार्थ और स्थल विशेष के हेतु उनकी एक मात्र जननी को किसी न किसी बहाने आश्रय लेना ही पड़ता है। ऊपर मैं इस बात को लिख चुकी हूँ कि यह आश्रयही वास्तविक गृह का कारण है। अतः अब मेरे इस कथन की पुष्टि में और किसी बात की ज़रूरत न रही कि घर की मूल सृष्टिकारिणी एक मात्र नारी ही हैं।

जब छोटे बड़े प्राणिमात्र ही गृह की आवश्यकता का अनुभव करते हैं तब मानव-जाति यदि अपनी दुर्बल सन्तान और अपनी रक्षा के हेतु आश्रय निर्म्माण करे तो आश्चर्य्य ही क्या है। मानव-जाति को तो चिर काल तक माता के पालन पोषण पर ही निर्भर रहना पड़ता है। यही कारण है कि मनुष्यों को चिरस्थायी घर बनाने पड़ते हैं।

प्राचीन काल में मनुष्य जब पहले पहल घर बनाना नहीं जानते थे, जिसके अनेक प्रमाण हैं, उस समय आँधी, पानी, तूफ़ान आदि अनेक दैवी आपत्तियों से बचने के हेतु वे पर्वत तथा गुफ़ाओं का आश्रय लेते थे। मनुष्य-जाति का वर्तमानगृह उन्हींगुफ़ाओं के नमूने पर बना है। यही मत आधुनिक पुरा तत्त्व वेत्ता विद्वानों का है। आदि-काल में मनुष्य पर्वतों तथा जंगलों में वास करके मृगया आदि से पेट पालते थे और कई एक झुण्डों में बँटकर आज यहाँ, कल वहाँ, बनजारों की भाँति घूमा करते थे। प्रायः छोटी छोटी बातों पर एक दूसरे के साथ लड़ बैठते थे और भिड़ जाने पर स्त्री, पुरुष दोनों ही मार काट करने लगते थे। वृद्ध बालक तथा दुर्बल स्त्रियों के हेतु इन्हें भी अवश्यही आश्रय ढूँढ़ना पड़ता था। और जब कहीं एक स्थान से दूसरे स्थान को प्रस्थान करते थे तब

उपर्युक्त व्यक्तियों के लिए आश्रय ढूँढना ही उन लोगों का पहला काम रहता था।

निदान जिस तरह से देखिए स्त्री जाति के लिए ही गृह का प्रयोजन होता है। अतएव स्त्रियाँ ही हमारे घर की बनाने वाली हैं, इसमें कोई सन्देह नहीं।

किन्तु हाय, नारि ! तुमने यह क्या किया ? घर की बनाने वाली होकर भी तुम सब दिनके लिए पराधीन हो गई हो। यदि कई एक विशेष कारणों से तुम आश्रय चाहने वाली न होती तो आज दिन कोई तुम्हें पराधीन अबला कहने का साहस कदापि न करता।

आज तुम्हें अपने अदृष्ट के लिए धिक्कार न देना पड़ता। भाई की भाँति एकही पेट से उत्पन्न होकर उनके प्राप्त स्वत्व से तुम्हें कदापि न वञ्चित होना पड़ता ! तुम स्वाधीनता की निर्मल वायु सेवन करके देवाङ्गनाओं की तरह कितनेही अमूल्य गुणों का प्रत्यक्ष अनुभव प्राप्त कर उन्हें अवश्य धारण कर सकतीं। दुर्दान्त मानव रूपी कुटिल पशु के पशुत्व मोचन करने का तुम्हें सौभाग्य हुआ होता। मनुष्य आत्मस्वार्थ को और कुटिलता आदि शिक्षा कदापि न मिलती और न कोई उन्हें अवनति के मार्ग ही पर ले जा सकता था !!

तुम्हारे ही लिए गृह की सृष्टि हुई है। घर से गाँव, गाँव से नगर, नगर से राज्य और राज्य से साम्राज्य की सृष्टि हुई है। तुम, तुम्हारे पति, और तुम्हारी सन्तति आदि से ही एक परिवार गठित हुआ है। एक परिवार से अनेक परि[illegible] और

पद रखने के हेतु निरन्तर उत्सुक रहा करती हो, तुम दूसरों को सुखी करने का यत्न किया करती हो। इसीप्रकार तुम मनुष्यों के कठोर हृदय को वशीभूत कर रखती हो । तुमने कई बार मनुष्यों को संयमी बनाकर उनके ज्ञान-चक्षुओं को खोलकर उन्हें ब्रह्मरूप जगत्पिता परमात्मा के प्राप्त करने का प्रेमाधिकारी बनाया है। इसी से कहती हूँ कि हे प्रियबहिनों ! तुम मानवी रूप में गृह-उपदेष्टा या कल्याणकारिणी देवी हो, मानव-सृष्टि के बीच गार्हस्थ्य, सामाजिक और जातीय जीवन के हेतु एक मात्र आदिशक्ति हो। जो मनुष्य तुम्हारे उदार महत्त्व को जानते हैं, वे पुरुष धन्य हैं ! और वेही महानुभाव उन्नति के मार्ग पर चलने में पूर्ण समर्थ हुए हैं । तुम अपने को पराधीन जान हृदय में दुखी मत हो। इसी पराधीनता के द्वारा तुमने उस परमपद को प्राप्त किया है, अतएव मैं फिर कहती हूँ कि तुम गृहिणी रूप में गृह की अधिष्ठात्री देवी लक्ष्मी हो।

तुम इस संसार में गृह-स्वामिनी कहलाती हो। संसार का विस्तृत राज्य तुम्हारे ही भरोसे पर है। तुम मानव-जाति की जननी हो, और उनकी पूजनीया हो। आर्य्य महर्षिगण तुम्हारे महान् गौरव को हृदयङ्गम करके किस उदारभाव और प्रसन्न मनसे तुम्हारी गुणावलियों का गान कर गये हैं। यथा।—

"नारी हि जननी पुंसां नारी भीरुच्यते बुधैः ।
तस्माद गेहे गृहस्थानां नारीपूजा गरीयसी ॥
यत्र नार्य्यस्तु पूज्यन्ते रमन्ते तत्र देवताः ।
यत्रैतास्तु न पूज्यन्ते सर्वास्तत्राफलाः क्रियाः ॥
अर्द्धं भार्य्या मनुष्यस्य भार्य्या श्रेष्ठतमस्सखा ।
भार्य्या मूलं त्रिवर्गस्य भार्य्या मूलं तरिष्यतः ॥

यही तुम्हारा पद, यही तुम्हारा गौरव, यही तुम्हारी शक्ति है। अतएव तुम अपने पद, गौरव और शक्ति को सम्यक रूप

से समझ कर स्वकर्तव्य साधन में अग्रसर हो, और इस संसार को स्वर्ग-धाम बनाओ। तुम्हारी उन्नति से जगत् की उन्नति है। तुम्हारी ही पवित्रता से जगत् पवित्र होगा और तुम्हारी महिमा से ही जगत् महिमवान् होगा। अतएव हे मानव-गृह की अधिष्ठात्री देवी तुम जागो, आत्मज्ञान प्राप्त करो, यही हमारी विनीत प्रार्थना है।"

बस-अब मैं इस लेख को समाप्त कर प्रिय पाठिकाओं से विदा होना चाहती हूँ।

---

* मैं आशा करती हूँ, कि इस मर्मानुवाद प्रबन्ध के हेतु, विद्वानों के सम्मुख मैं निर्दोष समझी जाऊँगी। क्योंकि यह प्रबन्ध स्त्री जाति के आत्माभिमान तथा आत्मगौरव से भरा है। मेरी कदापि इच्छा न थी कि मैं इस प्रबन्ध का मर्मानुवाद करूँ? मुझे एक माननीय व्यक्ति के अनुरोध का पालन करना कर्तव्य जँचा। अतएव मैं इस साहस के हेतु क्षमा चाहती हूँ। पर यह कहना मैं अनुचित नहीं समझती कि मूल प्रबन्ध-लेखक नारी जाति का बड़ा ही सम्मान करता है।

अनुवादिका।

गृहचर्या

किसी दूरदर्शी मनुष्य ने कहा है "बिन घरनी घर भूत का डेरा।" इस कहावत का अक्षर अक्षर सत्य है। जिस भाग्यहीन के घर में घरनी नहीं है वह चाहे कैसा ही धनवान् संसारी मनुष्य क्यों न हो गृहिणी के अभाव मे उसका सर्ववस्तु-सम्पन्न गृह एक श्मशान तुल्य प्रतीत होता है। स्त्री ही घर के सर्व-सुखों की देनेवाली देवी है।

ईश्वर यदि स्त्रियों की सृष्टि न करता तो दया, स्नेह, ममता, करुणा आदि मधुर मनोवृत्तियों की सृष्टि भी न होती। स्त्रियाँ ही इस संसार को मातृरूप में असीम वात्सल्य, पत्नी-रूप में असीम प्रणय और कन्यारूप में असीम भक्ति प्रदान कर रही हैं। स्त्रियाँ ही संसार की शान्ति-रूपिणी प्रतिमा हैं। नारी दया की मूर्ति है। उसका कोमल हृदय पराये दुःख को भी सहन नहीं कर सकता। हिन्दूशास्त्र का नियत किया हुआ गृहस्थाश्रम कभी बिना स्त्री के सम्पादित नहीं होसकता। पुत्र केप्रति माता का जितना स्नेह होता है पिता उतना कदापि नहीं

कर सकता। मातृहीन पुत्र का स्नेह पिता उतना नहीं कर सकता जितना कि पितृहीन पुत्र का माता करती है। पिता कुपुत्र को परित्याग कर देता है, किन्तु माता का स्नेह कुपुत्र पर अधिक होता है। बालकपुत्र पिता से अलग होकर दीर्घ-काल तक आनन्दपूर्वक रह सकता है, पर माता से तो क्षण भर भी अलग रहना उसके लिए कठिन हो जाता है। भाई भाई में कलह, विवाद होते हैं। पर बहिन सदा सब भाइयों का शुभ चाहती रहती है। बहुत से मनुष्य नारी-जाति को घृणा की दृष्टि से देखते हैं। उनको यह विवेचना करनी चाहिए कि एक मूर्ख स्त्री की ही दया से वे आज मनुष्य-समाज में मनुष्य कहलाने के योग्य हुए हैं। नारी में यदि और कुछ भी गुण वा महत्व न हो तो भी वह केवल एक मातृधर्म के लिए सबके सम्मान की भाजन है। पृथ्वी में जितनी वस्तुएं दृष्टिगोचर होती हैं। ईश्वर को छोड़ कर उन सबका सृजन करनेवाला पुरुष ही है और स्त्रियाँ उन सब पुरुषों का पालन करती हैं। इस जगत में, बुद्धि-बल, विद्या-बल, बाहुबल से, जो मनुष्य अद्वितीय गिने जाते हैं, वे भी एक दिन माता की गोद में प्रतिपालित हुए हैं। ईश्वर ने स्त्री-जाति को कोमल, दयालु तथा दुर्बल बनाया है, वे बिचारी तो आत्म-रक्षा करने में असमर्थ होती हैं। वे जो आजीवन पिता, पति, पुत्र रूप में पुरुषाधीन रहेंगी यह तो ईश्वर का अभिप्राय ही है। यह नारी-जाति के लिए दुःख की बात नहीं है, परन्तु निज अधीन जान कर भी स्त्री-जाति से पशुवत् व्यवहार करना बड़ी ही नीचता का काम है। पुरुष जिस भाँति नारी के सम्पूर्ण अभ वों को दूर करते हैं, नारी भी तन मन से उनकी सेवा कर ' ाने को कृतार्थ समझती हैं। जब प्रकृति के नियमानुसार ' ूर का काम पुरुष में और घर का

काम स्त्री में विभक्त होगया है तब क्यों पुरुष स्त्री को हीन समझते हैं ? जैसे स्त्री-जाति से पुरुष भक्ति, श्रद्धा, स्नेह प्राप्त करते हैं, वैसाही बर्ताव वे भी नारी के साथ करनेके लिए बाध्य हैं। विपत्ति में बुद्धि, संकट में धैर्य्य, दुःख में शान्ति, सुख में आनन्द, रोग में सेवा आदि से नारियाँ पुरुषों की सहायता करती हैं। मनुष्य मात्र इस संसार में जन्म ग्रहण करतेही सबसे पहले स्त्री-जाति से परिचित होते हैं, उस समय नारी ही उनके सब विषयों में हितकांक्षिणी समझी जाती हैं। उस दिन से किसी न किसी रूप से नारी जाति ही के आश्रय में संसार-धर्म्म-पालन करनेवाले पुरुष का जीवन बीतता है, फिर अन्त काल में नारी-जाति हो के द्वारा सेवित रह कर उनका प्राणान्त हो जाता है। मृत्यु-शय्या के सन्निकट स्त्री, कन्या, भगिनीरूप में नारी जाति अवश्य ही विद्यमान रहती है।

स्त्रियों को उचित है कि लज्जा और नम्रता को सदा अपना आभूषण समझें। जिस स्त्री को लज्जा नहीं है वह स्त्री-पद पाने के योग्य नहीं है। नम्रता से बढ़ कर कोई भी गुण नहीं है। जगत में मधुर भाषण के बराबर कोई चीज़ नहीं है। वह मधुर बचन नम्रता से ही उत्पन्न होता है। मीठे बचन से वश में न हो ऐसा कोई भी जीव नहीं है। मीठा बचन मानो वशीकरण मंत्र है।

"वशीकरण एक मन्त्र है तज दे वचन कठोर"

इसके प्रयोग से पत्थर सा कलेजा पिघल कर पानी हो जाता है। जो काम बड़े बड़े उद्योगों से पूरे नहीं होते, वे मधुर भाषण से सहज में हो जाते हैं, इसमें किसीका कुछ दाम नहीं लगता। फिर भी कोई कोई ऐसे भाग्यहीन मनुष्य हैं जिनसे यह बिना मूल्य का दान भी नहीं दिया जाता।

कर्कश वचन से मित्र भी शत्रु बन जाते हैं और मीठे वचन से परम शत्रु भी मित्रवत् व्यवहार करने लग जाते हैं।

यदि किसी का दोष दिखलाना हो तो मीठी वाणी कह कर दिखाना उचित है। इससे उस मनुष्य को दुःख और क्रोध के बदले लज्जित होना पड़ेगा और उसे शिक्षा मिलेगी। ऐसे दोष दिखलाने वाले पर दोषी को श्रद्धा उत्पन्न होगी। क्या पुरुष, क्या स्त्री, सबको जहाँ तक हो सके अपने क्रोध को सम्हालना उचित है। क्रोध बड़ा ही बुरा है। मनुष्य के हृदय रूपी पुष्प-वाटिका में न जाने कहाँ से क्रोध की दावानल लगकर उसे भस्मीभूत कर देती है। संसार में ऐसा कोई भी बुरा कर्म्म नहीं है जो इसके आवेश में न हो। जिस मनुष्य से जिस काम के स्वप्न में भी करने की सम्भावना न हो वही काम इस चांडाल की सहायता से सम्पन्न हो जाता है। कितने ही मनुष्य इसके वशीभूत होकर हत्या, आत्महत्या, इत्यादि महापातकों में लिप्त हो जाते हैं। गाली देना, कटु भाषण करना, झूठ बोलना आदि कुकर्मों की जड़ यही है। इस दुष्ट ने किसी को नहीं छोड़ा। योगी, तपस्वी, धनी, निर्धन, बालक और वृद्ध सब पर इसका आधिपत्य है। मनुष्य मात्र को उचित है कि इससे सदा दूर रहने की चेष्टा करे। क्रोधाग्नि शान्त होने पर हृदय में आत्मग्लानि-रूपी राख रह जाती है, जिससे निज कृत कर्म्म पर अपने ही को पछताना पड़ता है। स्त्रीजाति इस बात के लिए बड़ी बदनाम है कि उसके पेट में बात नहीं पचती। सचमुच यह बड़े दुःख की बात है। जो मनुष्य एक की बात दूसरेसे कह कर आनन्दित होते हैं, वे बड़े ही नीचात्मा हैं। हम लोगों को सदा इससे दूर रहना चाहिए। बहुधा नीच स्त्रियाँ एक की बातें दूसरे के कान में लगाती फिरती हैं। यह बड़ा ही विश्वासघात है, ऐसी ओछी

स्त्रियों के कोई भी नहीं पूछता।

स्त्री-जाति का बहुत बोलना और हँसना अनुचित है इससे उसके दुर्गुण प्रकट होते हैं। बहुत बातें करनेवाली स्त्री कभी भी आदर नहीं पाती। "वह तो पागल की भाँति बकती है" कह कर लोग मुंह सिकोड़ते हैं मानो उसको कुछ बुद्धि ही नहीं है, बिल्कुल न बोलने से भी 'मिजाजिन' 'दिमागिन' 'आदमी का आदर सत्कार नहीं जानती' इत्याधि उपाधियाँ उसे मिलती हैं। सबको चाहिए कि समझ बूझ कर समयोपयोगी बातें मुँह से निकालें। यदि कुटुम्बिनी स्त्रियाँ अपने घर में आवें तो उनका आदर करना और सदा उनको प्रसन्न रखना ही सबका कर्तव्य है। स्त्रियों को चाहिये कि कभी किसी से तर्क न करें। तर्क करना बहुत ही बुरी बात बात है। दोनों अपनी अपनी बात की रक्षा करने में तत्पर हो जाती हैं, अन्त में विवाद से वैमनस्य उत्पन्न होजाता है। उच्च अन्तःकरणवाले दूसरों के दोष का भाग घटाकर गुण का भाग अधिक कर देते हैं, अर्थात् अवगुण को छोड़ गुण की प्रशंसा करते हैं। पूज्य व्यक्ति यदि कुछ अनुचित भी कहे, तो उसका उत्तर न देना चाहिए। एक बार जवाब देने से फिर वही अभ्यास हो जाता है। यथा सम्भव इसे रोकना ही ठीक है। यदि दोनों ही बराबर से बातें करने लग जायँ तो बड़े का बड़प्पन क्या रह जायगा। ऐसे स्थानों में देखने वा सुनने वाले छोटे ही की निन्दा करेंगे। अस्तु इस बात के लिए सबको सावधान रहना चाहिए। यदि कोई अनुचित कर्म्म अपने से हो गया हो तो क्षमा माँगने में उसकी कुछ मानहानि न होगी। जिसे जिस अवस्था में ईश्वर ने रक्खा है उसे उसी में सन्तुष्ट रहना चाहिए। गोस्वामी तुलसीदासजी कह गये हैं "जिसके हृदय में सन्तोष रूपी धन है उसके लिए और सब धन

धूली के समान हैं।" पराये सुख से कुढ़ कर निज भाग्य को मत कोसो। तुमसे भी बढ़ कर दुखिया हैं यह भी तुम्हें विचारना चाहिए। तुमने ऐसा कौनसा सत्कर्म्म किया है कि जगत् के सब सुख तुम्हीं को मिलें।

स्त्रियों का सतीत्व-धर्म्म ही प्रधान धर्म्म है। यदि इस धर्म्म का पालन वा इसकी रक्षा न हो सकी तो फिर दूसरा कोई धर्म्म काम नहीं आता। तन मन से इस धर्म्म का पालन करना स्त्री-जाति मात्र का मुख्य कर्तव्य है। अकलंक सती-पदवी बहुत यत्न से मिलती है। थोड़ीसी असावधानी से ही आ...र में कलंक लग जाने का भय रहता है। स्त्री का सतीत्वरत्न लगे...ार नष्ट होजाने पर फिर प्राण दे देने पर भी उसके जिससकी आशा नहीं रहती। इस रत्न के हरण करने के हेतु समय पर में अनेक प्रलोभन वर्तमान हैं। जो रमणी इस चाहे उड़ कर आजीवन सतीत्व और पातिव्रत धर्म्मका की; स्त्री मात्रयह नारी श्रेष्ठ हैं। सतीत्व धर्म्म की रक्षा करने निज हाथों से धरण करना चाहिए। जो रमणी पति-पद में पिता, भ्राता, पुत्र अपना मन लगाती है वह सतीशिरोमणि कौन सा सुख सौभ...र्थात् बाल्यावस्था, जिस समय अपने साहब तो कुछ घर...की सामर्थ्य नहीं रहती, उस समय अर्पण कर देते हैं वह चाहे सुरूप ...र्धन, स्त्री के लिए वही देवता ...स्त्रियां पति के सुख से निज सुख, पति के दुःख से निज दुःख, पति के जीवन से अपना जीवन और पति की मृत्यु से निज मृत्यु समझती हैं।

हिन्दू-धर्म्म में पिता माता प्रत्यक्ष देवता माने जाते हैं। जिस नर नारी की उन पूज्य चरणों में भक्ति नहीं है वे पशु समान हैं। जो पुत्र कन्या अपने सदाचरण से मां बाप को न सुखी

कर सके, उससे संसार में और कौनसा सत्कर्म्म हो सकता है। कोई कितना ही धनवान् क्यों न हो निज जनक जननी के समीप वह सदा लघु से भी लघु समझा जाता है। माता हमलोगों के लिए कितना कष्ट और परिश्रम सह कर किस आदर और यत्न से हमें पालती है—इस बात का अनुमान हमलोग सहज ही कर सकते हैं कि हम अपनी सन्तान के साथ कैसा व्यवहार करते हैं। स्त्रियों के लिए सास स्वसुर, पिता माता से भी अधिक पूजनीय हैं क्योंकि वे उस पति के पूज्य हैं जिसे वह स्त्री देवता तुल्य मानती है।

स्त्रियों का सब से आवश्यक और उपयोगी काम अपने घर गृहस्थी की देख भाल करना है। गृहस्थी का सारा काम उनके सिर पर रहता है। मनुष्यों का काम धन कमाने का है पर स्त्रियों का काम उस धन से गृहस्थी का काम चुकाने का है, जिसमें सारी गृहस्थी बनी रहे और वह उस घर के सब लोगों के आनन्द और सुख का कारण हो। इसलिये स्त्रियों को घर की देवी कहना चाहिए।

कहीं कहीं यह देखने में आता है कि धनवान् के घर की स्त्रियाँ अपने हाथ से लेकर पानी पीना तक पाप समझती हैं। यह सोचना बड़ी मूर्खता की बात है कि हमारे घर तो नौकर मज़दूरिने हैं तब हम अपने हाथ क्यों काम करें? मिश्रानीजी के रहते मैं क्यों चौके में जाकर अपनी आँखें फोड़ूँ? ऐसी बात कभी न कहनी चाहिए। अवश्य मेरे कहने का तात्पर्य्य यह नहीं है कि सब काम अपनेही हाथसे किये जायँ। दास दासी आदि सबके कामों की देख रेख करना गृहिणी का मुख्य कर्तव्य है। यह नहीं कि "मैं तो धनवान् की घरवाली हूँ, मिश्रानीजी थाल परोस कर ले आवेंगी. तब भोजन करके दिन भर खाट पर लेटी रहूँगी, चलो छुट्टी हुई, इन सब बखेड़ों में

कौन पड़े ?" ! गृहिणी के आलसी होजाने से घर की बहू बेटियाँ नौकर, चाकर सब आलसी हो जायँगे। वे लोग मनमानी चोरियाँ करने लग जायँगे ! कोई काम नियत समय पर न होगा। ठीक समय पर स्नान, भोजन न होने से स्वास्थ्य की हानि होती है। ऐसे घर के लड़के प्रायः मैले कुचैले घूमते हैं किसी के शरीर पर कुरता नहीं, किसी के कुरता है तो उसमें बटन नहीं, किसी लड़के ने नये कपड़े में कहीं से खोंच लगा ली है पर उसे सीये कौन ? वह खोंच बढ़ते बढ़ते कपड़ा चिथड़ा हो जाता है। छोटे बच्चे को कुछ सर्दी होगई है; पर न तो उसे यत्नपूर्वक सर्दी से बचाया जाता है, न उसे ठीक समय पर कुछ दवा ही दी जाती है मज़दूरिन उसे ठण्डे में लेकर घूमती है और जब तब उसको ठण्डा दूध पिला देती है। चलो बच्चे की जान पर आ बनी। तब माता रोरोकर आकाश पाताल एक करने लगती है। घर में चारों ओर कूड़ा कर्कट जमा रहता है, घर में जो स्त्री पुरुष आते हैं वे अपने मन में कहते हैं कि "इनका घर तो कतवारख़ाना है।" आलस्य से घर की जितनी हानियाँ होती हैं उतनी शायद दूसरे किसी बात से नहीं होती न क्या धनवान् क्या ग़रीब, सब के घर की स्त्री को उचित हो कि प्रातःकाल घर के सब मनुष्यों के पहिले बिछौने से उठ उठे। उस समय एक बार भगवान् का नाम लेलेना। कोई उचित है। उस कल्याणमय नाम से चित्त को जैसी किसी मिलती है वैसी और किसी बात से नहीं। सो पड़े। आम, सम्पूर्ण घर, कोठरी, दालान, चौक, छत पापड़, अमावट, चाहिए। यदि दास दासी हों तो अच्छी होती ही है। बस अपने हाथ से इसके करने में कोई हानि यत्नपूर्वक रखना का कोई भी काम अपने हाथ से करनेचीज़ का डिब्बा हो उस

नहीं है। फिर आवश्यक कामों से छुट्टी पाकर स्नान करके चौके में जाना चाहिए। रसोईं के पहले यह निश्चय कर लेना होगा कि आज कौन चीज़ें बनेंगी, यह भी देखना होगा कि सब चीज़ें घर में हैं कि कुछ बाज़ार से मँगवानी होंगी। चौका सदा साफ़ सुथरा रखना उचित है कि जिसे देख कर मनुष्य की भोजन में रुचि हो। साग भाजी जो कुछ हो सब ताज़ी हो। ताज़ी चीज़ें थोड़ी भी हों तो उत्तम। किन्तु सूखा, सड़ा बहुत सा भी न होने ही के बराबर है। चावल, दाल, आँटा, नोन, मिर्च, मसाला घी, ये सब चीज़ें पहले से चौके में लाकर रखनी चाहिएँ, नहीं तो भाजी छौंक कर नमक के लिए और अदहन चूल्हे पर धर कर चावल के लिए दौड़ना ठीक नहीं है। छोटा या बड़ा जो काम हो उसे ध्यान देकर न करने से वह काम भली भाँति सम्पन्न नहीं होता। पाक करने के समय सदा उसी ओर मन लगा रखना चाहिए, नहीं तो पूड़ी वा रोटियाँ जल जायँगी, भाजी जलकर कड़वी हो जायगी भात गल कर माड़ में मिल जायगा, इन सब बिगड़ी हुई चीज़ों को कोई भलीभाँति न खा सकेगा। ऐसे काम से खिन्नग्लानि और पाक अपटुता की बदनामी उस स्त्री के हाथ रह रही। नित्य नियमित समय पर पाक करना चाहिये मज़दूरि सब कोई नियत समय पर भोजन कर सकें। ठीक के रहते में स्नानाहार न करना ही सब रोगों की जड़ है।

बात कभी जज साहब की गृहिणी हो, अथवा डिप्टी साहब यह नहीं है कि का कर्तव्य है कि अपने हाथ से रसोई बनावें। दासी आदि अनेक प्रकार के स्वादिष्ट भोजन बनाकर अपने मुख्य कर्तव्य है। य को खिलाने से बढ़कर स्त्री जाति को और मिश्रानीजी थाल परोग्य प्राप्त हो सकता है? जज वा डिप्टी भर खाट पर लेटी रहूँ में बेकार बैठे नहीं रहते वे समय पर

कचहरी जाते हैं, वहाँ वकीलों के तर्क वितर्क सुनते, न्याय करते और लम्बे चौड़े फैसले लिखते हैं। जिनके पति, स्वामी, मालिक को इतना परिश्रम करना पड़ता है, तब उनकी स्त्री को, जो पति की दासी कहलाती है, क्या निज कर्तव्य को नहीं पालन करना चाहिए ? अच्छे घर की स्त्रियों का एक मात्र मुख्य कर्म पाक करना है। यदि वही काम मिश्रजी वा मिश्रानीजी को सौंपा गया तो वे लोग अपने ईश्वरदत्त हाथ, पैर किस काम में लावेंगी ? यदि चौके में कोई बिल्ली या नेवला भोजन जूठा कर गया और घर की स्त्रियाँ उसे न देख सकीं तो मिश्रानीजी को कौन गरज पड़ी है कि वे उक्त बात को प्रकाशित करें और निज असावधानी के लिए दो चार खरी खोटी सुनें। वह अवश्य उस बिल्ली या नेवले का उच्छिष्ट पदार्थ सबको परोस देंगी जिसे खाकर मनुष्य को यक्ष्मा, क्षय आदि महारोग उत्पन्न हो जायँगे। और, फिर स्त्री अपने स्नेहपात्रों के लिए आप स्वयं जैसा मन लगा कर पवित्रता से रसोईं करेगी दूसरा कदापि वैसा न करेगा। उसे तो किसी भाँति काम तै करने से मतलब है। भण्डार में रक्खी हुई चीज़ें नित्य एक बार देख लेनी चाहिएँ। ऐसा करने से चूहे चीज़ें नष्ट न करेंगे और, कौन चीज़ है, कौन चीज़ नहीं है यह भी मालूम हो जायगा। बरसात के दिन में नाजों में काई (भूकड़ी) सी लग जाती है। उन सबको देख कर धूप में डाल देना चाहिए। कोई वस्तु चुकने के पहले ही मँगा लेनी उचित है, जिसमें किसी के सम्मुख किसी चीज़ के लिये लज्जित न होना पड़े। आम, नीबू आदि के अचार डालने, बड़ी मुँगौरी, पापड़, अमावट, अमहर आदि बनाने में तो स्त्रियाँ निपुण होती ही हैं। बस इन सब चीज़ों को बनाकर यथास्थान यत्नपूर्वक रखना चाहिए। मसालों के डिब्बों पर जिस चीज़ का डिब्बा हो उस

चीज़ का नाम एक कागज़ पर लिखकर उसे गोंद से चिपका देना चाहिए। जिससे खोजने में हैरान न होना पड़े। दाल इत्यादि रखने की छोटी छोटी हाँड़ियों में भी इसी भाँति नाम लिखने से मूँग की दाल खोजने पर चने की दाल न मिलेगी।

शयनागार वा सोनेवाला कमरा खूब साफ़ सुथरा रखना चाहिए। उसमें सन्दूक़, बक्स, आलमारी, मेज़, कुर्सी, आदि जो हो उसे नित्य एक झाड़न से झाड़ना चाहिए। प्रायः देखने में आता है कि जहाँ दिया जलता है वहाँ बहुत से तेल का काट जम जाता है।

यदि पहले से ही वह तेल एक चिथड़े से पोंछ दिया जाय वा एक छोटी सी काठ की पटरी पर दिया रक्खा जाय तो काट न जमने पावे। यदि पीतल की दीवट हो तो उसे पोंछ कर नित्य साफ़ करना चाहिए। बेचिमनी का लम्प कमरे में जलने से कमरा धुएँ से मैला हो जाता है। स्नानाहार के समान सोना भी एक शारीरिक प्रक्रिया है। एक रोज़ न खाने से जैसा कष्ट होता है, एक दिन न सोने से भी वैसा ही होता है। किन्तु इस प्रान्त की स्त्रियाँ शय्या, बिछौने के सम्बन्ध में बड़ी उदासीन होती हैं। इस काम में बङ्ग-ललनाएँ बड़ी निपुण होती हैं! इस प्रदेश की स्त्रियाँ दो चार सौ रुपये गोटे किनारी की साड़ियों या लहँगों में भले ही ख़र्च कर देंगी किन्तु सोने के लिए (क्षमा कीजिए) एक सुजनी और एक मैली और कड़ी तकिया ही बस समझेंगी! और पुरुषों के लिये तोशक पर चद्दर बिछती होगी तो मसहरी नदारत हो। दिन भर के घी और दूध से संचय किए हुए रक्त में मच्छड़ मनमाना हिस्सा लगाते हैं। मच्छड़ों के डर से बच्चों को मुँह ढाँक कर सुलाना भारी भूल है। इसमें उनके

दम घुट जाने की आशंका रहती है। बच्चों के लिये छोटे छोटे तोशक (रुई या फटे कपड़े का ही हो) कई एक बना कर रखने चाहिएँ और उनके गिलाफ़ रोज़ धो देने चाहिएँ। जिससे उसमें मलमूत्र की दुर्गन्ध न रहे। माँ को उचित है कि अपने बिछौने के ऊपर एक कम्बल वा मोमजामा (आयल-क्लाथ) बिछाकर तब बच्चे का बिछौना बिछावे। इससे सब बिछौने न भीगेंगे। उनके लिए तीन छोटे तकिये सेमर की रुई के बनवाने चाहिएँ, एक सिर के नीचे और दो तकिये दोनों बगल में देने से वे आराम से सोवेंगे। अवश्य गहने कपड़ों से समाज में मान मिलता है। किन्तु क्या सम्पूर्ण आय मान-मर्य्यादा के लिए ही व्यय करनी चाहिए? शरीर के सुख के लिए कुछ नहीं? इस देश की स्त्रियाँ, जिन्हें चार गोटे किनारी के लहंगे, दुपट्टे बनाने हों वे यदि तीन ही बनवा कर एक का दाम बिछौने के लिए व्यय करदें तो उनके तन और मन दोनों ही को सुख मिले।

सब कामों में इस बात का ध्यान बना रहे कि नियत समय के पहले सब हो जाय। ऐसा न हो कि बच्चा तो सोने के लिए रोता हो या पति खाने के लिए आये हों तो न बच्चे के लिए बिछौना बिछा हो और न पति के लिए भोजन हो। सुघड़ स्त्रियों का सब काम सुघड़ होता है। ध्यान देने और मन लगाने से अल्हड़ स्त्रियाँ भी अपने को सुधार सक्ती हैं और अपने घर का उत्तम से उत्तम प्रबन्ध कर सकती हैं।

वास्तव में पुरुषों का काम धन कमाने का है और स्त्रियों का काम घर बनाने का।

घर का प्रबन्ध एक राज्य के प्रबन्ध से किसी भाँति कम नहीं है। यह भी एक छोटा सा राज्य है।

सबसे बड़ी बात जो स्त्रियोंको सदा ध्यान में रखनी चाहिए

वह यह है कि घर में कलह न उत्पन्न हो। उसमें सदा सुख और शान्ति विराजमान रहे। जिस घर में यह वर्तमान है उस घर में आधे पेट भोजन मिलने पर भी लोग सुखी रहते हैं। पर जिस घर में रोज़ कलह होता है, जहाँ कुमति का राज्य है, जहाँ कर्कश दुष्ट वचनों की आठों पहर वर्षा हुआ करती है, उस घर में संसार की सब सम्पत्ति के रहने पर भी लोग सुखी नहीं रहते। घर बनाना बिगाड़ना स्त्रियों के हाथ में है। इसलिए उनका धर्म है कि अपने राज्य में, अपने अधिकार में, अपनी गृहस्थी में सबको सुखी और शान्त रक्खें। आप चाहे लाख कष्ट उठावें पर अपने राज्य की प्रजा को दुःख न दें। जहाँ ऐसा होगा वही घर हरा भरा बना रहेगा और "जहाँ कुमति तहाँ विपति निदाना" की कहावत चरितार्थ न होगी।

यह सब जो लिखा गया है इसका मतलब यही है कि स्त्रियाँ बड़ी सावधानी से अपने कामों को करें। यदि उन्हें ईश्वर ने धन दिया है, यदि उनके पास अनेक दास दासियाँ हैं तो उनका कर्तव्य है कि इस बात को सदा देखती रहें कि घर का काम कैसे हो रहा है। बिना देख भाल किये, घर का सब काम नौकरों पर छोड़ देने से वह अवश्य बिगड़ जायगा और सारी गृहस्थी को कष्ट पहुँचेगा।

स्त्रियों का सब व्यवहार निष्कपट और भलमनसी का होना चाहिए। मीठे बोल से बड़े बड़े काम निकल जाते हैं इसलिए स्त्रियों को चाहिए कि कभी कड़वी बात मुँह से न निकालें।

सास ससुर को निज माता पिता से अधिक और देवर ननद आदि को भाई बहिन से भी अधिक मानना प्रत्येक स्त्री का कर्तव्य है। वह घर तुम्हारा ही है। चाहे कोई करे वा न करे उस घर के काम तुम्हें करने चाहिएँ। "सब काम मुझी को करना

होगा, वह तो एक काम भी नहीं करती, फिर मैं क्यों करूँ" यह बात मन में समाजाने से, लड़ाई होगी। मां बहिन के सिवा वहाँ और भी प्यारी बहिनें मिलती हैं। वे जेठानी और देवरानी कहलाती हैं। माँ बहिन तो थोड़े ही दिन तक साथ रहती हैं, किन्तु तुम जो चाहो तो जेठानी देवरानीके संग आजीवन रह सकती हो। यह तुम्हारे मन प्रसन्न करने के लिए सखी सहेली हैं, यह तुम्हारे सुख दुःख, आपद विपद की समभागिनी हैं। उनके सुख दुःख को अपना ही सुख दुःख समझो। यदि तुम ऐसा व्यवहार उनके संग करोगी तो उनकी क्या शक्ति है कि वे तुमसे वैर भाव रख कर कभी झगड़ा करें! और जो तुम्हारी ननद है, जिस घर में तुम गई हो वह घर उसी के माता पिता का है, उसी घर में अपने भाइयों के संग आनन्दपूर्वक खा खेल कर उसने अपनी बाल्यावस्था बिताई है। अब कुछ दिन के लिए ससुराल से आकर, उसी घर में रहे, तो क्या तुम्हें नाराज़ होना चाहिए! नहीं, ऐसा कदापि न सोचो। जहाँ तक हो सके उसका आदर सत्कार करो। वह जो तुम्हारी बूढ़ी सास है चाहे वह तुम्हारी समझ में बेसमझ, चिड़चिड़ी, झगड़ा करनेवाली हो, चाहे तुम्हारी समझ में वह तुम्हारे सब सुखों की नाश करनेवाली हो, तथापि वह तुम्हारी कौन है? वह तुम्हारे पूज्यपति की परम पूजनीया माता देवी हैं। जिस पति की पत्नी होकर तुम निज भाग्य को सराहती होगी सो उन्हीं के पुत्र हैं। तुम्हारा जो कुछ सुख सौभाग्य है सब उन्हीं का है, उन्हीं की दया से वह सब तुम्हें मिल रहा है। वह उन्हीं के प्राणोपम प्रिय पुत्र हैं। क्या तुम उस जननी से पुत्र को छुड़ा कर स्वतन्त्र रहने का विचार करोगी? नहीं नहीं, तुम ऐसी विश्वासघातिनी मत बनो। जहाँ तक हो सके उनकी दो चार बातें सह कर उनकी सेवा करती रहो।

तुम्हारे घर में जो दास दासी वा नौकर मज़दूरिन हैं वे भी तुम्हारी ही भाँति मनुष्य हैं। ईश्वर ने उन लोगों को निर्धन बनाया है किन्तु उनको सम्पूर्ण मनोवृत्तियों से रहित नहीं बनाया है। यदि वे लोग एक रोज़ भी नागा डाल देते हैं तो कामों के लिए कैसी कठिनाई होती है, यह सोचना चाहिए। निज सन्तान जिस दृष्टि से देखा जाता है उसी दृष्टि से उन्हें भी देखना चाहिए। उनके सुख दुःख को समझना, उन्हे स्नेहपूर्वक शिक्षा देना, अपराध वा क़सूर करने से उन्हें क्षमा करना और दूसरे समय के लिए सावधान कर देना ही तुम्हारा कर्तव्य है। उन्हें बहुत मुँह लगाना, घर की छोटी बड़ी सब बातें उनसे कहना, उनका हक मारना ये सब बातें ठीक नहीं हैं। घर की ऐसी कोई बात किसीसे मत कहो जिससे लोग घरकी बुराइयाँ करें। यदि दुर्भाग्य से सास ननद के संग कुछ खटपट हो भी गई तो दूसरों को बीच में बोलने के लिए न बुलाओ। घर के मनुष्य ही तुम्हारे सुख दुःख में संग देंगे, दूसरा कोई न देगा। इसलिए सदा उनसे मिलकर रहो, लड़ाई झगड़े की कोई बात ही न उठने दो। ऊपर जो बातें लिखी गई हैं उन पर ध्यान देने से गृहस्थी स्वर्ग-तुल्य हो सकती है।

संगीत और सुई का काम

सङ्गीत यह तीन अक्षर का शब्द जिस वस्तु का नाम है वह वस्तु इस संसार के प्राणि-मात्र का मनमोहित करनेवाली है। सङ्गीत सुन कर जीव-जन्तु भी मुग्ध हो जाते हैं। मनुष्य जाति में तो ऐसा बिरला ही कोई भाग्यहीन जनमा होगा जिसे सङ्गीत न भाता हो। यद्यपि शरद ऋतु के निर्मल नीलाकाश में चन्द्रमा की स्वच्छ चाँदनी, फूले गुलाब, चमेली आदि पुष्पों का अनुपम सौन्दर्य्य और अतुलनीय सुगन्ध, आदि प्राकृतिक दृश्यावली से भी मन मुग्ध हो जाता है किन्तु सङ्गीत में इन सबसे बढ़ कर मन मुग्ध करने की शक्ति विद्यमान है। उपर्युक्त वस्तुओं को देख कर जो; भावुक हैं, कवि हैं, वा चित्रकार हैं वे ही मुग्ध होंगे, पर सङ्गीत तो शिक्षित अशिक्षित बालक, वृद्ध सबका मन हर लेता है। संगीत पाप, ताप, हिंसा, द्वेष से भरे हुए इस संसार की वस्तु नहीं है वह अतिपवित्र स्वर्गीय वस्तु है। उत्तम गायक के कण्ठ से विशुद्ध सुर, लय, तानसंयुक्त सङ्गीत सुनने का जिन्हें अवसर प्राप्त हुआ होगा वेही जानते होंगे कि यह क्या चीज़ है। हमारी समझ में स्त्रियों के लिए सङ्गीत का अभ्यास रखना निन्दनीय नहीं है। इससे घर के आनन्द और सुख की वृद्धि होती है।

प्राचीन समय में हमारा यह भारतवर्ष सब विषय में उन्नति के परम सोपान पर आरूढ़ था, पर अब देश की अवनति के संग सब बातों की अवनति हो गई है। किन्तु अब भी इस विद्या की कुछ कुछ चर्चा है। इस समय भी यदि भिखमंगे भीख माँगते हैं तो सूरदास व तुलसीदास जी के भगवत्-भक्तिपूर्ण भजन एवं संसार की असारतासूचक गीत गाकर ही दाता को प्रसन्न करते हैं। सङ्गीत की मोहिनी शक्ति के प्रभाव से भगवान् गौतम बुद्ध संसार-त्यागी हुए और यही दशा स्वर्गीय महात्मा विशुद्धानन्द सरस्वती की भी सुनी जाती है। आधुनिक समय में पश्चिमी शिक्षा के प्रभाव से पश्चिमी रीति पर सङ्गीत की उन्नति और सुधार अवश्य हो रहा है। पूर्वकाल में भारत-ललनाओं की ऐसी शोचनीय अवस्था न थी, तब वे सब विद्याओं में पूर्ण शिक्षा पाती थीं। संस्कृत भाषा में जितने पुराने नाटक हैं उन सभों में स्त्रियों के सङ्गीत गाने का और उस समय के भाँति भाँति के बाजे बजाने का उल्लेख है। महाभारत पढ़ने से भी इस बात की पुष्टि होती है। अर्जुन के विराट-राजपुत्री के सङ्गीत-शिक्षक होने की बात महाभारत में पाई जाती है। रामायण में भी तुलसीदासजी ने जहाँ तहाँ स्त्रियों के मङ्गल गीत गाने की बात लिखी है। इससे यह सिद्ध होता है कि उस समय की महिलामण्डली में इस उत्तम विद्या की बहुत ही चर्चा थी। अब भी स्त्रीसमाज में इसका थोड़ा बहुत प्रचार है। सभ्य, असभ्य सभी स्त्रियाँ अपने समाज के अनुकूल दो चार गीत अवश्य ही जानती हैं। स्त्रियों को इस सङ्गीत का थोड़ा बहुत ज्ञान रखना अत्यन्त आवश्यक है। अन्तःपुरवासिनी कुल-महिलाओं के मनोविनोद के हेतु यह एक उत्तम वस्तु है और जब सम्पूर्ण शुभ कार्य्यों में स्त्रियों के मङ्गलसूचक गीत गाने की रीति प्रचलित है तब तो उनके लिए सङ्गीत सीखना

आवश्यक है। भले घर की स्त्रियों को उचित है कि जहाँ तक हो सके अच्छे गीत सीखें। इस प्रान्त की स्त्रियों में अश्लील गीतों का प्रचार होना अत्यन्त ही खेद की बात है। यद्यपि बहुत से शिक्षित पुरुष इस कुरीति के दूर करने में लगे हुए हैं पर जब तक स्त्रियाँ इस कुरीति के दूर करने में प्रयत्न न करेंगी तब तक जड़ से इसका नाश न होगा। एक बार विचार करके देखना चाहिए कि जिन पुरुषों के सामने हमें मुँह दिखाते लज्जा आती है, उन्हीं पुरुषों के सम्बन्ध में निन्दनीय गीत गाते हमें लज्जा नहीं आती। जिस भारतवर्ष में लज्जा ही स्त्रियों का आभूषण समझा जाता है उसी भारत में यह कैसा अनर्थ होता है। शायद स्त्रियों के लिये ही इस सुकुमार विद्या की सृष्टि हुई है। रमणी के मधुर स्वर में संगीत का माधुर्य्य बढ़ जाता है। सुरलोक में भी रम्भा, उर्वशी, तिलोत्तमा, मिश्रकेशी आदि अप्सराएँ अपने मधुर सुर में गाकर देवताओं का मन प्रसन्न करती हैं। चाहे कैसाही समाज क्यों न हो जहाँ कुछ आमोद प्रमोद की व्यवस्था होती है वहीं पर सङ्गीत की आवश्यकता होती है, चाहे वह जिस रूप में हो।

हमारी समझ में तो साधारण हिन्दू गृहस्थ के घर की लड़कियों का विद्यालय में रीतिपूर्वक शिक्षा पाना और सङ्गीत का यथोचित सीखना दोनोंह कठिन हैं। उमर में बड़ी होकर बाहर शिक्षा पाना कठिन है। बंगदेश की स्त्रियों में संगीत का अभ्यास रहने पर भी दूसरे प्रान्तों की अपेक्षा उन में इस विद्या का प्रचार कम है। इसके कई कारण हैं। पहले तो वहाँ किसी भी शुभ कार्य्य में गीत गाने की रीति नहीं है और दूसरे वहाँ सब के सामने स्त्रियों का गीत गाना निन्दनीय समझा जाता है। बङ्गदेश की साधारण स्त्रियों को कोई बाजा बजाना नहीं आता। उनके गाये हुए गीत सुनने

का अधिकार उनकी सखी-सहेलियों के सिवा दूसरे को नहीं है और इतनी स्वाधीनता भी केवल घर की कन्याओं के लिए है। बहुओं को वह भी वह भी नदारत है। अब पश्चिमी शिक्षा के संग कुछ कुछ संगीत का भी प्रचार खुली रीति पर होता जाता है। धनवान् के घर की पढ़ी लिखी स्त्रियाँ हारमोनियम वा पियानों बजाकर गीत गाने लगी हैं। अवश्य ब्राह्मी महिलाओं ने इस बिषय में अच्छी उन्नति की है। इस के दो कारण हैं। एक तो उन लोगों में परदे की रीति प्रचलित नहीं है, दूसरे प्रायः लोगों को बचपन से संगीत की शिक्षा दी जाती है। प्रायः देखने में आता है कि पुरुष संगीत के अधिक पक्षपाती होते हैं और इसके आनन्द को पाने के लिए वे बुरी संगत में पड़ जाते हैं जिससे अनेक प्रकार के बुरे फल उत्पन्न होते हैं। क्या स्त्रियों का यह धर्म नहीं है कि वे अपने पुरुषों और पुत्रों को इस बुरी संगत से बचावें। पर इसका होना तभी सम्भव है जब वे स्वयं इस विद्या में निपुण होकर उनके मन बहलाव का कारण हों और जिस आनन्द की खोज में वे जगह जगह टक्करें मारते फिरते हैं उसे उन्हें घर में ही दें। इस विद्या का अधिक प्रचार वेश्याओं में होने से अब यह निन्दा की दृष्टि से देखी जाती है ৩र ऐसी उत्तम कला का ऐसे बुरे हाथों में चला जाना ही हमारी लज्जा का कारण है। साधारण शिक्षा पाने पर भी जिस जीव में संगीत का रस नहीं है वह बिना पूँछ का पशु कहा गया है। इसलिए मनुष्यों को पशु न बनना चाहिए।

जैसे मन-बहलाव और आमोद प्रमोद के लिए संगीत आवश्यक है वैसेही स्त्रियों के लिए अन्य ऐसी बातों का जानना भी आवश्यक है जिनकी ज़रूरत गृहस्थी में नित पड़ा करती है।

ऐसे कामोंमें सीना वा सुई का काम भी बड़ा प्रयोजनीय समझा जाता है। सिलाई की गिनती शिल्प-कार्य्य में न करके गृह के नित्य के कामों में करनी चाहिए। सल्मे सितारे के काम, ज़रदोजी का काम, रेशमी और सूती कसीदा काढ़ना, मोजा और गुलूबन्द बुनना, कारपेट के कपड़े पर ऊनी क़सीदा काढ़ना, मखमल पर रेशमी फूल बनाना, नानाविधि कलाबत्तू वा गोटे का काम बनाना आदि शिल्पों को देखने से मन मुग्ध हो जाता है और बनानेवाले की प्रशंसा किये बिना नहीं रहा जाता। किन्तु विचारपूर्वक देखने से सीने के समान प्रयोजनीय और थोड़े ख़र्च में होने वाला कोई दूसरा काम नहीं है। रेशमी क़सीदों, ज़रदोज़ी के कामों और ऊनी कामों की केवल धनवान् ही को आवश्यकता पड़ती है पर अपनी अवस्थानुसार बढ़िया या घटिया दाम के कपड़े का कुर्त्ता, पायजामा, टोपी, आदि तो धनवान् और निर्धन सभी कोई पहनते हैं। एक जोड़े मोज़े से मनुष्य के दो चार महीने भली भाँति गुज़र सकते हैं। एक गुलूबन्द से तो वर्षों की छुट्टी हो जाती है, क्योंकि जाड़े के दिनों में उनकी ज़रूरत पड़ती है। पर कोट, कमीज़, कुरता, पतलून, अचकन, मिरज़ई इत्यादि तो एक सप्ताह में हरेक मनुष्य के लिए दो चार चाहिएँ। सीने के सिवा और जिन जिन कामों का उल्लेख किया जाता है वे सभी काम ऐसे हैं जिनमें अधिक रुपया लगता है। ये सब "भरे पेट के चोचले" कहे जाते हैं, अर्थात् जिनके पास रुपये पैसे हैं जिनके सिर पर गृहस्थी का बोझा अधिक नहीं है ये सब उनके लिए हैं किन्तु सीना ग़रीब अमीर सब अवस्था की स्त्रियों को सीखना चाहिए। गृहस्थी के सब कामों में से यह भी एक है। इसके लिए दूसरे कामों से कुछ समय निकाल लेना चाहिए। गृहस्थ के घर की स्त्रियों को सीना पिरोना जानने से बहुत लाभ है।

विलायत में भी गृहस्थ के घर की स्त्रियाँ अपने घर के व्यवहारोपयोगी कपड़े अपने हाथ से सी लेती हैं और जो ग़रीब हैं वे दर्ज़ियों की दूकानों में काम कर पेट पालती हैं। इस देश में जो स्त्रियाँ कुछ काम काज करने से मुँह मोड़ती हैं उनको मेम की पदवी दी जाती है किन्तु मेम लोग हमलोगों से कहीं अच्छा गृहस्थी का सब प्रबन्ध कर लेती हैं। इस बात में हमलोग उन लोगों से शिक्षा पा सकती हैं। कोई कोई कहेंगे कि "हम लोगों का सिया हुआ कपड़ा पुरुषों को पसंद नहीं आता।" नहीं आता तो नहीं सही, उन लोगों का काम वेही लोग जाने किन्तु बच्चों के कुर्ते, पायजामें, टोपियों, अपनी घाघरों, ओढ़नियों, कुर्तियों, चद्दर के गिलाफ़, रज़ाई के गिलाफ़, मसहरी इत्यादि छोटी छोटी चीज़ों के लिए दर्ज़ी की दूकानों पर दौड़ना क्या अच्छी बात है? इससे घर की स्त्रियों की निन्दा होती है। जिन्हें कोट पतलून सीना नहीं आता उन्हें निराश न होना चाहिए। इन छोटे छोटे कामों को भी अपने हाथों से करने से बहुत सुभीता होता है और बहुत से पैसे बच जाते हैं। फिर जिस बात की खर्चा रक्खी जायगी उसीमें उन्नति होगी और भली भाँति अभ्यास हो जाने से उस में आपही सुधार हो जाता है। बहुधा यह देखा गया है कि अहंकारवश कोई कोई किसीसे कुछ सीखना नहीं चाहतीं। यह बड़ी भारी भूल है। शिक्षा सबसे लेनी चाहिये। किसी से कुछ गुण की बात सीखने में मान की हानि नहीं होती और सिखलानेवालो का भी गुण बढ़ता है। घर की छोटी बहू ऐसा कोई काम जानती है जो बड़ी बहू को नहीं आता तो बड़ी बहू उस काम के लिए हज़ार बार पराया मुँह ताकेगी। किन्तु कुछ देर के लिए वह अपने घमण्ड को आले पर रख कर छोटी बहू से सीखने का प्रयत्न करेगी तो वह भी निपुण

हो जायगी। जो स्त्रियाँ सीना जानती हैं वे अपने सन्तानों को अपनी पसन्द का कपड़ा सी कर पहनाती हैं और उसे देख कर अपार आनन्द पाती हैं।

ईश्वर किसी को कभी दुःख के दिन न दिखलावे। यदि दुर्भाग्यवश किसी को ऐसा समय आ जाय तो भले घर की स्त्रियाँ सीने का काम करके वा दूसरे कुछ शिल्प द्वारा ही निज मर्य्यादा की भी रक्षा कर और साथही थोड़ा बहुत धन कमा सकती हैं। सीना वा सुई का काम धनवानों के मन बहलाने वा समय बिताने और ग़रीबों के रोटी चलाने और घर के काम निकालने का समय होता है। समय के हेर फेर से मनुष्य की रुचि भी बदल गई है। अब अंगे, पायजामे के बदले कोट पतलून और कुर्ते के बदले कमीज़ पहिनने लगे हैं। इन कारणों से अब सुई के काम में सुधार की आवश्यकता भी हो गई है। अब इस प्रान्त की स्त्रियाँ भी बङ्ग-महिलाओं की भाँति कुर्ती के बदले जाकेट पहिनती हैं। लहँगे में भी मग़ज़ी और संजाफ़ के बदले मेमों के गाऊनों की नक़ल पर चुनन लगाई जाती है। जाकेट में जो प्लेट, लेस या चुनन आदि लगाये जाते हैं सो तो यथोचित होते हैं, किन्तु उनके काट छाँट न जानने के कारण प्रायः कली इत्यादि से काम लिया जाता है। जिन्हें ऐसे कपड़े सीने की ज़रूरत पड़े कि जिसकी काट, छाँट वे न जानती हों तो पहले कपड़ा एक दर्ज़ी से कटवा कर मँगवालें और फिर उसी अनुसार काटने का अभ्यास करें। उपर्युक्त रीति द्वारा पुस्तकों में जो काट छाँट के नमूने रहते हैं उनकी अपेक्षा सहज में शिक्षा मिल सकती है।

इसलिए स्त्रियों को उचित है कि घर के नित्य के काम काज से जो समय बचे उसे सीने पिरोने में लगावें। इससे

उनका दिल बहला रहेगा साथही बहुत कुछ बचत होगी और उनके घर में कपड़ों की कमी नहीं रहेगी। अब तो ४०) ५०) रु० में ऐसी सीने की कलें मिलती हैं जिनसे बहुत थोड़ा समय लगा कर ज़्यादा काम हो जाता है।

गृहस्थी के सब कामों की देख-भाल प्रायः स्त्रियों के ज़िम्मे रहती है। इसलिए उन्हें अपने को सब तरह से उसके योग्य बनाना चाहिए।

स्त्रियों की शिक्षा

इस प्रान्त में स्त्री-शिक्षा का पूरा अभाव है। यद्यपि भले घर की दो चार स्त्रियाँ कुछ पढ़ना लिखना जानती हैं, किन्तु न जाननेवाली स्त्रियों की संख्या कहीं अधिक है। मैं विद्यालय की उच्च उपाधियों के पाने की बात नहीं कहती। परन्तु कुछ थोड़ी सी शिक्षा तो साधारण स्त्रियों को अवश्य ही मिलनी चाहिये।

कोई कोई स्त्री-शिक्षा के विरोधी कहेंगे कि स्त्रियाँ पढ़ने लिखने से मेम साहिबा बन जायँगी, तो घर के काम काज कौन करेगा? कोई कहेंगे कि स्त्रियाँ पढ़ कर क्या करेंगी? क्या उन्हें धनोपार्जन करना है? कोई तीसरे महाशय कह बैठेंगे कि पढ़ने से तो स्त्रियाँ निर्लज्ज हो जायँगी? परन्तु विचार-पूर्वक देखने से ये सब युक्तियाँ मिथ्या निकलेंगी। अनेक विषयों की शिक्षाप्रद पुस्तकें पढ़ने से तो और भी भली भाँति घर के काम काज सँभाल सकेंगी। यदि धन कमाने के लिए ही विद्या सिखलाना है, तो धनवान पुरुष क्यों विद्योपार्ज्जन करते हैं? शिक्षिता होने से लज्जाहीना हो जाने का कोई कारण नहीं। *

---

* जो शिक्षा स्त्रियों को मेम वा निर्लज्ज बना दे वह शिक्षा नहीं बरन कुशिक्षा है। स्त्रीशिक्षा का मुख्य उद्देश्य है नम्र, सलज्ज और शान्त बनाना। गृह कार्य्यों में दक्ष करना। साथ ही उचित और अनुचित का ज्ञान पैदा करना। जो शिक्षा निर्लज्ज बनाती है उसके हम विरोधी हैं। सम्पादक।

पहले बङ्गदेश में भी लोग ऐसा ही समझते थे और कहते थे कि "पढ़ने से बालिकायें शीघ्र विधवा होजायँगी।" यदि पूछा जाता कि पढ़ने से विधवा होने का क्या सम्बन्ध है? तो यों उत्तर मिलता कि स्त्री के शिक्षा पाने से पति की आयु क्षीण हो जाती है। किन्तु अब यह अन्ध विश्वास नहीं रहा, पूर्ण शिक्षिता नहीं तो अर्द्ध शिक्षिता बंगदेश की प्रायः सब ही स्त्रियाँ होती हैं। +

हिन्दू-ललनाओं को तो बाल्यावस्था ही में माता-पिता से अलग होना पड़ता है। उस समय माँ बाप के एक पत्र में ही उनकी सजीव मूर्ति उन्हें दिखलाई देती है। जो बालिका पढ़ना लिखना नहीं जानतीं वे इस सुख से वञ्चित रहती हैं। एक पत्र पढ़ाने वा लिखाने के लिए उनको दूसरों की मिन्नत करनी पड़ती है। तिस पर भी अपने मनोगत भाव निज लेखनी से जैसे प्रकट होते हैं वैसे दूसरों के द्वारा नहीं हो सकते। यदि लड़कियों को और कुछ नहीं तो, थोड़ी सी मातृभाषा की शिक्षा मिल जाया करे तो एक पत्र लिखने के लिए उनको दूसरों का मुँह न ताकना पड़े।

स्त्री के शिक्षित होने से पति को भी बहुत कुछ सहायता मिल सकती है। हमारी यह बात पढ़कर कोई कोई महाशय कहेंगे कि भाई! पति की सहायता कैसी? क्या वह पति की मास्टरी में सहायता कर सकेगी वा पति की डाक्टरी में?

+ हमारे देशवासी भी कैसे अन्धविश्वासी हैं। कई पढ़ी लिखी स्त्रियाँ किसी समय विधवा हो गई होंगी। बस वह अन्धविश्वास चल पड़ा होगा। हेमाद्रिदानखण्ड में साफ़ लिखा है "कन्या को पढ़ा लिखा कर दान करना चाहिये। इसका बड़ा फल होता है। यदि यह बात सच होती कि पढ़ने से स्त्री विधवा हो जाती है तो ऋषिजन ऐसी बात क्यों लिखते।

सम्पादक।

अवश्य, इन कामों में स्त्री स्वामी की सहायता नहीं कर सकती। किन्तु यदि वे घर के महीने भर के आय-व्यय का लेखा, नौकरों का वेतन तथा धोबी के यहाँ जाने वाले कपड़ों का हिसाब इत्यादि अपने हाथ में रख सकें तो भी पति के कामों में वे बहुत कुछ सहायता पहुँचा सकती हैं। कुछ लोग कहेंगे कि धनवान् के घर की स्त्रियाँ इन बातों में अपना सिर क्यों खपावेंगी? उनके यहाँ तो अनेक दास और दासियाँ रहती हैं। वेही सब हिसाब किताब रख सकती हैं। अच्छा वे काम न करें, न सही। परन्तु अच्छे अच्छे ग्रन्थों को पढ़कर वे अपना जी बहलाने के साथ ही मानसिक उन्नति भी कर सकती हैं और व्यर्थ बात कहनी तो बड़ी भूल है कि, "दास दासियों के रहते मैं क्यों श्रम करने लगी?" चाहे धनवान हो चाहे निर्धन, यह सब काम अपने ही हाथों से करना गृहिणी को उचित है।

सुमाता होने से सुपुत्र होते हैं। यह बात प्रायः शिक्षित समाज के सभी लोग मानते हैं। स्वदेशी या विदेशी जितने महानुभावों की जीवनी को देखिए प्रायः उन लोगों की माता सुमाता कहलाती थीं। उन्नत-चरित्र, उदार-हृदय, सत्य-वादिनी सुशिक्षित और स्वधर्म-परायण होने से माता सुमाता हो सकती है और केवल सुशिक्षा के ही द्वारा ऊपर कहे सब गुण सहज में प्राप्त हो सकते हैं। बालक की प्रथम शिक्षा माँ के द्वारा होती है। माँ के अशिक्षिता होने से पुत्र के शिक्षित होने की बहुत कम आशा होती है। इस विषय में बंगभाषा के "अन्तःपुर" नामक मासिक पत्र में जो कि बंगनारियों ही के द्वारा सम्पादित होता है, एक बंग-नारी ने अपना जो कुछ हाल लिखा है, मैं उसका भावार्थ नीचे देती हूँ।

"वर्णमाला से परिचय होने के साथ ही मेरी शिक्षा की समाप्ति हो गई। बारह वर्ष की उम्र में एक पराये घर को

गृहिणी और थोड़े ही कालोपरान्त दो तीन लड़कों की माँ हुई हूँ। उनसे पढ़ने के लिए जब तब कहने से उनके मन में ऐसा विश्वास हो गया था, कि हमारी माँ बड़ी ही विदुषी है। एक दिन मेरा बड़ा लड़का भूगोल, इतिहास लाकर कहने लगा, " माँ! हमको इसका अर्थ बतला दो!" पहले तो मैंने कई एक आपत्तियाँ कीं और कहा कि क्या तुम्हारे गृहशिक्षक इन बातों को नहीं समझाते? उसने उत्तर दिया, " आज वह नहीं आये।" विवश होकर मुझको कहना ही पड़ा कि " मैं इसे न समझा सकूँगी।" मेरी बात को सुनकर उसे बहुत आश्चर्य हुआ, और कुछ देर पीछे वह यों कहने लगा "आह! तुम कुछ नहीं जानती!" अब जब कभी उससे पढ़ने के लिए कहती हूँ तब वह चट यह कह बैठता कि, " तुम क्या जानो जो मुझसे कहती हो!" जब दश वर्ष के बालक ने देखा कि उसकी माँ में इतनी योग्यता नहीं है कि वह उसे शिक्षा दे सके, तब उसकी मातृभक्ति भी कम हो चली।"

ब्रिटिश गवर्नमेंट की कृपा से हिन्दू-बालकों की शिक्षा के अनेक उपाय हैं किन्तु हिन्दू-बालिकाओं के लिए उचित शिक्षा का कोई प्रबन्ध नहीं है। यद्यपि मिशनरियों ने प्रायः सभी स्थानों में बालिका-विद्यालय खोल रक्खे हैं, परन्तु वहाँ तो प्रभु ईसु मसीह के भजन पढ़ने की ही अधिक चाह रहती है। कहना न होगा कि इससे हमारे देश को लाभ की अपेक्षा हानि ही अधिक होती है। यदि बालिकायें अपनी जननी के पास ही शिक्षा पावें तो उन्हें ईसू मसीह के भजन न रटने पड़ें।

पति-सेवा

याते पूरण प्रेम, नेह सौहार्द भाव कर ।
आराधहु इक कृष्णदेव देवहिं निसिबासर ॥
कृष्ण चरण रत रहहु, सदा तजि ममता सारी ।
यदि चाहत सुख सकल, सत्यभामा सखि प्यारी ॥

(पु० गोपीनाथ एम० ए०)

सत्यभामा ने द्रौपदी से पूछा—"हे द्रौपदी ! तुम देवतुल्य महावीर पाण्डवों से कौनसे बर्ताव करती हो जो वे लोग तुम पर कभी रुष्ट नहीं होते वरन् इतना अपरिमित अनुराग दिखलाते हैं ? इसका कारण क्या है ? तुम व्रत, उपवास, संगमादि में स्नान, होम, मन्त्र, ओषधि, इनमें से कौन से उपाय के प्रयोग से उन लोगों को वशीभूत करने में समर्थ हुई हो ? किस उपाय से वे लोग तुम्हारे अनुरागी हो रहे हैं, सो हमसे कहो" सत्यभामा के चुप होने पर द्रौपदी कहने लगी, "सुनो सखी ! पापी स्त्रियाँ पति को वश में लाने के लिये मन्त्र, ओषधि, आदि हानिकारक उपायों का अवलम्बन करती हैं। धर्म्म-परायणा सती नारी कदापि ऐसे घृणित उपायों का अवलम्बन

नहीं करतीं। सत्यभामे! मैं महात्मा पाण्डवों से जैसा व्यवहार करती हूँ, सो कहती हूँ, सुनो—मैं काम, क्रोध, अहंकार का परित्यागकर सर्वदा पाण्डवों की सेवा करती हूँ। अभिमान त्यागकर और सानुराग एकाग्रचित्त होकर उनके मनोनीत काम करती हूँ। पति लोगों के स्नान, भो न, शयन, करने के पहले मैं कदापि स्नान, भोजन, शयन नहीं करती। स्वामी के बाहर से आने पर उनको आसन, चरण धोने के हेतु जलादि देकर मैं उनका स्वागत करती हूँ।

मैं नित्य घर को साफ़ कर घरके बरतन माँज धोकर, यथा-समय भोजन तैयार करके उन्हें देती हूँ। और साव-धानतापूर्वक सब चीज़ों की रक्षा करती और नीच प्रकृति की स्त्रियों के संग कदापि बात चीत नहीं करती हूँ और न कटु वाक्य मुख पर लाती हूँ। मैं सबके प्रति प्रीतियुक्त व्यवहार करती हूँ। और आलस्य को अपने पास आने नहीं देती हूँ। मैंने अधिक हँसना और अधिक क्रोधादि त्याग दिया। सत्यानुगामिनी होकर निरन्तर स्वामियों की सेवा करती हूँ। मैं रोज आर्य्या (सास) कुन्ती देवी की सेवा—अन्न, पान, वस्त्र, देकर अपने हाथ से करती हूँ। उनसे अच्छे भोजनों, या कपड़ों का मैं कदापि व्यवहार नहीं करती। कभी भूल कर भी उनकी निन्दा नहीं करती। हे शुभे! मुझे सावधान कार्य्यदक्ष और बड़ों की सेवा में देख कर पतिगण हमारे अनुरागी हो रहे हैं।

मैं पति के राज-काज के समय अन्तःपुर को दास-दासियों की ख़बरदारी करती हूँ। मैं अकेली ही महाराज के आय, व्यय, की जाँच करती हूँ। पाण्डवगण सम्पूर्ण पुरवासियों की देख-भाल मेरे हाथ सौंप कर निश्चिन्त हैं। मैं अपने शारीरिक सुखों को छोड़ कर्त्तव्य का पालन करती हूँ। रत्नाकर से रत्नों से पूर्ण कोषागार की रक्षा करने को मैं ही

चेष्टा करती हूँ। मैं दिन-रात, समान जानकर, क्षुधा और तृष्णा को संगिनी बना कर, कर्त्तव्य-साधन में तत्पर रहती हूँ। मैं सबसे पहले उठती हूँ और सबके पीछे सोती हूँ। सदा सत्य व्यवहार में रहती हूँ। सत्यभामे! मैं पति के वश करने के यही बड़े उपाय जानती हूँ। किन्तु असदाचारिणी नारियों की भाँति कदापि कुव्यवहार नहीं करती और न करने की अभिलाष ही रखती हूँ।"

जो नारी घरके सारे काम केवल ईश्वर-सेवा के हेतु करती हैं वे ही पुण्यवती 'कमला' कहला सकती हैं। उनके पक्ष में समस्त संसार शान्तिमय है। वे जो कुछ करती हैं, सब ईश्वर के प्रति दृष्टि रख कर। उन कामों के भीतर गम्भीर और विशुद्ध प्रेम है। और उन गृह कर्म्मों के रूप में वे ईश्वर की आज्ञा पालन करती हैं। उनके जीवन की पवित्र छाया उनकी सन्तानादि हैं। उनके जीवन पुण्यालोक से दीप्त होते हैं।

वह रमणी आदर्श पतिव्रता है जो पति को निज प्रेम-पूर्ण दृष्टान्तों से ईश्वर के प्रकृति-मार्ग पर उन्नत करती है। वह अपने आत्मा की उज्ज्वलता से स्वामी के हृदय को उज्ज्वल कर देती है।

उत्तम पत्नी गृह-लक्ष्मी स्वरूप हैं। वे निज जीवन के पुण्य और प्रेम से गृह को उज्ज्वल कर देती हैं। उनके शासन, प्रेम के पवित्र शासन हैं। उनकी क्षमा और सहनशीलता के आगे पृथ्वी के सम्पूर्ण दुःख, यन्त्रणा लघु हो जाते हैं। उनके प्राणप्रिय उनके ईश्वर हैं। पति की सेवाही उनके जीवन का सार है। उनके चरित्र की विशुद्धि और पवित्रता देखने से मनुष्य-मात्र पवित्र हो जाते हैं। ऐसी लक्ष्मी की सी सुशीला नारी जिनकी अर्द्धाङ्गिनी हैं वे पुरुष सचमुच धन्य हैं।

हमारे देश की स्त्रियों की दशा

इस लेख में मैं केवल यह बतलाना चाहती हूँ कि भारत की ललनायें यूरोपियन महिलाओं की बराबरी क्यों नहीं कर सकतीं। भारत की उच्च-वंशवाली हिन्दू और मुसलमान महिलायें पर्दे में रहती हैं। पर्देवाली स्त्रियों को कदापि स्वाधीनता नहीं मिल सकती। इसी कारण से उन्हें शिक्षा भी नहीं मिलती। उच्च शिक्षा के साथ स्वाधीनता का घनिष्ठ सम्बन्ध है। इस बात का प्रमाण हमारे देश ही में मौजूद है। ब्रह्मसमाजियों और पारसियों में पर्दे का अधिकार ख़याल न रहने के कारण उनकी स्त्रियाँ प्रायः शिक्षिता होती हैं। उच्च-शिक्षा प्राप्त रहने के लिए कम से कम, घर से विद्यालय तक जाने और अध्यापकों से पाठ लेने या उनके पास परीक्षा देने की स्वाधीनता की बड़ी ज़रूरत है। किन्तु मेरी समझ में हिन्दू--परिवार की कुल-वधुओं को ये दोनों अधिकार मिलना बहुत कठिन है। "कुल-वधू" इस लिए लिखा कि बालविवाह का हिन्दुओं में अटल राज्य है। अवश्य ही अल्पवयवाली कुमारी लड़कियों के विद्यालय जाने में कुछ रोक-टोक नहीं है। किन्तु दस ग्यारह वर्ष की अवस्था में वे बेचारी कहाँ तक शिक्षा प्राप्त कर सकती हैं। हाँ, यदि पिता या पति चाहें तो घर में कन्या या स्त्री को थोड़ी बहुत शिक्षा दे सकते

हैं। यही शिक्षा हिन्दू-रमणी के लिए यथेष्ट हो सकती है। कहीं कहीं ऐसा हो भी रहा है। हिन्दू-नारी को उच्च शिक्षा पाना और उस शिक्षा का उपयोग करना दोनों ही बातें असम्भव सी जान पड़ती हैं।

यहाँ पर यह प्रश्न हो सकता है कि "क्या गुजराती और महाराष्ट्र-महिलायें हिन्दू-नारी नहीं हैं? उनमें तो बहुत सी ऊँचे दरजे की शिक्षिता हैं।" सचमुच यह बड़े हर्ष की बात है कि उनमें दिनों दिन शिक्षा का प्रचार बढ़ता जाता है। पर क्या इसका प्रधान कारण यह नहीं है कि उनमें पर्दे का प्रथा नहीं है? अन्य स्त्रियों से इनकी प्रकृति में भी भिन्नता पाई जाती है। वे जब कहीं जातीं आती हैं तब अन्य-प्रान्तवासिनी महिलाओं की तरह संकुचित-भाव से नहीं चलतीं। वे आत्मारक्षा करने में भी समर्थ होती हैं। एक महाशय के कथनानुसार "एक बी० ए० की पत्नी का निरक्षरा होना" सच मुच बड़े ही क्षोभ, दुःख और लज्जा की बात है। पर इस दोष के कुछ कुछ हिस्सेदार वे बी० ए० पति महाशय भी हैं। अथवा यों कहिए कि यह पति-पत्नी दोनों के दुर्भाग्य हैं। पत्नी का दुर्भाग्य यह है कि शिक्षित पति पाकर भी वह उसकी शिक्षा से कुछ लाभ न उठा सकी। और पति के दुर्भाग्य की बात पूँछिए ही नहीं; इसको तो वही अच्छी तरह जानते होंगे जिनको मूर्खा स्त्रियों से पाला पड़ा है। पति महाशय उच्च शिक्षित होने पर भी यदि अपनी सचिव, सखि, शिष्या, सहधर्म्मिणी की ज्ञानोन्नति न कर सकें तो देशोन्नति की उनसे क्या आशा की जाय? आज कल भारत के प्रायः सभी शिक्षित जन स्त्री-शिक्षा के पक्षपाती हैं और उसके प्रचार की कोशिश कर रहे हैं। उन लोगों की चेष्टा कुछ कुछ फलीभूत भी हो रही है। प्रायः सभी शिक्षित पुरुष अन्य सभ्य देशों की स्त्रियों से तुलना कर भारत की

स्त्रियों की वर्तमान दशा पर खेद प्रगट करते हैं। पर क्या अन्य सभ्य देशों के सर्वसाधारण पुरुषों की भाँति भारत के सर्व साधारण पुरुष शिक्षित हैं? उन्हीं महाशय के कथनानुसार झोंपड़ियों तक में साहित्याचार्य्यों का नाम सुन लेना सचमुच बड़ी आनन्द देनेवाली बात है। किन्तु नाम लेने के योग्य केवल स्त्रियाँ ही न होंगी, पुरुष भी होंगे। हमारे देश के झोंपड़े में रहनेवाले पुरुष ही जब निरक्षर भट्टाचार्य्य हैं तब बेचारी स्त्रियों की कौन गिनती!

भारत की ललनायें जो पति के साथ सभ्य स्त्रियों की भाँति व्यवहार नहीं कर सकतीं, उसके भी कई कारण हैं। सभ्य देश की स्त्रियाँ विद्या में, बुद्धि में, उम्र में, स्वाधीनता में, खाने में, पहनने में, घूमने फिरने में, यहाँ तक कि पत्यन्तर ग्रहण करने में भी पति की बराबरी कर सकती हैं। इससे और उनमें पूर्वानुराग-मूलक विवाह प्रचलित होने से, पति पत्नी में सखा-सखी का भाव उत्पन्न हो जाता है। हिन्दू-बनिता पति के साथ विद्या, बुद्धि; वय इत्यादि किसी बात में भी बराबरी नहीं कर सकतीं। विवाह के उपरान्त हिन्दूबालिका जिस गुरु-भाव से पति को देखती है वह भाव चिरकाल तक उसके मन में बना रहता है। इस बात का सब से अच्छा प्रमाण यह है कि हिन्दू-नारी पति का नाम नहीं लेती। उच्च श्रेणी की मुसलमान महिलाओं में यह रीति है कि नहीं, सो तो मैं नहीं जानती, किन्तु निम्नश्रेणी की मुसलमान महिलाओं को यह रीति पालन करते मैंने देखा है। सम्भव है कि यह चाल उन्होंने हिन्दू-स्त्रियों से सीखी हो। पाश्चात्य रमणी पति के साथ अनबन होने पर चट विवाहविच्छेद के लिए नालिश करके स्वतन्त्र हो जाती है। अशिक्षिता हिन्दू-नारी पति भक्ति, पति-प्रीतिको अन्तःसलिला फल्गून-

दीवत् हृदय में धारण कर आजीवन पातिव्रत-धर्म्म पालन करेगी और कहेगी—

"तुम लाख अनीति करो तो करो
हमें नेह को नातो निबाहनो है।"

पाश्चात्य महिला पति की मृत्यु होने पर शोक-वस्त्र के साथ ही वैवाहिक परिच्छेद भी मोल ले सकती है। हिन्दू नारी को पति के वियोग होने पर, सर्वत्यागिनी संन्यासिनी बनकर ब्रह्मचर्य्य पालन करना पड़ता है। जिस पति देव के लिए हिन्दू नारी इतना त्याग स्वीकार करती है उस पर उसकी प्रगाढ़ प्रीति में क्या सन्देह है?

नीलगिरि पर्वत के निवासी टोड़ा लोग।

भारतवर्ष के प्रायः सभी प्रदेश के पहाड़ों पर असभ्य जङ्गली लोग रहते हैं। परन्तु नीलगिरि के टोड़ा लोग जैसे अंग्रेज़ों के कृपापात्र हुए हैं वैसा सौभाग्य आज तक किसी असभ्य जाति को प्राप्त नहीं हुआ है। टोड़ा जाति के लोग बड़े साहसी और पराक्रमी होते हैं। इसलिए वे लोग अँग्रेज़ों को देखकर डरते नहीं।

ये लोग देखने में और असभ्य जातियों से अधिक रूपवान् होते हैं। वे खेती बारी तथा किसी तरह का व्यापार नहीं करते, केवल भैंस ही पाल कर अपना उदर-पोषण करते हैं। ये लोग अपने को नीलगिरि प्रदेश का मालिक समझते तथा बताते हैं। वहाँ दूसरे जङ्गली जाति के लोग भी इन्हें अपना राजा अथवा ज़मीनदार मानते हैं और उन्हें कर-प्रदान करते हैं। इससे यह मालूम होता है कि ये लोग नीलगिरि के आदि-निवासी नहीं हैं। पहाड़ पर बहुत सी ऐसी क़बरें हैं कि जिसके विषय में यह लोग कुछ भी जानकारी नहीं रखते। उन क़बरों को खोदने से वे कुछ भी आपत्ति नहीं करते। यदि वे क़बरें उनके पूर्वजों की होतीं तो वे कुछ न कुछ आपत्ति अवश्य करते। असभ्य जातियों के मुख्य हथियार धनुषबाण को वे काम में नहीं लाते। भैंस हाँकने के लिए

केवल एक लाठी और एक कुल्हाड़ी ही इन लोगों के पास हमेशा रहा करती है।

टोड़ा लोगों का पहनाव एक छोटी सी लंगोटी मात्र है। पर वे एक कम्बल से सारा शरीर ढके रहते हैं। एक हाथ कम्बल के भीतर रहता है, दूसरा बाहर; पुरुष केश, तथा डाढ़ी मोंछ रखते हैं। स्त्रियाँ बालों को खुला रखती हैं।

भारतवर्ष के प्रायः सभी पर्वतवासी "मङ्गोल" या "निग्रिटो" जाति के होते हैं। किन्तु टोड़ाओं को देखने से मालूम होता है कि वे "मंगोल, या निग्रिटो" जाति से कहीं ऊँचे दरज़े के हैं। पहले पहल पाश्चात्य विद्वानों का यह अनुमान था कि शायद ये लोग ग्रीक, जाति के हों। क्या आश्चर्य्य है जो ग्रीक, जिन्होंने भारतवर्ष पर आक्रमण किया था, उन्हीं लोगों के कुछ साथी यहाँ रह गये हों और वही लोग नीलगिरि के "टोड़ा" नाम से पुकारे जाने लगे हों। परन्तु मदरास के डा० शाट ने अनेक प्रमाणों के द्वारा यह सिद्ध करके दिखलाया है कि टोड़ा लोग द्राविड़ जातियों में से हैं*। उनका मत

---

* संसार की मानवीसृष्टि तीन जातियों में विभक्त है। (१) आर्य (आर्यंज़)। (२) शक (मंगोलियंज़)। (३) दस्यु (निग्रटोज़)। (१) आर्य संसार की सब मानवसृष्टि में सभ्यतम। नाक उठी हुई, रंग गोरा, मुँह गोल, आँखें बड़ी, क़द लाँबा। आर्य जाति का घर पहले ध्रुव प्रदेश में था। यह जाति हिम प्रलय के कारण जब वहाँ से चली तब दो तीन फ़िरक़ों में बट गई। कुछ लोग योरोप की ओर चले गये। ग्रीक, ल्याटिन, टूयटन स्ल्याव आदि जातियाँ इन्हीं लोगों से बनीं। अँगरेज़ इन्हीं के सन्तान हैं। कुछ एशिया माइनर से लगा कर काबुल तक और उधर मंगोलिया तक लगातार बढ़ते गये। कुछ भारतवर्ष में आकर बसे जो पंजाब से पश्चिमी बंगाल तक और कोंकण से हिमालय की तराई तक बसे। कुछ

है कि द्राविड़ लोग हिन्दू होने के पहले जिस प्रकार थे, ठीक उसी भाँति टोड़ा लोगों की आधुनिक समाजिक रीति, नीति, व्यवहार, सभ्यता आदि से इनका द्राविड़ होना सिद्ध होता है। इन लोगों की भाषा कनाड़ी और तामील से मिलती जुलती है॥ पर इनका उच्चारण ऐसा भ्रष्ट होता है कि जिनकी मातृभाषा कनाड़ी या तामील है, वे लोग भी इसे सहज में नहीं समझ सकते। थोड़ी सी चेष्टा करने पर यह ज्ञात होता है कि इनकी भाषा कनाड़ी अथवा तामील भाषा की शाखा है।

भारत से जाकर ईजिप्ट में बसे। हम लोग इसी जाति के हैं। (२) शक मध्य एशिया के रहने वाले, नाक और मुँह चिपटा; रंग पीला; आँखें और कद छोटा; इस जाति के लोग एशिया के पूरवी भाग से बरमा और स्याम तक उधर तिब्बत, नेपाल और आसाम तक फैले हैं। बंग जाति प्रायः शक और आर्य्यों के मेल से बनी है। इस जाति का आधिपत्य पहली शताब्दि के आस पास उत्तरी भारत में हो गया था। पर सुप्रहीतनामा महाराज विक्रम ने इन्हें इस देश से निकाल दिया और उसी विजयोपलक्ष्य में विक्रम संवत की स्थापना की। प्रसिद्ध राजा कनिष्क इसी जाति का था। विक्रमादित्य से हारने पर जो 'शक' यहाँ रह गये वेही जाट कहे जाने लगे। यह इतिहास-वेत्ताओं का मत है। मंगोल शब्द भी शक का पर्य्यायवाची है। (३) दस्यु। आर्य और शकों के सिवाय संसार की अन्य सभी असभ्य जंगली जातियों को हम दस्यु, मानते हैं यद्यपि विद्वानों ने इसमें कई भेद किये हैं पर हम एकही भेद में सबको मानते हैं। इस जाति के सभी भेदों के लोग प्रायः काले और बदसूरत होते हैं; कद में बहुत लँबे नहीं होते। भारतवर्ष तथा अन्य सभ्य देशों में पहले यही बसते थे। अब भी थोड़े बहुत पाये जाते हैं। अफ्रीका, अमरीका तथा आस्ट्रेलिया आदि के जंगलों में ये बहुतायत से रहते हैं। भील कोल इसी जाति के हैं। द्राविड़ जाति को हम दस्यु और शकों के मेल से उत्पन्न मानते हैं।

सम्पादक।

टोड़ा लोग कहा करते हैं कि पहले वे पहाड़ के नीचे समथल भूमि पर रहते थे और रावण के उपद्रव से भयभीत होकर पहाड़ों के ऊपर जाके रहने लगे हैं। पर ऐसा अनुमान होता है कि रावण के अत्याचार से नहीं, बरन् मैसूर के हिन्दू राजाओं के अत्याचार से ही इन लोगों ने पर्वत का आश्रय लेना स्वीकार किया है।

टोड़ा लोग भैंस को बहुत ही। पवित्र समझते हैं। परन्तु हिन्दू जैसे गाय को पवित्र मानते हैं और गोहत्या करना महा पातक समझते हैं, उससे विरुद्ध भैंस की हत्या करना टोड़ा लोग पाप नहीं समझते।

टोड़ा लोग मुर्दों को जलाते हैं। बड़ों के मरने पर अपना मूड़ मुड़वा कर वे उनको सम्मान देते हैं। पर यह रीति सब टोड़ाओं में नहीं है। मरने के सालभर पीछे मृत मनुष्य की झोपड़ी को वे जला देते और उसकी दो भैंसों की बलि देते हैं। पहले मृतक मनुष्य की सब भैंसों को वे मार डालते थे; पर अब अँगरेज़ी सरकार ने इस अन्याय-प्रथा को रोक दिया है।

टोड़ा लोग बड़े ही आलसी होते हैं। काम-काज करना नहीं चाहते। इन लोगों में आधुनिक सभ्यता धीरे धीरे घुस रही है, जिससे इन लोगों की प्रकृति का शीघ्रही परिवर्तन होना सम्भव है। किन्तु इससे यह नहीं कहा जा सकता कि इन लगों की कुछ उन्नति होरही है। इन लोगों का ऐसा विश्वास है कि मृतक मनुष्य के श्राद्धोपलक्ष में भैंसों का वध करने से, भैंस अपने पूर्व स्वामी के निकट जा पहुँचती है। इस प्रकार की हत्या करने के सिवा और बातों में भैंसों के प्रति लोग खूब मान और प्रतिष्ठा दिखलाते हैं। भैंसों की सेवा करना, दूध दुहना इत्यादि काम

पुरोहित महाशय का है। मैसूर राज्य में यह कहा जाता है कि मैसूर पहले महिषासुर का राज्य था। मैसूर राज-वंश के पूर्वजों की पूजा से प्रसन्न होकर दशभुजा देवी ने महिषासुर को मार, उसका राज्य मैसूर के राजा को प्रदान किया। अब तक मैसूर की अधिष्ठात्री देवी "महिषासुर-मर्दिनी" और राज्य का आधुनिक नाम "महीसुर" वा मैसूर प्रसिद्ध हो रहा है।

टोड़ाओं के कहने से मैसूर राज्य का इतिहास बहुत कुछ मिलता है। सम्भव है कि टोड़ाओं ने अपने सतानेवाले (मैसूर-राज) का नाम भूल कर—"रावण" प्रसिद्ध कर दिया हो। दोनों कहावतों को मिलाने से यह निश्चित होता है कि टोड़ा लोग ही "महीसुर" के महिषासुर रहे होंगे।

टोड़ा स्त्रियों में बहुविवाह की रीति है। बड़े भाई की स्त्री से छोटे भाइयों के स्त्री-वत् व्यवहार करने का अधिकार है। यदि पति को दो भाई हों, और पत्नी को दो बहनें भी हों, तो तीनों बहनें तीनों भाइयों की स्त्रियाँ होती हैं, और हर एक भाई हर एक स्त्री पर एक सा स्वत्व रखता है।

लड़के की पितृत्व निर्णय करने की रीति भी बड़ी अद्भुत है। बड़ा लड़का बड़े भाई का और छोटा लड़का छोटे भाई का समझा जाता है। टोड़ा लोग अपने लड़कों को खूब प्यार करते हैं और बड़े यत्न के साथ उनका पालन-पोषण भी करते हैं। वे बालकों को देवता के समान पवित्र समझते हैं। जिस स्थान में वे भैंस दुहते हैं वहाँ बालक और पुजारी को छोड़कर दूसरा मनुष्य हर समय नहीं जा सकता। जहाँ पर भैंसें दुही जाती हैं उसे मन्दिर वा देवालय कहते हैं। टोड़ा लोग अपनी झोपड़ी में केवल एक छोटा सा दरवाज़ा मात्र रखते हैं। उसमें सारे परिवार को लेकर वे रहते हैं। और उसी में वे रसोई भी बनाते हैं। इन्हीं कारणों से उनके झोपड़े बड़े ही मैले और गन्दे होते

हैं। ये लोग प्रायः नहाते नहीं, और सारे शरीर में घी मलते हैं। इसीसे उनके शरीर से बड़ी दुर्गन्ध निकलती है।

टोड़ाओं का मुख्य देवता घंटा है। वे उसे हिरिया कहते हैं। यह घण्टा प्रधान भैंसे के गले में बँधा रहता है।

उनके पुरोहित दो प्रकार के होते हैं, एक का नाम "पलाल" और दूसरे का "देवलाल" है। "पलाल" का खूब मान होता है। सभी टोड़ा "पलाल" हो सकते हैं। "पलाल" बनाने के लिए कई कठोर नियमों का पालन करना पड़ता है। "पलालों" की सेवा करना ही "देवलालों" का काम है। पूजा के समय भैंस का दूध चढ़ाया जाता है। नीलगिरि में शीतला का बड़ा कोप रहता है और तरह तरह की आँख की बीमारियाँ भी हुआ करती हैं।

टोड़ा लोग भैंस चराने के लिये दूर दूर तक निकल जाते हैं। इस कारण से इनकी संख्या का निर्णय करना कठिन ही नहीं, किन्तु एक प्रकार असम्भव है। ये लोग दो चार दिन से अधिक कहीं ठहरते भी नहीं।

टोड़ा लोग नाचते गाते भी हैं; परस्पर उपहास भी वे खूब करते हैं; पर कुरुचि पूर्ण नहीं। कुटिल नीति से कोई काम लेना ये लोग जानते ही नहीं, जिससे मिलना, स्वच्छ हृदय से। यह नहीं कि "मुँह से राम राम, पेट में क़साई का काम।"

अंडमन द्वीप के निवासी *

अन्डमन द्वीपों का साधारण नाम कालापानी है। उन का संस्कृत नाम अन्ध द्वीप है। यहाँ भारतवर्ष से क़ैदी भेजे जाते हैं। क़ैदियों से ही इन द्वीपों को गवर्नमेण्ट आबाद करा रही है। क़ैदियों का प्रधान स्थान कालापानी में पोर्टब्लेयर के नाम से प्रसिद्ध है। यहाँ के आदिम निवासियों का वर्णन वाचकों को भेट दिया जाता है।

अन्डमन-निवासियों की संख्या जिस भाँति दिन प्रति दिन कम होती जाती है, उससे अनुमान होता है कि ये लोग शीघ्र ही एक दम लोप हो जाँयगे। इसलिये इन लोगों के सम्बन्ध में अभी से जो कुछ बातें ज्ञात होती जायँ उन्हें लिख रखना परमोपयोगी होगा।

अन्डमन द्वीप-माला में छोटे बड़े मिलाकर कोई २०० द्वीप हैं। उनके अन्तर्गत कितने ही ऐसे द्वीप हैं जिनमें मनुष्य एक भी नहीं रहता। भू-तत्व-वेत्ताओं का ऐसा अनुमान है कि पहले यह द्वीप एशिया महादेश का एक संयुक्त-भाग था। मध्यवर्त्ती

---

* *A history of our relations with the Andamanese*, complied from Histria and Travels, and from the record of the Goverment of India, by M. V, Portman, M. A. E., &c., Officer in charge of the Andamanese, two volumes, 1899.

भूखण्ड समुद्र के गर्भ में निमग्न हो गया। पृथिवी का बचा हुआ भाग समुद्र-वेष्टित हो जाने के कारण द्वीपाकार हो गया है। इस द्वीप का अधिकांश अब भी समुद्र के गर्भ में पतित होता जाता है। इसका यथेष्ट प्रमाण भी है।

अन्डमन द्वीप में सर्दी गर्मी दोनों एकसी रहती हैं। एक वर्ष में कोई २०० इञ्च के ऊपर वर्षा होती है। साल में छः मास वृष्टि होती है। इन्हीं कारणों से यहाँ का जल वायु स्वास्थ्यकर नहीं है इसीसे यहाँ पेचिश, मलेरिया, ज्वर तथा खाँसी आदि अनेक प्रकार की बीमारियाँ अधिकतर होती हैं। सारा द्वीप, समुद्र के किनारे तक, घने जङ्गलों से घिरा है। जगह जगह बेतों का जङ्गल इतना घना है कि उसमें जङ्गली अण्डमनी भी नहीं जा सकते। कहीं कहीं इसका प्राकृतिक दृश्य बड़ा ही मनोरम है। परन्तु खेद है कि यहाँ के असभ्य अण्डमनी लोग इसकी सौन्दर्य्य छटा को समझने और उपभोग करने में सर्वथा असमर्थ हैं। यहाँ बड़े बड़े जङ्गली जन्तुओं का नामोनिशान तक नहीं है। यहाँ के आदिम-निवासी कई प्रकार के कन्दमूल, मछली, कीड़े-मकोड़े खाकर अपने जीवन को धारण करते हैं।

अन्डमनी लोग 'नेग्रिटो' जाति के मनुष्य हैं। भारतवर्ष के सौंताल, कोल, भील आदि जातियों के साथ 'नेग्रिटो' रक्त का सम्बन्ध है पश्चिमी तत्त्ववेत्ताओं का यह अनुमान है कि १८५८ ई० में, ब्रिटिश गवर्नमेन्ट ने जब अन्डमन द्वीप पर अपना दख़ल किया, उस समय बड़े बड़े टापुओं में अनुमान ६,००० मनुष्य और छोटों में २,००० मनुष्य थे। ऊपर इस बात का उल्लेख हो चुका है कि, प्रचीन काल में यह द्वीप एशिया खण्ड का एक संयुक्त भाग था। अन्डमन-वासी भी ऐसा कहा करते हैं, कि एक बार प्रलय होने से इस देश का

एक बहुत बड़ा हिस्सा समुद्र में जलमग्न हो गया।

अन्डमन नाम की उत्पत्ति के विषय में 'पोर्टमान' साहब का यह कथन है—"मलय द्वीप-निवासी बहुत प्राचीन काल से अण्डमन द्वीप में जाकर वहाँ के अधिवासियों को पकड़ लाते थे; और फिर उन्हें दास (गुलाम) की भाँति बेचते थे।" मलयदेश-वासियों का विश्वास था, कि ये 'हण्डुमान' लोग रामायण में वर्णित बन्दर वा हनूमान जी के वंशधर हैं। मलयवासी हनूमान् शब्द का उच्चारण "हण्डुमान" करते हैं। इसी "हण्डुमान" शब्द का अपभ्रंश अन्डमन हुआ है।

अण्डमनी लोग १२ गोत्र और ३ श्रेणियों में बँटे हुए हैं। प्रत्येक गोत्र से बहुत सी छोटी छोटी शाखायें निकली हैं। हर एक गोत्र के मनुष्य एक ही तरह का तीर और धनुष व्यवहार करते हैं; एक ही तरह के गहने पहिनते हैं; एक ही तरह का गोदना गोदाते हैं; और प्रायः एक ही भाषा में बात चीत करते हैं। इनमें और भी दो श्रेणियाँ हैं; एक का नाम "आर-याऊटो" अर्थात् समुद्र-तीरवासी और दूसरी का नाम 'एरे मटाग" अर्थात् अरण्यवासी है। अरण्यवासी लोग जङ्गल का भीतरी रास्ता खूब पहिचानते हैं, और सूअर का शिकार करने में बड़े ही दक्ष होते हैं। ये लोग अण्डमन के जीव-जन्तुओं और जड़ी-बूटियों के सम्बन्ध में, समुद्र-तीरवासियों से बढ़ कर ज्ञान रखते हैं। ये लोग समुद्र-तीर-वासियों की अपेक्षा कुछ डरपोक और धूर्त्त भी होते हैं। जङ्गल-वासी कछुआ आदि को तीर से नहीं मार सकते। जङ्गल-वासी और समुद्र वासियों के बीच परस्पर लड़के लड़कियों का विवाह-सम्बन्ध होता है। वे अपने घरवालों तथा कुटुम्बियों के साथ खूब प्रीति रखते हैं; और जान पहचान होने से अन्य लोगों के साथ

भी अच्छे बर्ताव से मिलते हैं। अपने अपरिचित, तथा अन्य गोत्रवालों को, और संपूर्ण विदेशियों को, ये लोग अपना शत्रु जानते हैं। दत्तक पुत्र अर्थात् गोद लेने से जङ्गल-वासी समुद्र-तीरबासी हो सकता है। परन्तु समुद्रवासी, कभी जङ्गल-वासी नहीं हो सकता। कारण यह है, कि समुद्र-तीर-वासी, जङ्गल-वासियों के प्रति घृणा की दृष्टि से देखते हैं।

अन्डमनी पुरुषों की लम्बाई ४ फुट १० इञ्च और स्त्रियों की ४ फुट ६ इंच होती है। पुरुषों के स्वाभाविक शरीर की गरमी ९९ डिग्री और स्त्रियों की ९९.५। डिग्री होती है। पुरुषों की नाड़ी १ मिनट में ८२ बार और स्त्रियों की ९२ बार चलती है। पुरुष एक मिनट में १९ बार साँस लेते हैं और स्त्रियाँ १६ बार। पुरुषों का शारीरिक वज़न कोई ४८ सेर और स्त्रियों का कोई ४४ सेर होता है। इससे विदित होता है कि, इन लोगों की शारीरिक गर्मी आर्य्य जाति के मनुष्यों की अपेक्षा कुछ अधिक है। इसका ठीक कारण विदित नहीं है। शायद गरम चीज़ों को अधिक खाने अथवा मलेरियापूर्ण देश में रहने से इन लोगों के शरीर में ज्वरांश या गरमी रहती है।

इन लोगों को सरदी बिल्कुल पसन्द नहीं है; और सरदी से ये लोग डरते भी हैं। यदि वे भारतवर्ष ऐसे देश में रक्खे जायँ (जो कि अन्डमन से अधिक ठण्ढा है) तो ऐसा स्थान उन लोगों के स्वास्थ्य के लिए कुछ हानिकारक न होगा; किन्तु अधिक स्वास्थ्यकर अवश्य होगा। इन लोगों को गरमी सहने की खूब आदत है। परन्तु कभी कभी इनके सिर में दर्द हो जाता है। ये लोग गरमी के दिनों में भी, प्रचण्ड धूप में, नग्न शरीर दिगम्बर जल स्थल दोनों में घूमा फिरा करते हैं। ये खूब कड़कड़ाती हुई धूप में नाव पर चढ़े जल-विहार किया करते हैं। कभी कभी ये एक प्रकार के पत्तों का

छाता भी लगाते हैं। ये लोग भूख प्यास बिल्कुल नहीं सह सकते हैं। उपाय रहने से शीघ्र ही ये उसकी निवृत्ति कर डालते हैं। ये लोग २४ घण्टे से अधिक नहीं जाग सकते; परन्तु किसी किसी नृत्योत्सव में चार दिन चार रात तक, बराबर, जागते रहते हैं। परन्तु इसके पश्चात् ये बहुत ही क्लान्त हो जाते हैं।

इनका कंठ-स्वर गम्भीर और कर्कश होने पर भी बहुधा मीठा होता है। ये लोग स्वभावतः दूरदर्शी होते हैं। प्रायः ये लोग अपने शरीर को श्वेत और लाल रङ्ग से रङ्गते हैं। यदि ये रङ्ग न पोतें तो युवती स्त्रियाँ और पुरुष देखने में कुरूप न जान पड़ें। वृद्ध होने पर ये लोग बड़े ही कुरूप हो जाते हैं। इन लोगों का शरीर कोयले की तरह काला होता है। ये लोग एक विचित्र प्रकार से बाल गूँथते हैं। भिन्न भिन्न गोत्रों की केश-रचना-प्रणाली स्वतन्त्र है; कोई सिर मुड़ा डालते हैं; कोई बड़ी बड़ी जटायें रखते हैं। कोई मस्तक के बीच में शिखा रखते हैं; और कोई खूब छोटे छोटे बाल छँटवाते हैं, और उन्हें आच्छादित करते हैं इन लोगों के शरीर में रोंगटे अधिक नहीं होते; किन्तु बिलकुल बे रोंगटे के भी ये नहीं पाये जाते। डाढ़ी मोछ तो प्रायः इन लोगों के होते ही नहीं। यदि भाग्यतः किसी के हो भी गई, तो फिर उसके अहङ्कार का ठिकाना नहीं। ये भौंहों को कतरा डालते हैं।

इन लोगों में जन्म के अन्धे, बहरे, लूले, लँगड़े, प्रायः नहीं होते। इनमें बोझ ढोने वाले सिर पर एक मोटी रस्सी बाँधते हैं। इसी कारण मस्तक के बीच में दाग़ हो जाता है। ये दाग़ प्रायः स्त्रियों में अधिक देखे जाते हैं। कारण यह है कि स्त्रियों ही को ईंधन आदि भारी भारी बोझ ढोने पड़ते हैं। बाल्यावस्था से ही बोझा ढोने के कारण इनकी सारी खोपड़ी में रस्सियों

के से नीचे ऊँचे दाग़ हो जाते हैं। अण्डमनी ६०,६५ वर्ष तक जीते हैं।

इन लोगों में प्रायः जन्म के पागल नहीं होते। पर नर-हत्या करने की प्रबलेच्छा इन सभों को कभी कभी बेतरह पागल बना देती है। इस प्रकार के पागल कच्चा मांस, मछली इत्यादि खाने लग जाया करते हैं। उस अवस्था में, किसी मनुष्य की हत्या करने पर उसकी चर्बी को ये खाते हैं, और उसके गरम लोहू का पान करने लग जाते हैं। कुछ दिनों तक ये पागल बड़ा ही उपद्रव करते हैं; किन्तु शीघ्र ही उससे कोई दूसरा पूर्व-हत्या का बदला लेता है; अर्थात् उसे मार डालता है।

पोर्टमन साहब का कथन है, कि इन लोगों में जिसकी बुद्धि तीव्र होती है उसका चेहरा भी कुछ साफ़ सुथरा होता है; और उसका स्वभाव भी क्रोधी होता है। चालीस वर्ष के बाद इन लोगों की बुद्धि, इस देश के बुड्ढों की भाँति, सठिया जाती है। तब ये लोग अधिक बर्बर और लड़ाके हो जाते हैं।

परस्पर के व्यवहार में ये लोग धीर और मृदु स्वभाव के होते हैं; परन्तु क्रोध इनको बहुत ही शीघ्र आ जाता है। ये लोग बड़े ही निष्ठुर, ईर्ष्यालु विश्वास-घातक और वैर-निर्यातन प्रिय होते हैं। इन लोगों के हृदय में उपकार अथवा अनिष्ट की बातों का स्मरण अधिक दिन तक नहीं रहता। कृतज्ञता किस वस्तु का नाम है, यह ये लोग बिलकुल नहीं जानते। ये लोग अपनी अपनी स्त्रियों को खूब प्यार करते हैं; और अपने घरवालों से अच्छे बर्ताव के साथ मिलते हैं; किन्तु जितने बुरे बर्त्ताव हैं उसे दूसरे के लिए रख छोड़ते हैं। ये लोग बड़े ही आमोद-प्रिय, मृगयासक्त और स्वाधीनचित्त के मनुष्य होते हैं। ये किसी काम को अधिक देर तक करते रहना पसन्द नहीं करते। स्त्रियों की बुद्धि पुरुष की अपेक्षा कम होने पर भी

एक बारगी कम नहीं होती। वृद्धा स्त्रियों को, ये लोग, अधिक प्रतिष्ठा करते हैं। स्त्रियाँ पुरुषों की अपेक्षा अधिक दिन तक जीवित रहती हैं; और वृद्धावस्था में पुरुष की भाँति सठिया नहीं जातीं। अन्डमनी लोग पुरुषों की अपेक्षा स्त्रियों को निकृष्ट समझते हैं। स्त्रियाँ काम करने के कारण स्वामी के निकट दासी के समान होती हैं। इन लोगों के सब कामों को स्त्रियाँ करती हैं।

इनकी दृष्टि युरोपियनों के सदृश तीक्ष्ण नहीं होती; परन्तु काम पड़ जाने पर कभी तीक्ष्ण भी हो जाया करती है। ये लोग सभ्य जातियों की भाँति मनोमुग्धकारी सुगन्धित पुष्प के प्रति अनुराग दिखाना बिलकुल नहीं जानते। फूलों से निज शरीर को भूषित करना और भी नहीं जानते। ये अन्धकार में, केवल घ्राण द्वारा, किसी को भी नहीं पहिचान सकते। पोर्टमन साहब के मत से अन्डमनियों की कोई भी इन्द्रियाँ सभ्यजाति की अपेक्षा तेज़ नहीं होतीं; पर कभी कभी अभ्यास और काम पड़ जाने पर तेज़ भी हो जाया करती हैं।

अन्डमनियों के नाम तीन प्रकार के होते हैं। (१) गर्भावस्था में जो नाम रक्खा जाता है वह नाम जीव-पर्य्यन्त लिया जाता है। (२) पैदा होने पर दूसरा नाम रक्खा जाता है। प्रत्येक गोत्र में, इस प्रकार के नाम, २० से अधिक नहीं होते। (३) यमज (जोड़ीवाँ) बालक के भूमिष्ठ होने पर उसका नामकरण होता है। यदि किसी की प्रथम सन्तति मर जावे तो भविष्य में जो दूसरी सन्तति उत्पन्न होती है उसको प्रथम बालक के नाम से पुकारते हैं। अन्डमनियों को विश्वास है कि मृत बालक ही फिर आकर जन्म धारण करता है। ऐसे ऐसे भद्दे विश्वास हमारे देश में भी बहुतेरों को होते हैं। अन्डमनी बालिकायें जब युवा अवस्था को प्राप्त होती हैं, तब वे किसी

ऐसे पुष्प के नाम से पुकारी जाती हैं जो कि परिस्फुटित होते हैं। और स्त्री जाति की अवस्था भी ठीक उन्हीं परिस्फुटित होने वाले पुष्प के सदृश बोध होती है। यही मत इस देश के साहित्य-सेवियों का भी है। जैसे पुष्प से बीज और फिर उससे पौधा उत्पन्न होता है, ठीक वही अवस्था मानव जन्म की भी है। अतएव दोनों ही एक से मिलते जुलते हैं। अन्डमनी लोग कितने ही सम्मान-प्रदर्शक नाम भी व्यवहार करते हैं। लड़के-बाले, माता पिता को नाम लेकर पुकारते हैं। युवक और युवतियाँ गुरुजनों के साथ वार्त्तालाप करते समय उनके पुकारनेवाले नाम नहीं लेती।

ये लोग केवल एक ही विवाह करते हैं। विवाह की प्रथा उत्तम न होने पर भी विवाह के पश्चात् ये लोग परस्पर एक दूसरे के ऊपर अनुरक्त रहते हैं। अन्डमनी लोग बीमार होने पर गेरू मिट्टी का लेप शरीर में करते हैं और उसे खाते भी हैं। ज्वर आने तथा सिर में पीड़ा होने पर, ये लोग, मस्तक से, और फोड़ा होने पर फोड़े से दूषित रक्त को निकाल डालते हैं। किसी स्थान में पीड़ा होने पर ये उस जगह मनुष्य के हाड़ों की माला पहनते हैं। ये लोग कुछ पथ्यापथ्य पर भी ध्यान रखते हैं।

ये लोग पेड़ पर चढ़ने, शीघ्र चलने, तथा दौड़ने में बड़े ही दक्ष होते हैं। "आर-या उटोरा" लोग तैरने में बड़े ही निपुण होते हैं। वे मानो एक प्रकार के जलचर जीव हो हैं। ये लोग समुद्र की लहरों में धनुर्वाण द्वारा मछलियों के मारने में बड़ी ही पटुता दिखलाते हैं।

अन्डमनी, स्वप्न और ज्ञानी मनुष्यों की भविष्यद्वाणी पर बड़ा ही विश्वास करते हैं। ये लोग दो से ऊपर, भली भाँति, नहीं गिन सकते पर, हाँ, बड़ी कठिनता से पाँच तक

किसी तरह गिन लेते हैं।

अन्डमनी लोग बड़े ही मेजे होते हैं; इसीसे वे एक स्थान में अधिक दिन तक नहीं रह सकते। यही कारण है जो ये लोग स्थायी या बड़े झोपड़े नहीं बनाते। हर गाँव में कम से कम १४ झोपड़े होते हैं। झोपड़े अण्डे की भाँति गोलाकार होते हैं। गाँव के मध्य में थोड़ा खुला मैदान नाच के लिए रख छोड़ा जाता है। झोपड़ा सामने ४ फुट और पीछे ८ इञ्च ऊँचा होता है। झोपड़े के ठाठ को घास-पात से छा देते हैं। झोपड़े के चारों तरफ दीवार नहीं होती। झोपड़ों की लम्बाई चार फुट और चौड़ाई ३ फुट तक होती है। एक झोपड़ा एक परिवार के निर्वाह के लिए यथेष्ट होता है। गाँव के एक प्रान्त में अविवाहित पुरुषों के लिए, तथा दूसरे प्रान्त में अविवाहिता कुमारियों के लिए, और सभों की अपेक्षा एक बहुत बड़ा झोपड़ा होता है।

यों तो हर एक अण्डमनी अपने को प्रधान समझता है, किन्तु गोत्र और अवस्था में जो सबसे बड़ा होता है, उसकी शक्ति कुछ अधिक होती है। किसी साधु-स्वभाव, शिकारी, बहुदर्शी, और युद्ध में साहसी वीर को अण्डमनी अपना सर्दार निर्वाचित करते हैं। वास्तव में ये लोग म्यूनिसिपल कमिश्नरों की भाँति "वोट" की सहायता से नहीं नियत किये जाते। यह असभ्य जाति वृद्धों का सम्मान करती है। किसी के अपराध तथा अत्याचार करने पर, न्याय पाने के हेतु, किसी दूसरे के निकट ये नहीं दौड़े जाते; आप ही उसे उचित दण्ड देते हैं ये लोग नर मांस नहीं खाते।

इन लोगों की लिखने पढ़ने की कोई भाषा नहीं है। आपस में हार्दिक भावों को प्रकट करने के लिए कोई संकेतार्थ भी नहीं निर्दिष्ट हैं। प्रत्येक गोत्र की भाषा प्रायः स्वतन्त्र होती

है, जिसे अन्य गोत्र का मनुष्य कदापि नहीं समझ सकता।

इन लोगों के यहाँ एक प्रकार की दीक्षा वा संस्कार होता है, जो बारह से सोलह वर्ष के भीतर हो जाता है। उस समय से दीक्षित मनुष्य किसी खाद्य वस्तु में से एक पदार्थ को छोड़ देता है। इसके कई एक वर्षों के उपरान्त, कुछ नृत्योत्सव आदि की रीति करने पर, फिर वह (त्याज्य) पदार्थ खाया जा सकता है। इन लोगों की वैवाहिक प्रथा बड़ी ही सीधी सादी, आडम्बरविहीन, होती है। गाँव के मुखिया लोग जब किसी युवक युवती के मनोगत अभिप्राय को जान लेते हैं, कि अमुक युवा के हृदय में अमुक युवती से विवाह करने की अभिलाषा हुई है, तब उस युवती को वे एक निर्जन कुटी में बैठा देते हैं। उस समय वर जंगल को भाग जाता है। तब कुछ देर तक गाँव-वालों में लड़ाई झगड़ा सा होता है। उसके बाद वे उसे जङ्गल से इस भाँति पकड़ लाते हैं मानो वह (वर) ब्याह करने में सम्पूर्ण अनिच्छुक है। तब वर को ले आकर वे कन्या की गोद में बिठा देते हैं। बस, विवाह हो जाता है। विवाह होने के बाद नव-दम्पती परस्पर बहुत ही साधारण भाव से वार्तालाप करते हैं; और कम से कम, एक महीने तक दूसरे के प्रति लज्जा भी कुछ कम नहीं प्रकाश करते। फिर, इसके पीछे एक साथ वे घर गृहस्थी करने लगते हैं।

बालकों की मृत्यु होने पर उनके माता पिता झोपड़े में ले जाकर शव को गाड़ देते हैं। इसी प्रकार युवाओं को भी, एक छोटे से गड़हे में, खोद कर, वे गाड़ देते हैं। अधिक सम्मानित मनुष्य के मृतक-देह को गठरी में बांधकर वे पेड़ से लटका देते हैं। तीन मास तक फिर उस ओर कोई नहीं जाता। तब तक मृतक के आत्मीय एक प्रकार की धूमिल मिट्टी

शरीर में लगाते हैं; और नाचना बन्द रखते हैं। यही इन लोगों का सूतक है। तत्पश्चात् मृतक के अवशिष्ट हाड़ गड्ढे से खोद अथवा पेड़ से उतार कर वे धो डालते हैं। तब उसके छोटे छोटे टुकड़े बना कर ये उन्हें आभूषण की भांति पहनते हैं। इन लोगों का ऐसा विश्वास है कि इस गहने के पहनने से शरीर में किसी प्रकार का रोग नहीं उत्पन्न होता। अशौच बीत जाने पर ये नाचते हैं, और शरीर की मिट्टी को भी धो डालते हैं।

बड़े अन्डमनवासी जब अधिक दिनों के बाद परस्पर एक दूसरे से मिलते हैं, तब खूब जोर से रोते हैं। यह रोना कभी कभी लगातार कई घण्टों तक होता है। "औङ्के है" गोत्र के अन्डमनी परस्पर मिलने पर एक दूसरे की गोद में बैठ जाते हैं, आदर के साथ शरीर पर हाथ फेर कर प्यार करते हैं और चुपके दो एक बूँद ठण्ढे आँसू भी गिरा देते हैं। ये लोग बिदा होते समय एक दूसरे के हाथ में फूँक देते हैं। उस समय कुछ कहना अथवा आवेग प्रकाश करना शिष्टता के विरुद्ध है। अन्डमनी क्रोध, अनुराग, विराग, आदि सयुक्त मनुष्य के समान, केवल एक ईश्वर पर विश्वास करते और उसे मानते हैं। वही दण्ड देता है, वही आँधी चलाता है। उसे कोई किसी प्रकार नहीं सन्तुष्ट कर सकता। ईश्वर जिस काम से रुष्ट होता है, अन्डमनी लोग उसे कदापि नहीं करते। ये लोग उसकी पूजा, आराधना, तथा वन्दना, बलिदानादि नहीं करते। और न ये लोग ईश्वर की भक्ति ही करते हैं। ईश्वर के व्यतिरिक्त इन लोगों के और भी जङ्गल, तथा समुद्र के, एक एक उपदेवता हैं। ये इन दो उपदेवताओं पर भी विश्वास करते हैं। अन्डमनियों का ऐसा विश्वास है कि मृत्यु के पीछे उनकी आत्मा भूगर्भ के

किसी विशेष स्थान को चली जाती है। पापियों को दण्ड मिलना, धर्मात्माओं का पुरस्कार पाना, तथा स्वर्ग नरकादि के विषय में इन लोगों को कुछ भी विश्वास नहीं है। ये लोग एक प्रकार सम्पूर्ण नग्न रहते हैं। पुरुष केवल कमरबन्द या हारमात्र, और स्त्रियाँ पाँच छः पत्तों का गुच्छा तथा वृक्षों की छाल मात्र से अंग को ढाँकती हैं।

ये लोग खेती करना बिलकुल नहीं जानते; और अंगरेज़ी अधिकार होने के पहले कोई पशु, पक्षी भी नहीं पालता था। किसी बड़े पेड़ के कुन्दे के भीतरी भाग को खोद कर ये डोंगी बनाते हैं। ये डोंगियाँ अधिक दिनों तक स्थायी नहीं रह सकतीं ये खाना पकाकर खाते हैं। इन लोगों के बरतन मिट्टी के होते हैं। जब से ये लोग तूफ़ान से डूबे हुए जहाज़ों का लोहा आदि पाने लगे हैं, तभी से इन्होंने लोहे का व्यवहार सीखा है। नहीं तो इसके पहले मछलियों के कांटे इत्यादि से वे लोहे का काम लेते थे। ये लोग बाँस की टोकरी, काठ की बालटी, और बेत के छिलके की चटाई उत्तमता से बना सकते हैं। इन लोगों के लिए नृत्य और वाद्य ही अधिक आमोददायक है। इन लोगों के नाच पाँच प्रकार के होते हैं।

जोधाबाई।

अकबर बादशाह की उदार राजनीति ने उसे अमर कर दिया है। उसने हिन्दू-मुसलमानों को एकता के सूत्र में बाँध कर भारत जिसमें कल्याणकर युग की स्थापना की थी, वह सदा के लिये इतिहास के पृष्ठों पर उज्ज्वलता के साथ लिखा रहेगा। मुसलमान होने पर भी वह हिन्दू-जाति युग-युगान्तर-व्यापी धर्म-गौरव पर मुग्ध हो गया था। हिन्दुओं का आचार, व्यवहार, सरलता, सत्यनिष्ठा, स्वामिभक्ति और कर्तव्य-परायण-बुद्धि ने उसके हृदयमन्दिर के भीतर सात्विक और प्रबल आन्दोलन मचा दिया था। केवल यही क्यों? हिन्दुओं के वीरत्व को देख कर श्रद्धा पूर्वक विस्मित हो उठा था। उस समय हिन्दुओं के यहाँ श्मशान रूपी विशाल भारत-वर्ष में केवल एक राजपूत जाति ही जीवित थी। इसी वीर जाति की असीम वीरता और पराक्रम के प्रभाव से दिल्ली का राज्य-सिंहासन सदा कम्पायमान रहता था। मुहम्मद गोरी के भारत-आक्रमण से लेकर इब्राहीम लोदी तक कितने ही पठान वंशों का उत्थान और पतन हो चुका था। परन्तु एक शीशोदिया कुल और राठौर-वंश ही ऐसे थे जो दृढ़ता से निज आस्तित्व की रक्षा करके भारत में हिन्दुओं के पूर्व गौरव की

वैजयन्ती उड़ाते रहे। बाबर ने जब पानीपत के संग्राम में किसी मुसलमान वीर को अपने सामने न पाया, तब राजपूत वीर साँगा ही की तलवार ने उसके भारत साम्राज्य के अधिकार मार्ग में प्रबल विघ्न उपस्थित किया। दिल्ली सिंहासन प्राप्त करने के साथ ही सुचतुर, पर कूट-नीति-विशारद, अकबर ने एक बार भारत के चारों ओर नज़र उठाकर देखा। उसे मालूम हुआ कि कहीं कहीं मुसलमानों में अभी पूर्ववत्-सजीवता बाक़ी है। राजपूताना की वीर-प्रसविनी भूमि के कई एक राजपूत वीरों पर भी उसका ध्यान गया। अन्यान्य प्रदेशों की भाँति राजपूताना में भी कूट-जाल फैलाने को वह उत्सुक हुआ। पर राजपूताना को अपने राज्य में न मिलाकर वह वहाँ के अधिकारियों को निज सहायक बनाने की चेष्टा करने लगा और दर्बार में उन्हें उसने सादर आह्वान किया। इससे उन लोगों का अधिकार यथावत् रहने पर भी सम्राट के सैनिक झण्डे के नीचे उन्हें एकत्रित होना पड़ा। वीर बिहारीमल, भगवान्दास, राजा मानसिंह, राठौर-वीर केसरी रायसिंह मुग़लों के सेना-नायक नियत हुए। राठौर-राजा मालदेव ने पहले सम्मिलित होना अस्वीकार किया, परन्तु बाद में दिल्लीश्वर की अधीनता को स्वीकार कर अपने ज्येष्ठ पुत्र उदयसिंह को मुग़ल सम्राट् के झण्डे के नीचे उपस्थित होने को उसने भेज दिया। केवल एक मात्र शीशोदिया वंश ही ऐसा था जिसने इस महान् आह्वान में शामिल न होकर राजस्थान की पवित्र प्राचीन स्वाधीनता की रक्षा की। परिणाम यह हुआ कि चित्तौर नगरी सम्राट् के कोपानल में पड़ कर भस्मी-भूत होने लगी। पर शीशोदिया वंश ने निज गौरव की रक्षा करने में किंचित् भी ढिलाई न की। यही कारण है जो आज तक शीशोदिया-कुल के प्रातःस्मरणीय महाराणा प्रतापसिंह का नाम

सारे भारतवर्ष में गौरव प्रतिष्ठा के साथ लिया जाता है। इस भाँति राजपूतों को अपनी पट्टी में लाकर उन लोगों को वैवाहिक बन्धन में बद्ध करने की अकबर ने इच्छा प्रकट की। उसके आचार और व्यवहार पूरे तौर पर म्लेच्छ-प्रथानुयायी न होने के कारण कुछ उदार राजपूत लोग मुग़लों को बेटी देने के लिए तैयार हुए। इस भाँति निज राजनीति के बल से अकबर ने हिन्दू-मुसलमानों को एकता के सूत्र में गूँथ डालना शुरू किया।

अकबर ने मारवाड़ के राजवंश से एक राजपूत-कन्या को अपनी बेगम बनाया। यह राजकुमारी इतिहास में जोधाबाई के नाम से परिचित है। जोधाबाई मारवाड़ के राजा मालदेव की लड़की और उदयसिंह की बहन थी। बहुतेरे जोधाबाई को जहाँगीर की बेगम (बीकानेर की राजकुमारी) जोधाबाई को एक ही समझते हैं। यह उन लोगों की भूल है। इस प्रबन्ध को पढ़ने से वह भ्रम जाता रहेगा। मैं पहले कह आई हूँ कि अकबर राजपूताना में अपना प्रभुत्व जमाने की चेष्टा में था। बीकानेर और अम्बर भी उसकी इस कुटिल नीति के पंजे में, सहज ही, पड़ चुके थे। पर मारवाड़ के मालदेव एक दुर्धर्ष वीर थे। वे शेरशाह शूर के प्रति-द्वन्द्वी थे। राज्यभ्रष्ट हुमायूँ को अपने राज्य में बुलाकर मालदेव ने उसके साथ अत्यन्त ही नीचता का व्यहार किया था। यदि अकबर के मन में ये बातें खटकी हों तो आश्चर्य्य ही क्या है? सच तो यह है कि इसी कारण से मालदेव पर उसकी वक्र दृष्टि थी। मालदेव उस समय ज्वर से पीड़ित थे। अतएव भग्नोद्यम होने के कारण यद्यपि वे सम्राट् की बातों को पूरे तौर पर नहीं टाल सके, तथापि अपने पूर्व गौरव पर भी उन्होंने पानी नहीं फिरने दिया। वे दूसरे राजपूत वीरों की भाँति सम्राट् की सेवा में नहीं उपस्थित हुए। परन्तु पीछे से वे भी उसके अधीन होगये। माल-

देव ने अपने दूसरे पुत्र चन्द्रसेन को बादशाह के सम्मानार्थ अजमेर को भेज दिया*। किन्तु अकबर इस बात से ख़ुश होने के बदले उलटा नाराज़ हो गया, क्योंकि अकबर ने सोचा था कि मारवाड़ के महाराज खुदही उसकी अभ्यर्थना के लिए उपस्थित होंगे। पर मालदेव के इस सङ्कीर्ण व्यवहार से अकबर यहाँ तक असन्तुष्ट हुआ कि बीकानेर के राजकुमार रायसिंह को वह जोधपुर और बीकानेर राज्य का पट्टा लिख देने को उद्यत हुआ। इधर चन्द्रसेन अपने पूज्य पिता की भाँति मरवाड़ के गौरव की रक्षा में प्रयत्न शील हुआ। पर उसके बड़े भाई उदय सिंह ने उसके पिता के विरुद्ध होकर उन लोगों की सारी आशायें मिट्टी में मिलादीं।। उदयसिंह अकबर की सेना में "हजारी" के पद पर नियुक्त हुआ। नियुक्त होने के साथ ही उसने जोधपूर पर (पिता पर) चढ़ाई की। मालदेव, इस वृद्धावस्था में असीम वीरता दिखाने पर भी जोधपुर की रक्षा न कर सके। अन्त को पुत्र से पराजित होकर कुछ ही दिन बाद वे स्वर्ग सिधारे।

उदयसिंह मुग़ल-महीप का सेनापति होने की बड़ी ही प्रबल अभिलाषा रखता था। अकबर ने भी उसी को मारवाड़ का सिंहासन सौंपना स्थिर कर लिया था। मालदेव के मरने के अनन्तर चन्द्रसेन, उदयसिंह के साथ युद्ध करने को प्रस्तुत हुआ और अन्त में पराजित होकर मृत्यु को प्राप्त हुआ। १५६९

* मेवाड़ के इतिहास में मालदेव के ज्येष्ठ पुत्र उदयसिंह का भेजा जाना लिखा है। पर मारवाड़ के इतिहास और फरिश्ता में चन्द्रसेन का जाना लिखा है। उदयसिंह ने अकबर की अधीनता को स्वीकार कर लिया था शायद इसीसे मेवाड़ के इतिहासों में उसके विषय में वैसा उल्लेख हुआ है।

ई० में उसकी मृत्यु हुई *। कोई कोई इसी समय से उदयसिंह को मारवाड़ के राज्य का मिलना मानते हैं; और कोई कोई चन्द्रसेन के पराजित होने के समय से। उदयसिंह सिंहासनारोहण करनेके साथ ही सम्पूर्ण रूप से बादशाह के अधीन हो गया। यहाँ तक कि अकबर का विशेष प्रियपात्र होकर उसने अपनी बहिन जोधाबाई तक को अकबर के करकमलों में अर्पण कर दिया। इस घटना से सारे राजस्थान में जैसे जैसे उदयसिंह की बदनामी फैलने लगी, वैसे ही वैसे उदयसिंह बादशाह का अधिकाधिक अनुग्रह-भाजन होता गया। अकबर ने जोधाबई को अपनी बेगम बना कर उस पर असीम प्रीति और उसके साथ असीम सहानुभूति दिखलाई। अकबर इस्लाम धर्म्म की सब बातों को नहीं मानता था। उसे हिन्दुओं के धर्म्म की भी कई बातें पसन्द थीं। हिन्दुओं की उपेक्षा करना, या उनपर अन्याय करना, उसे नहीं अच्छा लगता था। इसी उदार नीति के वशीभूत होकर अकबर ने जोधाबाई को स्वधर्म्म-प्रतिपालन में कभी बाधा नहीं दी। जोधाबाई के इच्छानुसार उसके लिए उसने एक उत्तम महल अलग बनवा दिया था। आगरे के किले के भीतर जोधाबाई का हिन्दू-महल देखने से उनके स्वधर्म्मानुराग और अकबर की उदारता का अच्छा प्रमाण मिलता है।

---

* टाड कृत राजस्थान के दूसरे खण्ड में एक स्थान पर संवत् १६७१ अर्थात् १६१५ ईस्वी में मालदेव की मृत्यु लिखी है। पर यह भूल है, क्योंकि संवत् १६५१ अर्थात् १५९५ ई० में उदयसिंह की मृत्यु हुई और १६०५ ई० अकबर की। अतएव इन लोगों के उपरान्त मालदेव का परलोकगामी होना सम्भव नहीं।

मैं ऊपर कह आई हूं कि इन्हीं जोधाबाई को लोगों ने सलीम की बेगम दूसरी जोधाबाई मान कर भारी भूल की है। कितने ही इतिहास-वेत्ता पंडितों का भी यही मत है, किन्तु यह मत अत्यन्त सन्देहपूर्ण मालूम होता है। इस बखेड़े की जड़ टाड साहब बहादुर हैं। उन्होंने अपने ग्रन्थ में जोधाबाई पर टिप्पणी देते समय जोधाबाई को शाहजहाँ की माता लिखा है*। यहां पर टाड साहब ने दो भूलें की हैं। पहले तो उन्होंने जहाँगीर के स्थान पर शाहजहाँ लिखा, दूसरे जोधाबाई को उनकी माता कहा। बहुत लोग शाहजहाँ शब्द को संशोधित करके जहांगीर कर डालते हैं। संभव है, इसी तरह लोग जोधाबाई को जहाँगीर की माता कहने लग गये हों। मैलेसन साहब ने अपनी पुस्तक "अकबर" में भी इसी बात का उल्लेख किया है। परन्तु मेवाड़ और मारवाड़ के इतिहास में जहाँगीर का जोधाबाई के पुत्र होने का कुछ भी उल्लेख नहीं है। इन इतिहासों में शाही घराने की हिन्दू-बेगमों के गर्भ से उत्पन्न हुए पुत्रों का उल्लेख है। किन्तु पूर्वोक्त बातों का उनमें कहीं भी पता नहीं है।

फ़रिश्ता ने सलीम का जन्मवृत्तान्त स्पष्ट रूप से लिखा है। उसके देखने से विदित होता है कि सलीम अकबर की प्रियतमा बेगम सुलताना के गर्भ से उत्पन्न हुआ था। बादशाह के कई सन्तान शैशव अवस्था ही में मर चुके थे। इससे शेख सलीम की कृपा और उसके आशीर्वाद से पुत्र के चिर-

---

* The magnificent tomb of Jodbai, the mother of Shah Jahan, is at Secundra, near Agra, not far from that in which Akbar's remains are deposited. Tod, Vol. I, p. 231.

जीवित होने पर उसका नाम भी अकबर ने सलीम ही रक्खा *।

फ़रिश्ता के देखने से विदित होता है कि सलीम अकबर की प्यारी बेगम सुलताना का ही पुत्र था। जोधाबाई का सुलताना नाम से इतिहासों में कहीं भी परिचय नहीं पाया जाता। इसके अतिरिक्त, इस सम्बन्ध में, और भी एक आपत्ति उपस्थित होती है।

फ़रिश्ता के कथनानुसार सलीम ने ९७७ हिजरी, अर्थात् १५६९ ई० में, जन्मग्रहण किया। यही मत निज़ामुद्दीन अहमद का भी है ×। राजस्थान में उसी साल मालदेव का देहान्त लिखा हुआ है। उस समय उदयसिंह सिंहासनासीन हो चुके थे कि नहीं, सो भली भाँति ज्ञात नहीं होता। सिंहासनासीन होजाने के बाद उन्होंने जोधाबाई को बादशाह के हाथ में सौंपा था। मालदेव के जीवितावस्था में जोधाबाई का विवाह अकबर के साथ नहीं हुआ † १५६९ ईसवी में सलीम का जन्म जोधाबाई

* From that city (Agra) he went to visit Sheik Selim Chesti in the village of Sikari, questioned him according to the ceremonies, and was told, it is said, that he would soon have an issue that would live and prosper ; all the children which were born to him before that time dying in their infancy, soon after. The favourite Sultana became pregnant, and upon the 17th of Rabbi ul-awal in the year 977, she was brought to bed of a son, who was named Sultan Selim (Down's Ferishta Vol. I, p 257)

× On Wednesday, 18th Rabbi-ul-awal, 977, and the fourteenth year of the reign, when seven hours of the day had passed, the exalted prince Sultan Salim Mirza was born in the horse of Shaikh Salim Chisti. (Nizam-ud-din Ahmad's Tabukat-i-Akbari. Elliot's History of India, Vol. V, p. . 324.)

† Maldeo, though he submitted to acknowledge the supremacy of the emperor was at last spared the degradation of seeing a daughter of his blood bestowed upon the opponent of his faith. He died soon after the title was conferred on his son, which sealed the independence of Maroo, Tod, Vol. II, p. 29.

के गर्भ से होना किसी भाँति प्रमाणित नहीं होता। परन्तु प्राइस साहब के द्वारा अनुवादित जहाँगीर के आत्मचरित के अनुसार जहाँगीर का जन्म ९७८ हिजरी में हुआ था। अतएव ९७८ हिजरी में जोधाबाई के गर्भ से जहाँगीर का जन्म होना असम्भव नहीं कहा जा सकता। किन्तु निजामुद्दीन अहमद ने सलीम के जन्म-समय की कविता का अर्थ ९७७ लगाया है*। यदि ९७७ हिजरी में सलीम का उत्पन्न होना मान लिया जाय तो उक्त आत्मजीवनी का अनुवाद ठीक नहीं कहा जा सकता। जहाँगीर ने अपनी जीवनी में अपने अन्यान्य भाई बहनों का जन्म-वृत्तान्त लिखा है। किन्तु अपनो माँ के नाम परिचय उसने कहीं भी नहीं दिया। फ़रिश्ता और निजामुद्दीन अहमद इत्यादि के ग्रन्थों में भी लिखा है कि "सलीम और मुराद के जन्म होने के बाद जोधपुर के युवराज चन्द्रसेन ने बादशाह की अधिनता को स्वीकार किया"। इससे स्पष्ट बोध होता

* " Khawaja Husain composed an ode, of which the last line contained the date of the Emperor's accession, and the second the date of the prince's birth. The Khawaja received a present of two lakhs of *tanks* for this ode."

फरिश्ता और निजामुद्दीन के मतानुसार सुलतान मुराद ने ९७८ हिजरी की तीसरी तारीख़ को जन्म ग्रहण किया था। निज़ामुद्दीन ने इस विषय में मोलाना क़ासिम की एक कविता की बात लिखी है। उस कविता की प्रथम पंक्ति में सलीम के और दूसरी में मुराद के उत्पन्न होने की बात है। ९७८ हिजरी की तीसरी मुहर्रम को मुराद के उत्पन्न होने से सलीम का उससे पीछे जन्म ग्रहण करना सर्वथा असम्भव है। जहाँगीर की आत्मजीवनी में उसके जन्म ग्रहण करने की तारीख़ और महीने से फ़रिश्ता के मत का समर्थन होता है। पर आत्मजीवनी का अनुवाद सन्देहपूर्ण है। प्राइस उस तारीख को १८ अगस्त सन् १५७० ईसवी कहते हैं।

है कि सलीम के जन्म होने के बाद जोधाबाई का विवाह हुआ था।

अब इस स्थान पर मैं जोधाबाई अर्थात् इस लेख की नायिका का कुछ हाल लिखती हूँ। वे बीकानेर के राजा रायसिंह की कन्या थीं। बीकानेर का राजवंश भी राठौर घराने में है। रायसिंह ने मुग़ल सम्राट का सेनापति होकर अनेक स्थानों में असीम वीरता और पराक्रम दिखाया था। अहमदाबाद के शासनकर्त्ता मिर्ज़ा महमूद को उसने द्वन्द-युद्ध में मारा था। उसने अच्छे गौरव को प्राप्त किया। उसके उक्त कार्य्य से प्रसन्न हो कर अकबर ने उसकी कन्या के साथ शाहज़ादा सलीम का विवाह कर दिया। रायसिंह की यही अनुपम कन्या इतिहास प्रिय-पाठकों के निकट जोधाबाई के नाम से प्रसिद्ध हो रही है। फ़रिश्ता और जहाँगीर की आत्म-जीवनी में इस विवाह का उल्लेख है। जोधाबाई सलीम की प्रियतमा थी। भुवनमोहिनी मेहरुन्निसा को बेगम बनाने पर भी जहाँगीर ने जोधाबाई के प्रति कभी उपेक्षा नहीं दिखलाई। जोधाबाई के कथनानुसार ही जहाँगीर ने मिर्ज़ा जयसिंह को आमेर का राज्य प्रदान किया था* । जहाँ-

* At the instigation of tha celebrated Jodbai (daughter of Rai Sinh of Bikanir), the Rajputini wife of Jehangir, Jay Sing, grandson of Jagat Sinh a (brother of Mann) was raised to the throne of Amber. to the no small jealousy, says the chronicler, of the favourite queen nur Jehan" (Tod, Vol, II, pp, 354-55,)

जयसिंह के राज देने के विषय में राजस्थान के इतिहास में एक कौतूहलपूर्ण घटना का उल्लेख है। शाही महल के एक बारामदे में जहाँगीर जोधाबाई के साथ बैठा था। बादशाह ने एक अल्पवयस्क राजपूत को "अम्बरराज" कह कर सलाम किया और उक्त राजपूत से कहा कि तुम जोधाबाई को सलाम करो। राजपूताने के नियमानुसार महाराज जयसिंह ने

जोधाबाई और बालक शाहेजहाँ *

* जोधाबाई का यह चित्र, हम समझते हैं, बनावटी है। क्योंकि इस चित्र में चित्रकार ने शाहेजहाँ को परदेदार अंगा और दोपलिया टोपी पहिनाया है। इन दोनों चीज़ों को लखनऊ के अन्तिम बादशाह वाज़िदअली शाहने निकाला था।

सम्पादक

और बहुत सी बातों में जोधाबाई के परामर्शानुसार ही काम करता था। जब तक मेहरुन्निसा (नूरजहाँ) शाही महल में नहीं आई थी, तब तक जहाँगीर जोधाबाई के प्रति अत्यन्त अनुरक्त था। नूरजहाँ के आने पर जोधाबाई के प्रति जहाँगीर का पूर्वानुराग कुछ कम हो गया था। ज्योतिर्मयी-नूरजहाँ को पाकर जहाँगीर सिर्फ़ जोधाबाई को ही नहीं भूला, किन्तु अपने आप को भी वह भूल गया। जोधाबाई के अतिरिक्त शाही महलों में और भी कई राजपूत बेगमें थीं। उनमें से एक अम्बर के राजा बिहारीमल की कन्या और दूसरी मारवाड़ की एक राजपुत्री थी। बिहारीमल सुप्रसिद्ध राजा मानसिंह के पितामह थे। बिहारीमल की कन्या से खुसरो का जन्म हुआ और अकबर के मंत्री आज़िम ख़ाँ की लड़की खुसरो से ब्याही गई। अकबर के देहान्त होने पर राजा मानसिंह और आज़मख़ाँ सलीम के बदले खुसरो को बादशाह बनाने की चेष्टा में थे परन्तु सफलता प्राप्त न हुई। सलीम की दूसरी बेगम मारवाड़ की राजकुमारी * के गर्भ से खुर्रम उत्पन्न हुआ था।

जोधाबाई को सलाम करना अस्वीकृत किया। जयसिंह ने बादशाह से कहा "आपके अन्तःपुर में जितनी महिलायें है, सब को मैं आदाब बजा लाऊँगा, पर जोधाबाई को कदापि नहीं। जोधाबाई इस बात पर खिलखिलाकर हँस पड़ी और कहने लगी, "इससे कुछ हानि-लाभ नहीं है। मैं तुम्हें आमेर का राज्य प्रदान करती हूँ।"

* टाड साहब इत्यादि बिहारीमल की (भगवानदास के पुत्र की) कन्या को खुसरो की माता, अमेर की किसी दूसरा राजपुत्री को खुर्रम की माता और जोधाबाई को परवेज़ की माता कहते है। अनेक स्थानों में बिहारीमल की कन्या को अकबर की बेगम कह कर लोगों ने परिचय दिया है। पर जहाँगीर की निज-लिखित जीवनी पाठ करने से पूर्वोक्त सब बातों में भूल पाई जाती है। इस विषय में नीचे का उल्लेख पढ़ने लायक़ है।

यहाँ तक जो कुछ लिखा गया उससे सिद्ध है कि जोधाबाई जोधपुर की राजकन्या नहीं, बीकानेर की राजकन्या थी। इस विषय में कर्नल टाड ने भी कुछ कम भूलें नहीं की हैं। उनका कथन है कि "जहाँगीर का ज्येष्ठ पुत्र सुलतान परवेज़ मारवाड़ की किसी राजकुमारी से और दूसरा पुत्र खुर्रम अम्बर की राजकुमारी से उत्पन्न हुए थे" *। टाड साहब की उक्त दोनों ही बातें भ्रमपूर्ण हैं। क्योंकि परवेज़ किसी हिन्दू बेगम के गर्भ से नहीं उत्पन्न हुआ था और खुर्रम की माता जोधपुर की राजकुमारी (उदयसिंह की कन्या) थी। इस प्रबन्ध से दो जोधाबाइयों का होना ही सिद्ध है।

"† The first of the Rajpur chieftains, who became attached to the Government of my father, Akber, was Bharmul, the grandfather of Rajah Mann-Sinh, and pre-eminent in his tribe for courage, fidelity, and truth. As a mark of disinguished favour, my father placed the daugter of Raja Bharmul in his own place, and finally espoused her to me. It was by this princess I had my son Kussrou * * * Next to her, by Saheb Jamdul, the niece of Zeyne khaun Khonkah, I had a son born at Kabul on whom my father bestowed the name of Parveiz * * * and by the daughter of Moutah (Rajah Jagat Gossaiene) was born my son Khourroum.—M, price's Memoirs of the Emperor Jehangir, pp, 19-20,

* Sultan Purvez, the eldest son and heir of Jehangir, was the issue of a princess of Marwar, while the second son, Khoorum, as his name implies was the son of a Cuchwaha princess of Amber."-Tod, Vol. II p, 42,

भगवती देवी

वङ्ग जननी के सुपुत्र और भारताकाश के अत्यन्त प्रकाशवान् नक्षत्र स्वर्गीय पंडितप्रवर श्री ईश्वरचंद्र विद्यासागर को कौन नहीं जानता? भगवती देवी इन्हीं महानुभाव की योग्य माता थीं। विद्यासागरजी जिन सद्गुणों के कारण प्रातःस्मरणीय हो गये हैं वे सब गुण उन्हें भगवती देवी ही से मिले थे। विद्यासागर जी निज जननी को साक्षात् भगवती देवी ही मानकर पूजा करते थे। ऐसे भाग्यवान् मनुष्य बिरले होंगे, जिन्हें भगवती देवी सी माता मिली हो।

भगवती देवी के पिता का नाम पण्डित रामकान्त चट्टोपाध्याय और माता का नाम गंगामणि देवी था। रामकान्त बाल्यावस्था से ही बड़े धर्म-परायण थे। वे कभी कभी गहरी अँधेरी रात्रि में श्मशान में जाकर तंत्रसाधन किया करते थे। तंत्र-शास्त्र में वे अच्छी योग्यता रखते थे। कुछ दिनों उपरान्त रामकान्त घर छोड़ दिन रात श्मशान ही में रहने लगे। गंगामणि के पिता दामाद के वैराग्य धारण की वार्ता सुन कर अपनी लड़की को अपने घर ले आये। भगवती देवी को और भी एक बहिन थी। गंगामणि अपनी दोनों कन्याओं को लेकर सुख से पिता के

घर रहने लगी। गंगामणि के पित्रालय की दया, अतिथि सेवा, तथा धर्मपरायणता देश-प्रसिद्ध थी। ऐसे धर्मनिष्ठ परिवार में परिपालित होने से ही भगवती देवी सब बातों में हिन्दू-महिलाओं के लिए आदर्शरूप होगई हैं। रामजय बन्धोपाध्याय के पुत्र ठाकुरदास बन्धोपाध्याय के साथ भगवती देवी का विवाह हुआ।

ठाकुरदास जब बालक ही थे, उसी समय उनके पिता घरेलू झगड़ों से ऊब कर तीर्थाटन करने चले गये थे। ठाकुरदास की माता दुर्गादेवी, कई एक कारण वश, अपने घर से बाप के घर चली गई, किन्तु वहाँ भाई भौजाई से अनबन होने के कारण पित्रालय छोड़ कर अलग रहने लगीं और चरखा कात कर अपना जीवन-निर्वाह करने लगीं। ठाकुरदास जब कुछ बड़े हुए तब कलकत्ता जाकर बड़ी कठिनता से कुछ पढ़ना लिखना सीख आठ रुपये मासिक वेतन पर नौकरी करने लगे। उस समय इस समय की भाँति चीज़ें महँगी न थी। इस कारण आठ रुपये मासिक में दुर्गादेवी का सब दुःख दूर हो गया। कुछ दिन बाद रामजय जी घर लौटे, और अपनी साध्वी पत्नी दुर्गा देवी तथा सुपुत्र ठाकुरदास का अध्यवसाय और सहन-शीलता देख बहुत प्रसन्न हुए और उसी समय उन्होंने अपने पुत्र का विवाह भगवती देवी के साथ कर दिया।

रामजयजी थोड़े दिन घर में रहकर फिर तीर्थाटन करने चले गये। एक दिन केदारनाथ पर्वत पर गहरी नींद में सोते हुए स्वप्न देखा कि कोई महात्मा उनसे कह रहा है कि "रामजय! तुम क्यों घर-बार छोड़ जङ्गल जङ्गल भटक रहे हो, तुम शीघ्र स्वदेश ही को लौट जाओ। तुम्हारे घर एक महापुरुष जन्म लेनेवाला है। उसकी दया, विद्या, बुद्धि और उसके धर्म से तुम्हारा वंश उज्वल होगा"। रामजय इस

कुसुम-संग्रह

भगवती देवी

आश्चर्य्य-प्रद स्वप्न को देख कर घर को चल दिये। छः महीने पैदल चल कर घर पहुँचे। घर पहुँचने पर उन्हें ज्ञात हुआ कि पुत्र ठाकुरदास अपनी नौकरी पर कलकत्ता में हैं और पुत्रबधू भगवती देवी को संतान होनेवाली है पर वह पागल सी हो गई हैं। रामजयजी ने बहुत कुछ दवा दारू की, किन्तु भगवती देवी अच्छी न हुई। उनकी जन्मपत्री एक प्रसिद्ध ज्योतिषी को दिखलाई गई। ज्योतिष जी ने कहा "इसके गर्भ में एक तेजस्वी महात्मा विराज रहें हैं। उन्हीं के तेज से यह पगली सी हो गई हैं, जब बालक का जन्म हो लेगा तब अच्छी हो जायगी"। ज्योतिषी जी के कथनानुसार दया और प्रतिमा का साक्षात् अवतार ईश्वरचन्द्रजी के जन्म लेने पर भगवती देवी अच्छी हो गईं।

ग़रीब दुखियों के दुःख से भगवती देवी को आँखें भर आती थीं। भूखों को भोजन, प्यासों को पानी और बीमारों को औषधि देना और सेवा-शुश्रूषा करना भगवती देवी का नित्य-व्रत था। स्वयम् ब्राह्मण-कन्या होने पर भी वह नीच जाति तथा अनाथ रोगियों का मल मूत्र छूने में ज़रा भी घृणा नहीं करती थीं। एक बार जाड़े के दिनों में विद्यासागर महाशय ने कलकत्ता से कई एक रज़ाइयाँ बनवाकर घर भेजीं। भगवती देवी ने सोचा कि परोस के ग़रीब दुखिया बेचारे जाड़े में ठिठुरते हैं, तब मैं कैसे इन रजाइयों से सुख उठाऊँ। यह विचार कर के वे सब रज़ाइयाँ परोस के दीन दुखियों को बाँट दीं और विद्यासागर को लिख भेजा कि ये सब रजाइयाँ तो मैंने दीन दुखियों को बाँट दी, और रजाइयाँ बनवाकर भेजना। विद्यासागर ने भी उत्तर में लिखा कि "घर के और गरीबों के लिये और कितनी रजाइयाँ चाहिएँ? आप के लिखने पर भेज दी जायँगी"। धन्य है, जैसी माता वैसा ही पुत्र!

विद्यासागरजी के छोटे भाई स्वर्गीय दीनबन्धु न्यायरत्न भी बड़े उदार और परोपकारी थे। एक दिन रास्ते में दीनबन्धु महाशय ने देखा कि एक दीन स्त्री ऐसा चिथड़ा लपेटे है जिससे उसके सब अंग एक प्रकार खुले ही से हैं। आपने झट अँगोछा पहन कर अपनी धोती उतार उसे देदी। घर आने पर जब भगवती देवी को यह हाल मालूम हुआ तब बड़े आनन्द से पुत्र से कहने लगीं कि बेटा! तुमने यह काम बहुत अच्छा किया, मैं रात भर चरखा कात के तुम्हारी धोती भर के लिए सबेरे ही सूत तैयार कर लूँगी। जिस समय घर की आर्थिक अवस्था इस भाँति शोचनीय थी, उस समय भी भगवती देवी का हृदय ग़रीब दुःखियों के लिए ऐसा उदार था। धन्य है! तब ऐसी देवी को विद्यासागर समान जगद्विख्यात पुत्ररत्न क्यों न प्राप्त हो।

अपने घर आये हुए अतिथियों और कुटुम्बियों को अपने हाथों से परोस कर भोजन कराने में भगवती देवी को बहुत अधिक परिश्रम करना पड़ता था। आगन्तुक व्यक्तियों को सब भाँति सुख पहुँचाने की उन्हें विशेष चिन्ता रहती थी। भगवती देवी का स्वभाव बड़ा उदार और विचार बहुत उच्च थे। ऊँच नीच, स्त्री पुरुष, धनी निर्धन, तथा हिन्दू अहिन्दू सब पर उनकी ममता-दृष्टि रहती थी। विद्यासागरजी के प्रचारित शास्त्र-मत से जिन हिन्दू-बाल-विधवाओं के पुनर्विवाह हुए थे, साधारण नर नारी उन बेचारियों पर ताना मारते थे। भगवती देवी की पुत्रवधू भी उन लोगों को समझाती और हेय समझती तरह तरह की बातें कहा करती थीं। परन्तु भगवती देवी उन सब को साथ लेकर भोजन करती थीं। जिस समय वंग देश चारों ओर से कुसंस्काराच्छन्न था उस समय एक अशि-

चित हिन्दू महिला का इस भाँति की उदारता का परिचय देना कुछ सहज बात नहीं है।

भगवती देवी के हृदय में दया असीम थी। एक बार गाँव वाले मकान में आग लग जाने के कारण विद्यासागरजी निज जननी को बर्दवान ले गये। भगवती देवी वहाँ न रह सकीं। कहने लगीं कि "यदि मैं गाँव में न रहूँगी तो जो निराश्रय बालक मेरे घर भोजन करके पाठशाला जाते हैं उन्हें कौन खिलावेगा? दोपहर के समय जो थके माँदे पथिक मेरे घर अतिथि होंगे, उनकी कौन सेवा करेगा? यदि कोई सहायहीन रोगी मेरे द्वार पर आवेगा उसकी कौन सेवा शुश्रूषा करेगा? मैं इन सब को कष्ट देकर कदापि यहाँ न रह सकूँगी"। गहना पहनना भगवती देवी को मनोनीत न था। वे कहा करती थीं कि "गहना पहन कर क्या होगा, उसे तो क्षण भर में चोर डाकू ले जा सकते हैं। उसी रुपये से अनाथ, कुटुम्बियों, दरिद्रियों और विद्यार्थियों की बहुत कुछ सहायता हो सकती है"। विद्यासागरजी ने एक बार उनसे पूँछा "माँ! एक दिन की धूमधाम से किसी देवता का पूजन कर लेना अच्छा है; वा उसी धन से ग़रीबों का उपकार करना?" भगवती देवी बोलीं "मेरी समझ में तो ऐसी पूजा से ग़रीबों का उपकार ही श्रेष्ठ है।" भगवती देवी की रुचि अतिपरिमार्जित थी। उनको महीन साड़ी पहनना पसन्द न था। वे अपने घर की स्त्रियों को निज रुचि के अनुसार सदा मोटी से मोटी साड़ियाँ पहनने को देतीं थीं।

जिस विधवा-विवाह के हेतु विद्यासागर महाशय इतने लोकप्रसिद्ध हुए हैं वह भी इन्हीं भगवती देवी की आज्ञा और उत्साह का फल था। एक बार बाल-विधवाओं की दशा पर

शोकाकुल हो करके भगवती देवी कहने लगीं "ईश्वर! क्या हिन्दू-शास्त्रों में इन अभागिनों के हेतु कोई व्यवस्था नहीं है"? विद्यासागर जी ने कहा "है क्यों नहीं, किन्तु वह देशाचार के विरुद्ध है" इस बात को सुन कर भगवती देवी तथा ठाकुरदास जी एक स्वर से बोल उठे "यदि है, तो तुम उसका प्रचार करो और यदि इस काम में हमलोग भी बाधा डालें तो भी तुम विचलित न होना"।

एक बार भगवती देवी से हैरीसन साहेब ने (जिनके नाम से कलकत्ते की प्रसिद्ध सड़क "हैरीसनरोड" बनी है) पूँछा था कि "माँजी! तुम्हारे पास कितना रुपया है"? उत्तर मिला 'चार घड़ा'। फिर साहेब ने पूछा 'वे घड़े कहाँ हैं' इस पर उन्होंने अपने चारो पुत्रों की ओर संकेत करके कहा कि "यही मेरे घड़े हैं दूसरे धन का हमें कुछ काम नहीं"। यह उत्तर सुन कर उक्त साहेब बहुत प्रसन्न हुए थे। तब से उक्त साहेब इस प्रसंग की तथा भगवती देवी की उदारता और बुद्धिमत्ता की चर्चा अपने मित्रों से बहुधा किया करते और गुण-कथन करते करते आँसू बहाने लगते और धन्य धन्य की झड़ी लगा देते।

ये उदार चरित्रादेवी जब काशी वास करती थीं उस समय भारतेन्दु बा० हरिश्चन्द्र जीवित थे और बहुधा इनके दर्शनों को आया करते थे। एक बार बाबू साहेब ने इनके हाथ में चाँदी के कड़े देख कर पूँछा था कि 'माँजी! क्या इतने बड़े विद्यासागर की माता के हाथ में चाँदी के कड़े शोभा देते हैं"? इस पर उस वृद्धा ने कहा था कि 'बेटा! विद्यासागर की माता के हाथों की शोभा चाँदी व सोने के कड़ों से नहीं हो सकती, इन हाथों की शोभा तो भूँखों को भोजन बनाने

और परोस कर खिलाने ही में है। देखो जब अकाल पड़ा था तब इन्हीं हाथों से खिचड़ी पका पका कर नित्य हज़ारों मनुष्यों को परोस कर खिलाती थी। इसी कार्य को मैं इन हाथों की सत्य शोभा समझती हूँ"। सचमुच सन् १८६६ ई० के अकाल में विद्यासागर की माता ने ऐसा किया था। इस कथन को गर्वोक्ति न समझना चाहिए। उनका यह कथन प्रत्यक्षर ठीक था *।

विद्यासागरजी निज जननी को किस दृष्टि से देखते थे सो निम्नलिखित घटना से भली भाँति विदित होता है। जब विद्यासागरजी के पिता ठाकुरदासजी काशी-वास कर रहे थे, तब एक समय वे बहुत पीड़ित हुए, उनको देखने के लिए भगवती देवी और विद्यासागरजी काशी आये। इनके आने की ख़बर पाकर काशी के दानग्राही ब्राह्मण बंगाली इन्हें तंग करने लगे। विद्यासागरजी ने उन्हें दान देना अस्वीकार किया। इस पर ब्राह्मणों ने प्रश्न किया कि क्या आप विश्वेश्वर को नहीं मानते? विद्यासागरजी ने कहा "मैं तुम्हारे विश्वेश्वर को नहीं मानता, मेरे सजीव विश्वेश्वर मेरे पिता और मेरी साक्षात् अन्नपूर्णा मेरी माता विराजमान हैं। इन देव देवीने मेरे लिए कितने क्लेश सहे हैं। जिससे मैं सुखी होऊँ, जिससे मैं आरोग्य रहूँ। ये लोग सदा इसी चिन्ता में मग्न रहा करते थे। निज जनक-जननी ही को मैं परमेश्वर मानता हूँ। इन्हीं को प्रसन्न कर मैं अपने को कृतार्थ मानूँगा। इन दोनों को असन्तुष्ट करने से तुम्हारे विश्वनाथ और अन्नपूर्णा भी मुझ पर रुष्ट होंगे"।

---

* स्वर्गीय बाबू राधाकृष्णदास लिखित ईश्वरचन्द्र विद्यासागर में से उद्धृत। संपादक—

कुछ दिनों में ठाकुरदासजी अच्छे हो गये। तदनन्तर बङ्गला सन १२७७ में भगवती देवी का विशूचिका रोग से काशी में काशी-बास हुआ। जननी की मृत्यु से विद्यासागरजी इतने व्याकुल हुए कि सदैव बालकों की भाँति रोया करते थे। ब्राह्मण लोग दस दिन तक सूतक मान कर ब्रह्मचर्य पालन करते हैं, किन्तु विद्यासागरजी ने एक वर्ष मातृ-वियोग का शोक-चिह्न धारण किया था।

समाप्त।

परिशिष्ट (क)

अनुवादित प्रबन्धों की तालिका

प्रबन्ध	प्रबन्ध-लेखक
मुरला	श्रीयुत नारायणदास सेन
मातृहीना	श्रीयुत दीनेन्द्रकुमार सेन
संसार-सुख	श्रीयुत हरिहर सेठ
कुम्भ में छोटी बहू	माननीया मातृ देवी
अपूर्व प्रतिज्ञा-पालन	"सखा ओ साथी"
दान प्रतिदान	श्रीयुत रवीन्द्रनाथ ठाकुर
दालिया	श्रीयुत रवीन्द्रनाथ ठाकुर
तिल से ताड़	श्रीयुत देवेन्द्रकुमार राय
गृह	श्रीयुत अविनाशचन्द्र दास, एम० ए० बी० एल०
पति-सेवा	श्रीमतीलावरायप्रभासरकार, एम० ए०
नीलगिरि की टोडा जाति ...	श्रीयुत रामानन्द चट्टोपाध्याय, एम० ए०
अन्डमन द्वीप के निवासी ...	श्रीयुत रामानन्द चट्टोपाध्याय, एम० ए०
जोधाबाई	"ऐतिहासिक चित्र"
भगवती देवी	श्रीयुत वैकुण्ठनाथदास

परिशिष्ट (ख)

पुस्तक पर आई हुई कुछ सम्मतियाँ।

काशी की नागरी-प्रचारिणी-सभा ने अपने उन्नीसवें वर्ष के कार्य्य-विवरण में "कुसुम संग्रह" की गणना उत्तम पुस्तकों में करके इसका गौरव बढ़ाया है।

The book will form an admirable prize-book in girl's school......We repeat that the book will form a nice and useful present to females. It is no less interesting to the general reader.

The Modern Review.

The language of the book is excellent and the subjects treated are also very useful. Major B. D. Basu, I. M. S. (Retired), Editor the Sacred Books of the Hindus Series.

कहानियाँ और लेख मनोरंजक और उत्तम हैं।

बिहार बन्धु।

निबन्ध सुपाठ्य और उपयोगी हैं। कागज और छपाई भी अच्छी है। भारतमित्र।

कुसुम-संग्रह मेरे बहुत पसन्द है।

सत्यदेव (परिव्राजक)।

पुस्तक बहुत पसन्द आई, उपयोगी पुस्तक है।

मैथिली शरण गुप्त।

गल्प सब सुन्दर हैं। लेखन-शैली सरस और सरल है।... पुस्तक सर्वथा सुदृश्य और उपयोगी है। स्त्रियों को उपहार देने योग्य है।

—इन्दु।

हिन्दी-साहित्य-भण्डार में अनोखी वस्तु है। लेख सब के पढ़ने योग्य, बहुत ही रोचक तथा शिक्षाप्रद हैं। स्त्री-शिक्षा-सम्बन्धी लेख तो बहुत ही उत्तम हैं।

—लक्ष्मी।

लेखन-शैली उत्तम है। ..पात्रों का चरित्र चित्र देख कर बड़ी खुशी होती है। पुस्तक बड़ी उत्तमता से... छापी गई है।

—जासूस।

कुसुम संग्रह के...कुसुम बहुत ही मुग्ध कर हैं।...इन फूलों का आघ्राण हिन्दी के रसिक पाठकों को अवश्य लेना चाहिये।

—हिन्दी बङ्गवासी।

यह संग्रह यथार्थ में कुसुम संग्रह है।...इस संग्रह के एक ही बार पढ़ लेने से कोई सन्तुष्ट हो जाय, यह कदापि सम्भव नहीं। एक बार समाप्त कर फिर पढ़ने की लालसा बनी रह जाती है।...प्रत्येक गृहस्थी में इसकी एक प्रति अवश्य रहनी चाहिये।

—भारतजीवन।

कुसुम-संग्रह का समालोचना-भार पाकर हम अपने को सचमुच बड़भागी समझते हैं। इस संग्रह में आपके अच्छे अच्छे लेखों का संग्रह है। उनमें से बहुत सी तो मन लुभाने वाली आख्यायिकाएँ हैं, बहुत सी स्त्री-शिक्षा सम्बन्धी उपदेश मालाएं हैं और बाकी सब विविध विषयों पर हैं।...और

अधिक स्तुति हम आवश्यक नहीं समझते ।...कुसुम-संग्रह में कविता नहीं......पर.........प्रत्येक गद्यपृष्ट से कविता का मधुर रस चू रहा है । —गृह लक्ष्मी।

सच्चे सामाजिक उपन्यासों के भण्डार की पूर्ति ऐसी ही पुस्तकों से हो सकती है।...इसमें ऐसी शिक्षाप्रद आख्यायिकाओं का सामावेश है जिनको पढ़कर साधारण तथा सभी स्त्रियों के आदर्श उच्च हो सकते हैं और सामाजिक जीवन प्रशस्त-जीवन बन सकता है।...स्त्रियों को चाहिये कि ऐसी पुस्तकों का अध्ययन किया करें, भाषा बहुत सरल है, जिससे लेखिका का उद्योग भली भांति पूर्ण हो गया है। छपाई बहुत ही अच्छी है। —नवजीवन।

सदन-ग्रन्थरत्नमाला का प्रथम रत्न

विहारी बोधिनी।

अर्थात्

विहारी सतसई सटीक।

यह वही पुस्तक है कि जिसके कारण कविकुल-कुमुद-कलाधर विहारीलाल की विमल ख्याति-राका साहित्य-संसारके कोने २ में अजरामरवत् फैली हुई है और जिसकी कि केवल समालोचना ने ही विद्वन्मण्डली में हलचल मचा दिया है। सच पूछिये तो शृंगार रस में इस के जोड़ की कोई भी दूसरी पुस्तक नहीं है। यह अनुपम और अद्वितीय ग्रन्थ है। इसका प्रत्यक्ष प्रमाण यही है कि आज २५० वर्षों में ही इस ग्रन्थ की ३५-३६ टीकायें बन चुकी हैं। इतनी टीकायें तो तैयार हुई हैं किन्तु वे सभी प्राचीन ढंग की हैं। इसी लिये समझ में जरा कम आती हैं। इसी कठिनाई को दूर करने के लिये साहित्य-संसार के सुपरिचित कविवर लाला भगवानदीन जी ने अर्वाचीन ढंग की नवीन टीका तैयार की है। टीका कैसी होगी इसका अनुमान पाठक टीकाकारके नाम से ही करलें। इस में विहारी के प्रत्येक दोहे की नीचे उसके शब्दार्थ, भावार्थ, विशेषार्थ, वचन-निरूपण, अलंकार आदि सभी ज्ञातव्य बातों का समावेश किया गया है। स्थान स्थान पर कविके चमत्कार का निदर्शन कराया गया है। जगह जगह पर सूचनायें दी गयी हैं। मतलब यह कि सभी जरूरी बातें इस टीका में आ गई हैं।

इतना सब कुछ होने पर भी इस पौने चार सौ पृष्ठों की सचित्र पुस्तक का मूल्य २।) मात्र है। सजिल्द २॥)

अन्य सब प्रकार की पुस्तकों की सूची मुफ्त।

पता—मुकुंददास गुप्त एण्ड कम्पनी, काशी।

ग्रन्थ-माला का तृतीय रत्न।

रामचन्द्रिका सटिप्पण

वास्तव में आजतक यदि किसी को साहित्याचार्य की पदवी प्राप्त हुई है तो वह केशव को। सूर, तुलसी आदि उद्भट कवियों से भी केशवदासजी कहीं २ आगे बढ़गये हैं। आपका काव्य अतुलनीय है। आप अद्वितीय महाकवि हैं। आपकी रामचन्द्रिका सर्वश्रेष्ठ पुस्तक मानी जाती है। आपका विशेष परिचय हम न देकर साहित्य-प्रेमियों से केवल प्रार्थना ही नहीं, बल्कि अनुरोध करेंगे कि वे एकबार केशव के काव्य-रस का पान अवश्य करें। आपको इस पुस्तक में कविता का सौन्दर्य, प्रकृति-निरीक्षण, अलङ्कारों की मधुर झंकार, ज्ञान की चर्चा, राजनीति, भगवद्भक्ति आदि सभी देखने को मिलेंगे पाठकों की सरलता के लिए यह पुस्तक टिप्पणी सहित छापी गई है जिससे कि भावों को समझने में आसानी पड़े।

रामचन्द्रिका सटीक

यह वही पुस्तक है। इसमें विशेषता इतनी ही है कि कवि-कोविद, काव्य-मर्मज्ञ लाला भगवानदीन जी ने इसकी सरल टीका भी करदी है। हमारी रामचन्द्रिका का पाठ अत्यन्त शुद्ध है। अतः आप पाठकों से प्रार्थना है कि अन्य स्थानों की अशुद्ध पाठवाली रामचन्द्रिका को न लेकर इसे ही लें।

विनीत—

व्यवस्थापक, साहित्य-सेवा-सदन,

काशी।